계량경제학의 기초

Introduction to Econometrics ▶▶

| 이윤복 |

비앤엠북스

서 문

계량경제학은 경제이론과 수학, 통계학이 통합된 학문이라고 알려져 있다. 경제이론이란 경제변수들 사이의 인과관계 또는 상호 의존관계의 법칙에 관한 가설들이라고 할 수 있다. 그런데 경제학이 과학으로서 성립하기 위해서는 이러한 가설들이 실증적으로 검증되어야 한다. 다시 말해 먼저 수학적 방법을 사용하여 실증분석이 가능한 경제모형을 만들고, 여기에 통계학적 방법을 적용하여 경제이론의 유효성을 실증적으로 검증하는 것이다.

이와 같이 계량경제학에서는 수학과 통계학이 중요한 위치를 차지하고 있다. 만약 수학과 통계학에 흥미를 가지고 있지 않는 학생들이라면 접근하기 어려운 분야로 인식되고 있는 측면도 있는 말이다. 그러나 오늘날 현대경제학의 추세로는 실증분석을 중요시하는 경향이 점점 더 강해지고 있기 때문에, 계량경제학의 습득은 선택이 아니라 필수라고 하겠다. 다행스럽게도 오늘날에는 배우기 쉽고 편리한 컴퓨터용 통계 패키지를 활용할 수 있어 계량경제학을 배우고 익히기에 좋은 환경이 조성되어 있다고 생각한다.

이 책은 대학 학부생들을 대상으로, 이상과 같은 경향을 염두에 두고 작성한 계량경제학의 기초를 배우는 입문서이다. 그렇기 때문에 수학과 통계학에 관한 표현을 가능한 한 쉽게 설명하려고 노력하였고, 설명의 전개과정에서 왜 그렇게 되는지를 이해하도록 하는 데 중점을 두었다. 계량경제학을 배우는 데 필요한 최소한의 기초통계학에 관한 사항은 제2장에 요약 정리하여 놓았다. 그리고 각 장의 마지막 절에서는 예제를 두어 이 예제의 설명을 통해서 각 장의 내용을 보다 명확히 이해하는 데 도움이 되도록 하였다.

아무쪼록 이 책을 통해서 계량경제학에 대한 흥미가 한층 높아지는 계기가 되기를 기대한다.

2011년 2월

이 윤 복

차 례 C·O·N·T·E·N·T·S

제9장 자기상관 ▸ 241

제10장 더미변수 ▸ 269

제11장 시차분포모형 ▸ 295

제1장 계량경제학이란

1.1 계량경제학의 개념

계량경제학(Econometrics)은 경제학의 여러 분야 중에서 비교적 역사가 짧은 분야이다. 1930년에 국제적인 학회로서 '계량경제학회(Econometric Society)'가 창립된 것을 계량경제학 역사의 시작이라고 볼 수 있다. 그 후 1933년 창간된 학회 기관지 「Econometrica」는 계량경제학의 발전에 커다란 공헌을 하였다는 것은 누구나 인정하는 사실이다.

초대 편집자 프리쉬(R. Frisch)는 창간사에서 "계량경제학은 경제이론, 통계학, 수학이라는 세분야가 통합된 학문이며, 이 중에서 어떤 것도 빠져서는 안 된다"고 하였다. 즉 현실의 경제생활에 있어서 수량적 관계를 이해하기 위해서는 경제이론, 통계학, 수학이 필요하며 이들을 통합하는 것이 계량경제학이 지향해야 할 방향이라고 하였던 것이다.

경제이론이란 경제변수들 사이의 인과관계 또는 상호 의존관계의 법칙에 관한 가설이라고 할 수 있다. 그런데 경제학이 과학으로서 성립하기 위해서는 그 이론이 검증되어야 한다. 여기서 검증이라는 말은 경제이론이 현실경제를 얼마만큼 설명할 수 있는가를 경험적으로 판단하는 것을 말한다. 그러기 위해서는 수식을 사용하여 나타내는 것이 필요하다. 그렇게 함으로써 전제로부터 결론을 이끌어 내는 과정을 논리적으로 설명할 수 있기 때문이다. 이와 같이 수식을 사용하여 나타낸 경제이론을 경제모형(Economic model)이라 한다. 경제모형을 이용하여 이론을 전개하려는 경향이 현대경제학의 커다란 특징이라고 할 수 있다.

현대경제학의 또 다른 특징은 실증적 계산이 가능한 수량적 모형을 중요시하는 것이다. 수량적 모형은 경제의 움직임을 정성적으로 분석하는 것뿐만 아니라 정량적으로 분석하는 것이 가능하며, 장래의 예측도 수량적으로 접근할 수 있게 한다.

수량적 모형의 사용은 통계학의 방법을 사용하는 것을 의미한다. 그러나 경제를 분석하는 데 있어서는 통상의 통계학에서 사용하지 않는 고유의 경제문제가 존재하며, 독자적인 통계적 방법론이 개발되지 않으면 안 된다. 이와 같이 경제문제에 대한 통계적 방법론을 다루는 학문 분야를 계량경제이론(Econometric theory)이라고 하며, 계량경제학의 이론적 핵심 분야가 된다.

이상과 같은 관점에서 살펴본다면, 계량경제학은 선험적인 추론에 기초한 경제이론에 경험적인 내용을 적용하는 것이며, 실증적인 분석을 통해서 경제이론의 유효성을 검증하는 학문이라고 정의할 수 있겠다.

1.2 계량경제학의 방법론

계량경제학의 방법론은 다음과 같이 4단계를 거쳐 실행된다. (1) 정식화, (2) 추정, (3) 검정, (4) 예측이 그것이다.

1.2.1 정식화

정식화(specification 또는 model building)는 경제이론을 수학적 모형으로 표현하는 것을 말한다. 그런데 다음의 추정 단계를 고려한다면 보다 세분되고 특정화되어야 한다.

예를 들면, 소비지출이 가처분소득에 의해서 설명된다는 소비함수를 생각해 보자. 이것을 수식으로 나타내면 다음의 함수형으로 나타낼 수 있다.

$$C=f(Y) \tag{1.2.1}$$

여기서 C는 소비지출, Y는 가처분소득이다. $f(Y)$는 Y가 C를 결정한다는 수학적 함수의 표현이다. (1.2.1)식에서 가처분소득의 영향에 대한 가설은 다음과 같이 표현된다.

$$0<\frac{dC}{dY}<1 \tag{1.2.2}$$

즉 (1.2.2)식은 (1.2.1)식의 도함수로, Y가 미세하게 증가할 때 C도 미세하게 증가한다는 수학적 표현이며, 그것이 0보다는 크지만 1보다는 작다는 의미이다. 그런데 이 정식화는 경제자료를 사용하여 검증할 수 없다. 그러므로 검증 가능한 구체적인 모형을 다음과 같은 선형모형으로 나타내기로 한다.

$$C=\alpha+\beta Y \tag{1.2.3}$$

여기서 α, β는 미지의 파라메터이며, (1.2.3)식은 케인즈의 절대소득 가설을 나타낸 것이다. 그리고 β는 한계소비성향으로

$$0<\beta<1 \tag{1.2.4}$$

이며, (1.2.2)식의 조건을 구체적인 형태로 나타낸 것이라고 할 수 있다. 이와 같은 계수에 관한 조건을 부호조건이라 한다.

1.2.2 추정

추정(estimation)이란 모형을 구성하고 있는 방정식을 가능한 한 높은 신뢰도를 가지도록 자료를 사용하여 변수들 간의 관계를 확정하는 것이다.

소비함수를 예로 들면, (1.2.3)식에 확률변수 u를 추가한 계량경제모형

$$C=\alpha+\beta Y+u \tag{1.2.5}$$

을 만들고, 자료를 사용하여 α, β를 확정하는 작업이라고 할 수 있다. 이때 사용되는 추정법은 최소자승법(OLS)이 일반적이며, $\hat{\alpha}$, $\hat{\beta}$를 각각 α, β의 추정치라 하면 다음과 같다.

$$\hat{C}=\hat{\alpha}+\hat{\beta}Y \tag{1.2.6}$$

1.2.3 검정

검정(verification 또는 testing)이란 추정된 모형이 성공적인가를 어떤 기준을 가지고 테스트하는 것을 말한다. 검정 방법은 여러 가지가 있지만 그중에서도 부호조건(예를 들면, $0<\beta<1$), Y가 C를 잘 설명하고 있는지를 검정하는 유의성 검정(예를 들면, $H_0 : \beta=0$), 그리고 방정식에서 독립변수가 실제의 자료에 나타나 있는 종속변수의 움직임을 잘 기술하고 있는지를 검정하는 적합도 조건(결정계수 R^2로 측정) 등이 중요한 기준이 된다.

1.2.4 예측

예측(forecasting)이란 모형에 의해서 결정된 변수의 장래의 움직임을, 모형의 과거의 움직임이나 외생적인 요인의 움직임으로부터 예측하는 것이다. 소비함수의 예에서는 추정된 (1.2.6)식에서 추정된 파라메터 $\hat{\alpha}$, $\hat{\beta}$가 장래에도 변하지 않는다는 가정하에, 예측 시점 0에서의 가처분소득 Y_0를 대입함으로써 C_0가 예측된다.

$$\widehat{C_0}=\hat{\alpha}+\hat{\beta}Y_0 \tag{1.2.7}$$

그런데 예측문제는 단순히 이와 같은 예측뿐만 아니라 모형 속에 포함되어 있는 정책적인 변수나, 파라메터의 값을 변화시켰을 때 어떤 현상이 일어날 지를 실험(simulation)하는 것도 포함하고 있다.

1.3 이 책의 구성

이 책은 학부과정에서 배우는 계량경제학의 기초를 설명하는 데 중점을 두었다. 제2장에서는 계량경제학을 배우는 데 필요한 최소한의 기초통계학에 관한 내용을 정리한다.

제3장과 제4장에서는 독립변수가 하나인 경우의 가장 기초적인 단순회귀분석을 배운다. 즉 단순회귀모형의 추정, 검정, 예측문제를 다루고 있다. 제5장에서는 독립변수가 두 개 이상인 경우의 다중회귀분석을, 제6장에서는 비선형회귀분석과 여러 가설검정에 대해서 다루고 있다.

제7장부터 제9장까지는 회귀분석에서 발생하는 문제점들을 찾아내고 해결하는 방법을 배우는데, 다중공선성, 이분산, 자기상관이 그것이다. 다중공선성은 독립변수들 사이에 상관이 있을 때 발생하는 문제이고, 이분산은 횡단면 자료를 사용할 때 발생하는 문제이며, 자기상관은 시계열 자료를 사용할 때 발생하는 문제이다. 이 3가지 문제는 실증분석을 할 때 가장 흔히 발생하는 문제이므로 반드시 알아 두어야 할 것이다.

제10장과 제11장은 회귀분석을 확장하는 의미가 있다. 제10장의 더미변수는 질적인 변수를 사용하는 방법, 구조변화를 검정하는 방법, 계절적인 요인을 분석하는 방법에 관한 내용이다. 제11장은 과거의 시차를 가지는 동학적인 모형을 다룬다.

앞에서도 언급하였듯이 계량경제학은 실증분석을 하는 학문이다. 그러므로 이론만을 다루지 않고, 자료를 사용하여 이론에서 검토한 과정과 결과를 확인할 필요가 있다. 그런 의미에서 제3장부터 설명되어 있는 각 장의 예제는 내용을 이해하는 데 중요한 실마리가 되리가 기대한다.

제2장 기초통계학

2.1 확률변수와 기대치

2.1.1 확률변수와 확률분포

일어날 수 있는 결과가 수치화되고, 그 수치가 각각 어떤 확률을 가질 때, 이 수치를 가지는 변수를 확률변수(random variable)라 한다.

확률변수에는 이산형과 연속형이 있다. 확률변수가 유한한 수치만을 취할 때 이 확률변수를 이산확률변수(discrete random variable)라 하고, 어떠한 수치의 구간 내에서 어느 값도 취할 수 있을 때 연속확률변수(continuous random variable)라 한다.

어떤 이산확률변수(X라고 나타낸다)가 x_i라는 수치를 가질 확률은 $P(X=x_i)$ 또는 $P(x_i)$로 나타낸다. $P(X=x_i)$ 또는 $P(x_i)$는 각각 수치 x_i에 대해서 확률을 가지므로 확률함수(probability function)라 한다.

이산확률변수 X에 대응해 있는 확률함수 $P(X=x_i)$는 다음의 성질을 가진다.

$$(1) \quad P(X=x_i) \geqq 0 \tag{2.1.1}$$

$$(2) \quad \sum_{i=1}^{n} P(X=x_i)=1 \tag{2.1.2}$$

$$(3) \quad P(a \leq X \leq b)=\sum_{a \leq x_i \leq b} P(X=x_i) \tag{2.1.3}$$

이산확률변수 X가 취할 수치에 관해서 대응하는 확률의 분포를 이산확률분포라 하며, 다음과 같이 나타낸다.

X_i	$P(X=x_i)$
x_1	$P(X=x_1)$
x_2	$P(X=x_2)$
$\vdots$	$\vdots$
x_n	$P(X=x_n)$

예 2.1.1

주사위를 1회 던져서 나올 눈의 수의 확률분포는 다음과 같이 나타낼 수 있다.

X_i	$P(X=x_i)$
1	1/6
2	1/6
3	1/6
4	1/6
5	1/6
6	1/6

2.1.2 기대치

이산확률변수 X의 평균 또는 (수학적)기대치(expected value)를 $E[X]$로 나타내며, 다음과 같이 정의된다.

$$E[X] = x_1 P(X = x_1) + x_2 P(X = x_2) + \cdots + x_n P(X = x_n)$$
$$= \sum_{i=1}^{n} x_i P(X = x_i) \tag{2.1.4}$$

예 2.1.2

(예 2.1.1)에서 주사위를 1회 던질 때의 기대치(평균)는 다음과 같이 구할 수 있다.

$$E[X] = 1 \cdot \frac{1}{6} + 2 \cdot \frac{1}{6} + 3 \cdot \frac{1}{6} + 4 \cdot \frac{1}{6} + 5 \cdot \frac{1}{6} + 6 \cdot \frac{1}{6}$$
$$= 3.5$$

기대치의 성질

(1) c가 상수이면,

$$E[c] = c \tag{2.1.5}$$

즉, 상수는 기대치의 영향을 받지 않는다.

(2) c가 상수이고, X가 확률변수이면,

$$E[cX] = cE[X] \tag{2.1.6}$$

즉, 확률변수에 곱하여진 상수는 기대치의 밖으로 나올 수 있다.

(3) X와 Y가 확률변수이면,

$$E[X+Y] = E[X] + E[Y] \tag{2.1.7}$$

즉, 확률변수 X와 Y의 합에 대한 기대치는 각각의 기대치의 합과 같다.

(4) X와 Y가 서로 독립인 확률변수이면,

$$E[XY] = E[X]E[Y] \tag{2.1.8}$$

즉, 독립인 두 확률변수X와 Y의 곱에 대한 기대치는 X와 Y의 각각의 기대치의 곱과 같다

$X_1, X_2, \cdots, X_n$을 정규모집단 $N(\mu, \sigma^2)$으로부터 추출된 n개의 표본이라 하자. 그러면 표본평균 $\overline{X}$는 다음과 같이 정의된다.

$$\overline{X} = \frac{1}{n}\sum X$$

예 2.1.3

이 표본평균 $\overline{X}$의 평균은 기대치의 성질을 이용하여 다음과

같이 구할 수 있다.

$$
\begin{aligned}
E[\overline{X}] &= E[\frac{1}{n}\sum X] \\
&= E[\frac{1}{n}(X_1 + X_2 + \cdots + X_n)] \\
&= \frac{1}{n}[(E(X_1) + E(X_2) + \cdots + E(X_n)] \text{[기대치의 성질(2)와 (3)]} \\
&= \frac{1}{n}[\mu + \mu + \cdots + \mu] \\
&= \frac{1}{n}[n\mu] \\
&= \mu
\end{aligned}
$$

2.1.3 분산과 공분산

이산확률변수 X의 분산은 다음과 같이 정의된다.

$$Var(X) = \sum_{i=1}^{n}(x_i - \mu)^2 P(X = x_i) \tag{2.1.9}$$

여기서 $E(X) = \mu$이다.

이산확률변수 X의 분산은 기대치를 사용하여 다음과 같이 나타낼 수 있다.

$$Var(X) = E[X - E(X)]^2 \tag{2.1.10}$$

예 2.1.4

X를 확률변수라 하고 a와 c를 상수라 할 때, $Z=a+cX$도 확률변수가 된다. 이때 $Z=a+cX$의 분산은 위의 관계를 이용하여 기대치를 사용하면 다음과 같이 구할 수 있다.

$$\begin{aligned} Var(Z) &= E[Z-E[Z]]^2 \\ &= E[(a+cX)-E[a+cX]]^2 \\ &= E[a+cX-a-cE[X]]^2 \\ &= E[c(X-E[X])]^2 \\ &= c^2E[X-E[X]]^2 \\ &= c^2\,Var(X) \end{aligned}$$

분산의 성질

(1) c가 상수이면,

$$Var(c)=0 \tag{2.1.11}$$

즉, 일정한 상수 c들의 평균도 c이므로 평균을 중심으로 퍼져 있는 정도를 나타내는 분산은 0이 된다.

(2) X가 확률변수이고 c가 상수이면,

$$Var(cX)=c^2\,Var(X) \tag{2.1.12}$$

즉, 상수 c는 분산의 연산자 Var의 밖으로 나올 때 제곱이 된다.

(3) X와 Y가 확률변수이면,

$$Var(X+Y) = Var(X) + Var(Y) + 2Cov(X, Y) \qquad (2.1.13)$$

여기서 $Cov(X, Y)$는 X와 Y의 공분산이다. 그리고 X와 Y가 독립인 확률변수이면 $Cov(X, Y) = 0$이므로 그때는 다음과 같다.

$$Var(X+Y) = Var(X) + Var(Y) \qquad (2.1.14)$$

예 2.1.5

(예 2.1.3)으로부터 표본평균 $\overline{X}$의 분산은 분산연산자를 사용하여 다음과 같이 구할 수 있다.

$$\begin{aligned}
Var(\overline{X}) &= Var\left(\frac{1}{n}\sum X\right) \\
&= \frac{1}{n^2} Var(X_1 + X_2 + \cdots + X_n) && \text{[분산의 성질(2)]} \\
&= \frac{1}{n^2}[Var(X_1) + Var(X_2) + \cdots + Var(X_n)] \\
& && \text{[분산의 성질(3)]} \\
&= \frac{1}{n^2}(\sigma^2 + \sigma^2 + \cdots + \sigma^2) && [Var(X_i) = \sigma^2] \\
&= \frac{n\sigma^2}{n^2} \\
&= \frac{\sigma^2}{n}
\end{aligned}$$

두 확률변수 X와 Y 사이의 공변관계를 나타내는 공분산(covariance)은 기대치를 사용하여 다음과 같이 나타낼 수 있다.

$$Cov(X, Y) = E[X - E[X]][Y - E[Y]] \qquad (2.1.15)$$

한편 공분산을 다음과 같이 나타내기도 한다.

$$Cov(X, Y) = E[XY] - E[X]E[Y] \qquad (2.1.16)$$

만약, X와 Y가 독립이면 기대치의 성질(4)에 의해서

$$E[XY] = E[X]E[Y]$$

이므로, 그때는 $Cov(X, Y) = 0$이 된다. 그러나 반대로 공분산이 0이라고 하여도 X와 Y가 반드시 독립이라고는 할 수 없다.

예 2.1.6

단순회귀모형

$$Y_i = \alpha + \beta X_i + u_i \quad (i = 1, 2, \cdots, n)$$

에서 $i \neq j$일 때 확률변수인 오차항 u_i와 u_j의 공분산 $Cov(u_i, u_j)$는 다음과 같이 기대치로 나타낼 수 있다.

$$Cov(u_i, u_j) = E[u_i - E[u_i]][u_j - E[u_j]]$$

이때 u_i의 기대치가 0이라는 가정이 성립하면 $E[u_i]=0$, $E[u_j]=0$이므로

$$Cov(u_{i,} u_j) = E[u_i u_j]$$

가 된다. 만약 오차항 간에 자기상관(autocorrelation)이 없다고 가정하면 $Cov(u_i, u_j)=0$이므로, 이때에는 $E[u_i u_j]=0$이 된다.

2.2 확률분포

2.2.1 정규분포

연속형 확률분포 중에서 가장 중요하고 또한 가장 잘 알려진 것은 정규분포(normal distribution)이다. 확률변수 X가 다음과 같은 밀도함수를 가질 때 확률변수 X는 정규분포에 따른다고 한다.

$$f(x) = \frac{1}{\sqrt{2\pi\sigma^2}} exp[-\frac{1}{2\pi\sigma^2}(x-\mu)^2]\ (-\infty < x < \infty) \quad (2.2.1)$$

여기서 μ와 σ^2는 모수로서 각각 평균과 분산을 의미한다. 그리고 X가 평균 μ, 분산 σ^2에 따른다는 것을 $X \sim N(\mu, \sigma^2)$로 나타낸다.

정규분포는 통계적 방법에 많이 사용되고 있는 t분포, χ^2분포, F분포와도 밀접한 관계를 가지고 있으며, 모든 분포 중에서 가장 기본이

되는 중요한 분포이다.

정규분포의 성질은 다음과 같다.

(1) 밀도함수의 지수 부분이 최소가 되는 곳에서, 즉 $x=\mu$에서 최대치 $\frac{1}{\sqrt{2\pi\sigma^2}}$이 된다.

(2) 지수 부분이 $(x-\mu)^2$으로 되어 있기 때문에, 평균 μ을 중심으로 좌우대칭이다.

(3) 정규분포는 μ, σ^2의 값에 따라 완전히 기술할 수 있으며, 밀도함수로부터 확률을 계산할 수 있다.

(4) 정규분포는 평균 μ를 중심으로 표준편차 σ와의 사이에 다음과 같은 확률관계가 있다.

$$P(\mu-\sigma \le X \le \mu+\sigma)=0.6826$$
$$P(\mu-2\sigma \le X \le \mu+2\sigma)=0.9540$$
$$P(\mu-3\sigma \le X \le \mu+3\sigma)=0.9974 \qquad (2.2.2)$$

즉 정규분포는 $-\infty$로부터 $+\infty$까지 정의되어 있으며, 평균 μ를 중심으로 집중되어 있어 종 모양을 하고 있다.

표준정규분포

정규분포에 따르는 확률변수 X를 다음과 같이 표준화하면,

$$Z = \frac{X - \mu}{\sigma} \tag{2.2.3}$$

Z는 평균 0, 분산이 1인 표준정규분포에 따른다. 즉 $Z \sim N(0,1)$이다.

이 표준정규분포의 밀도함수는 다음과 같다.

$$f(Z) = \frac{1}{\sqrt{2\pi}} exp(-\frac{1}{2}Z^2) \tag{2.2.4}$$

표준정규분포의 확률은 이미 통계표로 제시되어 있다. 그러므로 일반의 정규분포에 따르는 확률변수도 표준화에 의해서 표준정규분포로 변환하고 통계표를 이용하여 확률을 계산할 수 있다.

예 2.2.1

확률변수 X가 $X \sim N(10,4)$일 때

(a) $P(X \leq 12)$를 계산하라.

$X = 12$일 때 $Z = \frac{12 - 10}{2} = 1$

표준정규분포표로부터 $P(0 \leq Z \leq 1) = 0.3413$

따라서 $P(X \leq 12) = P(Z \leq 1) = 0.5 + 0.3413 = 0.8413$

(b) $P(6 \leq X \leq 12)$를 구하라.

$X=6$일 때 $Z=\dfrac{6-10}{2}=-2$

표준정규분표포로부터 $P(0 \leq Z \leq 2)=0.4772$

따라서

$P(6 \leq X \leq 12)=P(-2 \leq Z \leq 1)=0.4771+0.3413=0.8184$

정규분포의 특성

정규분포에 관한 중요한 정리가 있다.

정리 2.1

$X_1 \sim N(\mu_1, \sigma_1^2)$이고, $X_2 \sim N(\mu_2, \sigma_2^2)$이며 서로 독립일 때 이들의 선형결합 $R=c_1X_1+c_2X_2$도 다음과 같이 정규분포에 따른다. 여기서 c_1, c_2는 계수이다.

$$R \sim N((c_1\mu_1+c_2\mu_2), (c_1^2\sigma_1^2+c_2^2\sigma_2^2)) \tag{2.2.5}$$

이 정리는 다음과 같이 증명된다.

$$\begin{aligned} E(c_1E_1+c_2E_2) &= E(c_1X_1)+E(c_2X_2) \\ &= c_1\mu_1+c_2\mu_2 \end{aligned}$$

$$\begin{aligned} Var(c_1X_1+c_2X_2) &= Var(c_1X_1)+Var(c_2X_2) \\ &= c_1^2\sigma_1^2+c_2^2\sigma_2^2 \end{aligned}$$

정리 2.2

n개의 서로 독립인 확률변수 $X_1, X_2, \cdots, X_n$이 동일의 평균 μ, 분산 σ^2을 가질 때, 표본평균 $\overline{X}=\dfrac{\sum X}{n}$는 n이 무한대로 증가하면 $N(\mu, \dfrac{\sigma^2}{n})$에 접근한다. 즉,

$$\overline{X} \sim N(\mu, \frac{\sigma^2}{n}) \tag{2.2.6}$$

이상을 중심극한정리(central limit theorem)라고 한다. 이 정리에서의 중요한 사항은, 확률변수가 정규분포에 따르는지를 불문하고 확률변수의 수 n을 점점 증가시키면 표본평균 $\overline{X}$의 분포는 정규분포에 접근한다는 것이다.

이 정리로부터 다음이 성립한다.

$$Z = \frac{\overline{X} - \mu}{\sigma / \sqrt{n}} \sim N(0,1) \tag{2.2.7}$$

즉 $\overline{X}$를 정규화하여 Z로 두면 Z는 표준정규분포에 따른다.

2.2.2 χ^2분포, t분포, F분포

χ^2분포

$Z_1, Z_2, \cdots, Z_m$을 서로 독립인 표준정규분포에 따르는 확률변수라 하면,

$$Y = \sum_{i=1}^{m} Z_i^2 = Z_1^2 + Z_2^2 + \cdots + Z_m^2 \tag{2.2.8}$$

은 자유도 m의 χ^2분포에 따른다. 이것을 $Y \sim \chi_m^2$로 표현한다.

χ^2분포의 성질

(1) χ^2분포는 대칭이 아니고 왼쪽으로 치우친 분포를 이룬다. 그러나 자유도가 증가함에 따라 점점 좌우대칭이 되어 가고, 극한에서는 정규분포에 접근한다.

(2) χ^2의 평균과 분산은 각각 다음과 같다.

$$E(\chi^2) = m, \ Var(\chi^2) = 2m$$

(3) $Y_1, Y_2, \cdots, Y_k$가 자유도 $n_1, n_2, \cdots, n_k$의 χ^2분포에 따르면, $(Y_1 + Y_2 + \cdots + Y_k)$는 자유도 $(n_1 + n_2 + \cdots + n_k)$의 χ^2분포에 따른다.

t분포

Z를 표준정규분포에 따르는 확률변수라 하고($Z \sim N(0,1)$), Y를 자유도 m인 χ^2분포에 따르는 확률변수라 하자. 그리고 서로 독립이라고 하면 다음의 확률변수

$$t = \frac{Z}{\sqrt{Y/m}} \tag{2.2.9}$$

은 자유도 m의 t분포에 따른다. 이것을 $t \sim t_m$으로 표현한다.

t분포의 성질

(1) 정규분포와 같이 좌우대칭을 이루며, 정규분포보다 넓게 퍼져 있으나 자유도가 증가함에 따라 정규분포에 접근해 간다.

(2) t분포의 평균은 0이고, 분산은 $\dfrac{m}{m-2}$이다.

F분포

Y_1은 자유도 m_1의 χ^2분포에 따르고, Y_2는 자유도 m_2의 χ^2분포에 따르는 확률변수로서 서로 독립이면,

$$F = \frac{Y_1/m_1}{Y_2/m_2} \tag{2.2.10}$$

는 자유도 (m_1, m_2)의 F분포에 따른다. 이것을 $F \sim F_{(m_1,\, m_2)}$로 표현한다.

F분포의 성질

(1) F분포는 χ^2분포와 같이 대칭이 아니고 왼쪽으로 치우친 분포를 한다. 그러나 자유도 m_1, m_2가 증가함에 따라 정규분포에 접근해 간다.

(2) F분포의 평균 $E(F)$와 분산 $Var(F)$는 각각 다음과 같다.

$$E(F) = \frac{m_2}{m_2 - 2} \qquad (m_2 > 2)$$

$$Var(F) = \frac{2(m_1 + m_2 - 2)m_2^2}{(m_2 - 2)^2(m_2 - 4)m_1} \qquad (m_2 > 4)$$

2.3 추정량의 특성

2.3.1 모집단과 추정량

분석대상의 집단을 모집단(population)이라 하며, 모집단이 가지고 있는 특성치를 모수(parameter)라 한다. 모수에는 모평균, 모분산, 모집단의 상관계수 등이 있다. 우리는 이 모수를 알기 위해서 모집단으로부터 표본(sample)을 추출하고 필요한 정보를 조사하여 모집단의 모수에 대해서 결론을 추론한다. 그러므로 표본은 모집단의 특성이나 구조가 잘 반영되도록 추출해야 한다.

지금 모집단의 확률분포를 $F(X)$라 하고, 모집단의 특성치로서의 모수를 θ라고 하자. 그러면 모집단 확률분포는 $F(X/\theta)$와 같이 나타낼 수 있다. 이 모집단으로부터 표본수 n의 표본 $X_1, X_2, \cdots, X_n$을 추출한다고 하자. 그러면 모수 θ의 추정량 $\hat{\theta}$는 다음과 같이 표본관측치의 함수로 주어진다.

$$\hat{\theta} = \hat{\theta}(X_1, X_2, \cdots, X_n) \tag{2.3.1}$$

이것을 통계량(statistic) 또는 추정량(estimator)이라 한다.

표본이 $X_1 = x_1, X_2 = x_2, \cdots, X_n = x_n$과 같이 수치로 관측된다면, 이것들의 표본관측치의 함수로부터 추정량(통계량)의 수치가 계산된다. 이와 같이 하여 계산된 추정량의 수치를 추정치(estimate)라 한다.

모수 θ를 추정하는 방법은 두 가지가 있다. 하나는 추출된 표본을 근거로 하나의 구간을 추정하여 모수의 진의 값이 이 구간 내에 있을 것으로 추정하는 것이다. 이것을 구간추정(interval estimation)이라 한다. 다른 하나는 추정량을 이용하여 모수의 값이 얼마라고 추정하는 것이다. 이것을 점추정(point estimation)이라 한다.

점추정을 할 경우 어떤 추정량이 좋은 추정량인지 미리 기준을 정할 필요가 있다. 이것에는 표본수가 일정한 경우의 기준으로 소표본특성(small sample properties)이, 표본수를 무한대로 접근시켰을 때의 기준으로 대표본특성(large sample properties)이 있다. 전자는 현실적인 기준이 되며, 후자는 수리통계학의 영역에 속하며 점근이론이라고 부른다.

2.3.2 소표본특성

불편성

모수를 θ라 하고 이것을 추정하기 위한 추정량을 $\hat{\theta}$라 할 때,

$$E(\hat{\theta}) = \theta \qquad (2.3.2)$$

가 되면, $\hat{\theta}$를 θ의 불편추정량(unbiased estimator)이라 하고, 이 성질을 불편성(unbiasedness)이라 한다. 그리고 $E(\hat{\theta})$와 θ의 차이를 편의(bias)

라 한다.

이 성질은 표본추출을 반복할 때 $\hat{\theta}$의 기대치(평균)가 모수 θ와 일치한다는 것으로 매번 표본추출에서 얻어진 추정치가 항상 모수와 일치하지는 않는다.

예 2.3.1

표본평균 $\overline{X}$는 불편추정량인가?

$$E(\overline{X}) = E(\frac{X_1 + X_2 + \cdots + X_n}{n})$$
$$= \frac{1}{n}[(E(X_1) + \cdots + E(X_n)]$$
$$= \frac{1}{n}(\mu_1 + \cdots + \mu_n)$$
$$= \mu$$

그러므로 $\overline{X}$는 불편추정량이다.

선형성

추정량 $\hat{\theta}$을 표본관측치 $X_1, X_2, \cdots, X_n$의 선형함수(1차함수)

$$\hat{\theta} = \sum a_i X_i = a_1 X_1 + a_2 X_2 + \cdots + a_n X_n \qquad (2.3.3)$$

으로 나타내낼 수 있을 때 이것을 선형추정량(linear estimator)이라 하고 , 이 성질을 선형성(linearity)이라 한다. 여기서 $a_1, a_2, a_3, \cdots, a_n$는 계수이다.

선형성은 추정량의 계산이 복잡하지 않고 간편하다는 기준이다.

예 2.3.2

표본평균 $\overline{X}$는 선형추정량인가?

$$\overline{X}=\frac{\sum_{i=1}^{n}X}{n}=(\frac{1}{n})X_1+(\frac{1}{n})X_2+\cdots+(\frac{1}{n})X_n$$

이므로, $\frac{1}{n}$을 계수로하는 표본관측치 X_i와의 1차식으로 나타낼 수 있다. 그러므로 표본평균 $\overline{X}$는 선형추정량이다.

최소분산

만약 $\hat{\theta_1}$, $\hat{\theta_2}$의 두 추정량이 있을 때 $\hat{\theta_1}$의 분산이 $\hat{\theta_2}$의 분산보다 크지 않다면, 즉

$$Var(\hat{\theta_1}) \le Var(\hat{\theta_2}) \qquad (2.3.4)$$

이면, $\hat{\theta_1}$은 θ의 최소분산추정량(minimum variance estimator)이라 한다.

만약 어떤 추정량 $\hat{\theta}$이 불편성, 선형성, 최소분산의 성질을 가지면 $\hat{\theta}$를 최량선형불편추정량(best linear unbiased estimator : BLUE)이라 한다. 소표본에서는 BLUE의 기준을 만족하는 추정량이 가장 좋은 추정량이 된다.

2.3.3 대표본특성

점근적 불편성

추정량 $\hat{\theta}$가 다음 조건을 만족하면 점근적 불편추정량(asymptotic unbiased estimator)이라하며, 이러한 성질을 점근적 불편성(asymptotic unbiasedness)이라 한다.

$$\lim_{n \to \infty} E(\hat{\theta}) = \theta \qquad (2.3.5)$$

이 성질은 표본수를 점점 증가시켜 무한대에 점근시킬 때, $E(\hat{\theta})$가 점점 모수 θ에 접근해 가는 성질이다.

일치성

표본수를 점점 증가시켜 무한대에 접근시킬 때 추정치 $\hat{\theta}$가 진의 모수 θ에 접근할 확률이 1이면, 이 추정량을 일치추정량(consistent estimator)이라 하고, 이러한 성질을 일치성(consistency)이라 한다.

이 성질은 표본수를 증가시켜 감에 따라 추정량의 분산이 0에 접근해가기 때문에 $\hat{\theta}$가 모수 θ에 접근해 가는 것이다.

$$\lim_{n \to \infty} P[|\hat{\theta} - \theta| < \epsilon] = 1 \qquad (2.3.6)$$

여기서 $\epsilon > 0$이며, P는 확률이다.

이 성질은 다음과 같이 표현하기도 한다.

$$\underset{n\to\infty}{Plim}\,\hat{\theta}=\theta \qquad (2.3.7)$$

이 표현은 $\hat{\theta}$의 확률극한이 θ라는 것이다.

점근적 불편추정량을 반드시 일치추정량이라 할 수 없으며, 또 역으로 일치추정량을 반드시 점근적 불편추정량이라 할 수 없다. 단지 점근적 불편성을 가지면서 점근적으로 분산이 0에 접근하면 일치추정량이 되는 것이 알려져 있다.

일치추정량은 표본수 n이 작을 때에는 추정치 $\hat{\theta}$가 모수 θ에 접근해 있지 않아도 상관이 없으며 불편추정량이 아니어도 된다. 단지 표본수가 증가할수록 모수에 접근해 가면 된다. 그러므로 복잡한 추정량으로 불편성을 가지지 않을 경우, 일치성은 추정량의 좋은 판단기준이 된다.

예 2.3.3

표본평균 $\overline{X}$는 일치추정량인가?

표본평균 $\overline{X}$는 평균이 μ, 분산이 $\dfrac{\sigma^2}{n}$이므로 정규분포에 따르는 확률변수이다. 즉 $\overline{X}\sim N(\mu,\dfrac{\sigma}{n})$이다. 그러므로 $Var(\overline{X})=\dfrac{\sigma^2}{n}$은 $n\to\infty$일 때 $Var(\overline{X})\to 0$가 되므로 일치추정량이다.

점근적 정규성

표본수를 점점 증가시켜 무한대에 접근시킬 때 추정량의 극한분포가 정규분포에 접근해 가는 성질을 점근적 정규성(asymptotic normality)이라 한다.

2.4 가설검정

2.4.1 통계적 가설검정 방법

표본으로부터 모집단의 모수에 관한 정보에 접근하는 방법은 두가지가 있다. 첫째는 표본으로부터 직접 추정량을 구하여 추정하는 방법이다. 둘째는 모집단의 성질이 미리 가설로서 설정되어, 그 가설이 바른지 어떤지를 판단하기 위해서 표본관찰로 얻은 정보를 사용하여 가설을 검정하는 방법이다. 여기서는 두 번째의 가설검정에 대해서 살펴보기로 한다.

통계적 가설검정의 방법은 다음 순서로 실시한다.

(1) 검정하려고 하는 가설인 귀무가설과 대립가설을 설정한다.

(2) 검정의 수단으로 사용하는 검정통계량을 결정하고, 그 통계량에 의해서 검정할 때의 판정기준인 유의수준을 정한다.

(3) 표본을 추출하여 검정을 위한 통계량을 계산하고, 정하여진 판정기준에 비추어 가설의 기각, 채택 여부를 결정한다.

2.4.2 귀무가설과 대립가설

검정의 대상이 되는 가설을 귀무가설(null hypothesis)이라 하고, 일반적으로 H_0로 나타낸다. 그리고 귀무가설의 부정명제를 대립가설

(alternative hypothesis)이라 하고, 이것을 H_1으로 나타낸다. 대립가설은 귀무가설이 기각되었을 때 채택되는 가설이다.

귀무가설을 부정하는 것을 '가설을 기각한다'고 하고, 그것을 용인하는 것을 '가설을 채택(수용)한다'고 한다.

일반적으로 귀무가설 H_0는 이 가설이 기각되기를 바라고 설정하는 경우가 많다. 이 경우 H_0는 진(참)이 아닌 가설이 된다. 이때 귀무가설 H_0이 기각되면 대립가설 H_1이 채택된다.

2.4.3 검정통계량과 유의수준

가설이 설정되면 이 가설을 검정할 검정통계량을 결정해야 한다. 검정통계량은 가설의 성질에 따라 정하여지는데, 일반적으로 계량분석에서는 t통계량, χ^2통계량, F통계량이 사용된다.

t통계량은 평균과 관련이 있는 가설의 경우에 많이 이용되며, 회귀분석의 경우에 회귀계수의 유의성 검정에 이용되고 있다.

F통계량은 두 모형의 비교와 같은 분산비와 관련된 검정에 이용된다.

귀무가설을 기각할지 채택할지를 판단하는 기준 값이 임계치(critical values)이다. 귀무가설로부터 임계치를 넘어서는 대립가설의 영역을 기각역(critical region)이라 한다. 그리고 이 기각역의 면적을 유의수준(level of significance)이라 한다. 즉 가설이 기각될 확률을 의미한다.

유의수준은 일반적으로 0.1(10%), 0.05(5%), 0.01(1%)의 값이 사용되며, 검정을 실시하기 전에 정하여 진다. 그런데 유의수준은 0.05(5%)를 가장 많이 사용하고 있다. 임계치는 검정통계량이 정해져서 확률분포가 결정되고, 유의수준이 정해지면 통계표로부터 얻을 수 있다.

통계적 검정 방법을 다시 정리하면 다음의 순서로 진행된다.

(1) 표본에 의해서 검정통계량의 값이 계산된다.

(2) 검정통계량이 따르는 확률분포와 유의수준에 의해서 임계치가 통계표로부터 얻어진다.

(3) 검정통계량의 값이 임계치보다 큰 기각역에 들어가면 H_0를 기각(H_1를 채택)하고, 채택역에 들어가면 H_0을 채택(H_1을 기각)한다.

2.4.4 가설검정의 예

모평균에 대한 가설검정 문제에서 모평균 μ와 모분산 σ^2이 모두 미지인 경우를 생각해보자. 무작위로 추출된 표본 n으로부터 표본평균 $\overline{X}$는 평균이 μ이고 분산이 σ^2/n인 정규분포에 따른다.

지금 귀무가설(H_0)과 대립가설(H_1)을 다음과 같이 설정하기로 한다.

$$H_0 : \mu = \mu_0 \tag{2.4.1}$$

$$H_1 : \mu \neq \mu_0 \tag{2.4.2}$$

대립가설이 $\mu \neq \mu_0$이므로, 이 경우는 양측검정을 하게 된다.

표본평균 $\overline{X}$의 분산이 σ^2/n이기 때문에 통계량을 표준화하고, 미지인 σ대신에 표본표준편차 s로 바꾸어 대입하면 검정통계량은 다음과 같다.

$$t = \frac{\overline{X} - \mu}{s / \sqrt{n}} \tag{2.4.3}$$

이 t통계량은 귀무가설이 진이라는 전제하에 자유도 $n-1$의 t분포에 따른다. 유의수준을 5%(0.05)라 할 때, 임계치 $t_{(n-1,\,0.025)}$는 t분포의 통계표로부터 구할 수 있고

$$|t| > t_{(n-1,\,0.025)} \tag{2.4.4}$$

이면 귀무가설을 기각한다.

예 2.4.1

새로운 제조법에 의해서 전구의 수명의 모평균이 120시간이 된다는 귀무가설을 검정하려고 한다. 그러므로 귀무가설(H_0)과 대립가설 (H_1)을 다음과 같이 설정한다.

$$H_0 : \mu = 120$$
$$H_1 : \mu \neq 120$$

이를 검정하기 위해서 25개의 전구를 추출하여 계산한 전구의 평균수명 ($\overline{X}$)은 112시간, 표본표준편차(s)는 25시간이었다. 유의수준 5%에서 가설이 채택될 것인가를 검정하기 위해서 t를 구하면,

$$t = \frac{\overline{X} - \mu}{s / \sqrt{n}} = \frac{112 - 120}{25 / \sqrt{25}} = -1.6$$

그런데 자유도 24에서의 유의수준 5%가 되는 임계치는 통계표에서 찾아보면 $t_{(24,\,0.025)} = 2.064$이다. 계산된 검정통계량 $t = -1.6$는 임계치의 음수(−)인 $-t_{(24,\,0.025)} = -2.064$보다 작지 않다. 그러므로 귀무가설을 기각할 수 없다.
이것은 신제품의 수명이 120시간이라는 것을 의미한다.

연습문제 2 Exercise

[1] X가 다음과 같은 이산확률분포에 따른다고 할 때, X의 평균 $E(X)$와 분산 $Var(X)$를 구하라.

X_i	$P(X=x_i)$
1	0.1
2	0.2
3	0.3
4	0.4

[2] X와 Y가 확률변수이고 a와 b가 상수일 때 다음을 증명하라.

(1) $Var(X+a) = Var(X)$

(2) $Var(Y+b) = Var(Y)$

(3) $Cov(X+a, Y) = Cov(X, Y)$

(4) $Cov((X+a),(Y+b)) = Cov(X, Y)$

[3] X가 $X \sim N(2, 4)$일 때 다음을 구하라.

(1) $P(2 \le X \le 4)$

(2) $P(0 \le X \le 2)$

(3) $P(-4 \le X \le 6)$

(4) $P(-2 \le X \le 2)$

[4] 자유도가 20인 t분포에서 다음의 확률을 구하라.

(1) $P(t < 2.086)$

(2) $P(-1.325 < t)$

(3) $P(1.725 < t < 2.086)$

(4) $P(-1.325 < t < 2.258)$

제3장 단순회귀분석 : 추정

3.1 상관분석과 회귀분석

3.1.1 상관분석과 회귀분석

경제변수들 간의 관계는 단순한 상호 의존적인 관계이거나 또는 인과관계에 의해서 관련되어 있다. 단순한 상호 의존관계는 상관분석에 의해서, 그리고 인과관계는 회귀분석에 의해서 분석할 수 있다.

상관분석은 변수들 사이가 어느 정도 관련되어 있는가를 분석하는 것으로, 공분산과 상관계수와 같은 지표를 사용하여 하나의 크기로 계측된다.

반면에 회귀분석은 변수들 사이가 얼마만큼 밀접하게 관련되어 있는가를 수학적인 함수(회귀식)를 추정하여 계측하게 된다.

두 변수 X와 Y 사이에 밀접한 상관관계가 있다는 것은 다음과 같은 원인들에 기인할 것이다.

(1) X가 Y에 영향을 준다.

(2) Y가 X에 영향을 준다.

(3) X와 Y는 상호 의존적이다.

(4) X와 Y가 제3의 다른 변수 Z에 의해서 영향을 받으므로 함께 변한다.

(5) X와 Y는 우연성에 의해서 서로 관련된다.

그러므로 두 변수 사이에 상관관계가 존재한다는 것은 반드시 두 변수 사이를 원인과 결과의 인과관계로 생각할 수 없다.

상관분석의 예로는 몸무게와 키의 관계를 들 수 있다. 몸무게와 키는 단순한 상호 의존관계이며 몸무게가 원인이 되어 키가 커지거나 또는 키가 크는 것이 원인이 되어 몸무게가 무거워지는 것은 아니다. 이 관계는 나이 또는 체격의 크기와 관련이 있는 것이므로 (4)번의 요인이라고 할 수 있겠다. 이렇게 단순한 상호 의존적인 관계를 분석하는 것이 상관분석이다.

회귀분석의 예로는 소득과 소비지출의 관계를 들 수 있다. 소비지출의 크기는 소득의 크기에 따라서 결정된다고 보는 것이 합리적이며, 경제이론에서는 이것을 소비함수에서 다루고 있다. 이때 원인이 되는 소득변수를 독립변수 또는 설명변수라 하고, 결정되는 소비지출 변수를 종속변수라 한다.

이렇게 원인과 결과라는 인과관계를 설정하여 양 변수간의 관계를 회귀모형을 이용하여 분석하는 것을 회귀분석이라고 한다. 이 경우 (1)번 또는 (2)번의 요인을 지적할 수 있다.

3.1.2 공분산

공분산(covariance)이란 두 변수의 공변관계(상관관계)를 측정하는 지

표이다. 지금 두 변수 X, Y에 대해서 n개의 표본데이터의 쌍

$$(X_1, \ Y_1), \ (X_2, \ Y_2), \ \cdots, \ (X_n, \ Y_n) \tag{3.1.1}$$

을 얻었다고 하였을 때, 표본공분산은 다음의 식으로 나타낼 수 있다.

$$Cov(X, \ Y) = \frac{1}{n-1}\sum(X_i - \overline{X})(Y_i - \overline{Y}) \tag{3.1.2}$$

여기서 X, Y변수를 소문자 x, y를 사용하여 평균 $\overline{X}$, $\overline{Y}$에 대한 편차로 나타내면,

$$x_i = X_i - \overline{X} \tag{3.1.3}$$

$$y_i = Y_i - \overline{Y} \tag{3.1.4}$$

공분산을 다음과 같이 나타낼 수 있다.

$$Cov(X, \ Y) = \frac{1}{n-1}\sum xy \tag{3.1.5}$$

그림을 이용하여 공분산의 성질을 알아보기로 한다.

x와 y의 곱인 xy는

(1) Ⅰ상한에서는 $x>0$, $y>0$이므로 $xy>0$

(2) Ⅱ상한에서는 $x<0$, $y>0$이므로 $xy<0$

(3) Ⅲ상한에서는 $x<0$, $y<0$이므로 $xy>0$

(4) Ⅳ상한에서는 $x>0$, $y<0$이므로 $xy<0$

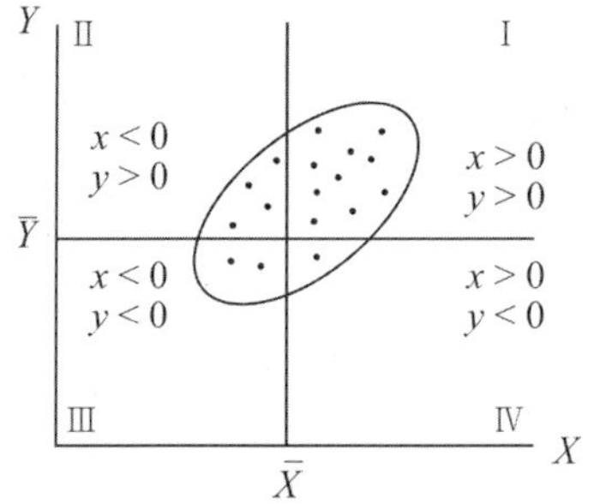

〈그림 3.1〉

그러므로 표본 전체에 대한 xy의 합을 나타내는 $\sum x_i y_i$는 Ⅰ상한과 Ⅲ상한에서는 양(+)이며, Ⅱ상한과 Ⅳ상한에서는 음(−)이다. 따라서 데이터가 Ⅰ상한과 Ⅲ상한에 많이 분포되어 있으면 $\sum x_i y_i > 0$이 되고, Ⅱ상한과 Ⅳ상한에 많이 분포되어 있으면 $\sum x_i y_i < 0$이 된다.

그리고 퍼져 있는 정도가 클수록 큰 값을 갖게 되고, 모든 상한에 균등하게 분포되어 있으면 0이 될 것이다. 이때 두 변수는 아무런 관련이 없는 무상관이 된다.

두 변수의 상관관계를 분석하기 위해서 정의된 공분산은 공변관계의 방향이나 그 정도를 알 수 있는 좋은 지표이다. 즉, 공분산의 부호가 양이면 같은 방향으로 변동하고 음이면 반대 방향으로 변동하는 것을 알 수 있고, 그 값이 크면 밀접한 관계를 나타내고 0이면 무관계가 되는 것을 나타내기 때문이다.

그러나 (1) 측정 단위가 다르면 공분산의 값에 영향을 미치고, (2) 변수의 단위가 다르면 다른 공분산과의 비교가 불가능하며, (3) 공분산의 값의 범위가 $-\infty < Cov(X, Y) < \infty$이므로 어느 정도의 값이 큰지 작은지를 한정하기가 곤란한 단점을 가진다. 이런 단점을 해소하는 지표가 상관계수라는 지표이다.

3.1.3 상관계수

두 변수 X와 Y에 관한 상관계수(correlation coefficient : r)란 공분산을 각각의 표준오차 S_X, S_Y로 나눈 것으로 정의된다.

$$r = \frac{Cov(X,\ Y)}{S_X \cdot S_Y} = \frac{\sum x_i\, y_i}{\sqrt{\sum x_i^2}\,\sqrt{\sum y_i^2}} \tag{3.1.6}$$

단, $S_X = \sqrt{\dfrac{\sum x_i^2}{n-1}}$, $S_Y = \sqrt{\dfrac{\sum y_i^2}{n-1}}$

상관계수 r은 다음과 같은 성질을 가진다.

(1) 공분산을 각각의 표준오차로 나눈 형태로 정의되어 있으므로 공분산과 같은 부호를 가진다. 즉 $r > 0$이면 두 변수 사이의 관계는 같은 방향으로 변하고, $r < 0$이면 반대 방향으로 변하는 것을 나타낸다.

(2) r은 단위가 없는 무명수이므로 다른 종류의 상관계수와의 비교가 가능하다.

(3) r의 범위는 $-1 \leq r \leq 1$이다. 즉, $r=1$이면 양의 완전상관, $r=-1$이면 음의 완전상관, $r=0$이면 무상관이다.

두 변수의 상관관계를 나타내는 데 있어서 상관계수 r은 공분산 $Cov(X,\ Y)$보다 상대적으로 좋은 지표라고 할 수 있다. 왜냐하면 (2)번과 (3)번의 성질이 있기 때문이다. 그러나 다음과 같은 문제점도 지적할 수 있다.

(1) r은 두 변수의 직선(선형)관계만을 측정하는 지표이다. 그러므로 두 변수가 비선형의 밀접한 관계로 존재하더라도 $r=0$이 되어 그 관계를 측정하지 못하는 경우도 있다.

(2) r은 두 변수 사이의 단순한 상관관계를 측정하는 지표이므로 r이 높다고 하더라도 이것이 반드시 인과관계를 나타내지는 않는다. 그러므로 두 변수 사이의 원인과 결과의 과정을 밝힐 수는 없고 단지 공변관계의 존재만을 확인할 따름이다.

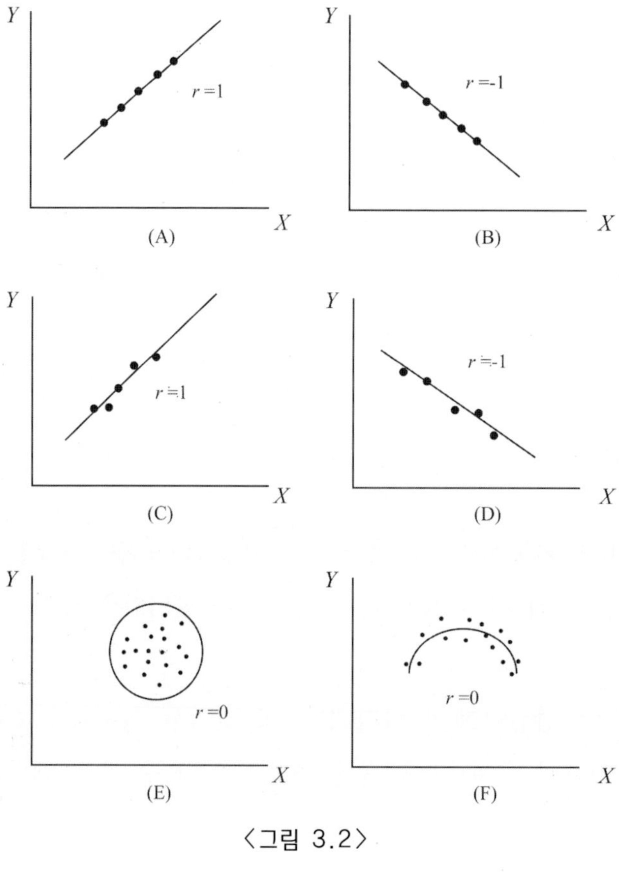

〈그림 3.2〉

3.2 이론모형과 계량경제모형

3.2.1 이론모형과 확률변수

케인즈는 소비지출(C)은 가처분소득(Y)의 함수라고 해석하여 두 변수의 관계를 소비함수(consumption function)로 설정하여 다음 식과 같이 나타내었다.

$$C_i = \alpha + \beta Y_i \qquad (i = 1,\ 2,\ \cdots,\ n) \tag{3.2.1}$$

여기서 α는 C축의 절편이고, β는 소비함수의 기울기로서 한계소비성향을 의미하고, 그 크기는 $0 < \beta < 1$이다. 그리고 $i = 1,\ 2,\ \cdots,\ n$은 표본의 크기를 나타낸다.

소득의 1차함수로 설정된 이 소비함수는 i기의 가처분소득 Y_i가 주어지면 i기의 소비지출 C_i가 완전히 결정된다는 것을 의미한다. 이와 같은 모형을 결정적모형(이론모형)이라 한다.

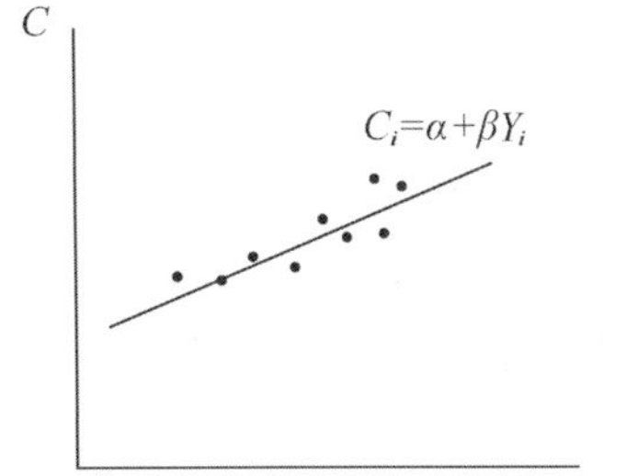

〈그림 3.3〉

그런데 통계데이터로부터 소비지출과 가처분소득 자료를 수집하여 평면에 그려 보면, <그림 3.3>에서 보는 바와 같이 모든 데이터가 소비함수의 직선상에 놓이지 않는 것을 알 수 있다. 즉 (3.2.1)식으로 나타낸 직선의 소비함수를 중심으로 위아래에 흩어져 위치하고 있는 것이다. 이것이 의미하는 바는, 이론모형에서는 소비지출이 가처분소득에 의해서만 완전히 결정되지만, 실제의 현실경제에서는 가처분소득 이외의 요인도 소비지출에 영향을 주고 있다는 것이다. 그리고 그 영향력은 확률적인 변동을 보이면서 나타나고 있다. 그러므로 현실적인 소비함수를 분석하기 위해서는 (3.2.1)식의 이론모형에 확률변수를 도입한 새로운 (3.2.2)식의 모형이 요구된다고 하겠다.

$$C_i = \alpha + \beta Y_i + u_i \qquad (i = 1,\ 2, \cdots,\ n) \tag{3.2.2}$$

확률변수 u_i가 도입된 모형을 확률적모형(stochastic model) 또는 계량경제모형(econometrics model)이라 한다.

3.2.2 확률변수의 도입 이유

이론모형에 확률변수를 도입한 이유에 대해서 많은 것을 지적할 수 있는데, 그중에서 몇 가지를 들면 다음과 같다.

(1) 설정된 경제이론 자체가 불완전하다. 즉 확률변수를 포함하지 않는 이론모형에서는 독립변수 Y가 종속변수 C를 완전히 결정하는 것으로 되어 있으나, 실제로는 Z라는 다른 독립변수가 모형에 포함되어

야만 하며, 그 변수가 제외되어 있을 가능성도 있다. 이 경우 확률변수 u가 제외된 변수의 영향력을 대변한다고 볼 수 있다.

(2) 모형의 정식화가 불완전하다. 즉 C와 Y의 관계가 반드시 선형의 관계가 아닐 수도 있으며, 진의 정식화가 대수선형의 관계 등 비선형인지 모른다. 이 경우에 선형인 모형을 사용함으로써 진의 비선형모형과의 차이가 확률변수로서 도입된다.

(3) 모형으로 설정된 함수의 경제행위의 주체는 인간인데 인간의 행동에는 기본적으로 예측할 수 없는 확률적인 요소가 존재한다. 즉 이론이 완전하고 모형의 정식화가 선형이라 하더라도 경제주체인 인간은 항상 합리적인 경제행위를 하지 않는다는 것이다. 그러므로 이런 경우에 발생하는 오차를 확률변수로써 설명하려는 것이다.

지금까지 오차를 발생시키는 여러 요인을 살펴보았다. 현실경제를 분석하기 위해서는 이러한 오차를 설명하는 변수를 모형에 반영할 필요가 있는데, 오차들의 복합체를 u라는 확률변수로 나타내고 이것을 모형에 포함함으로써 이 문제를 처리하였다고 할 수 있겠다.

3.3 단순회귀모형의 기본가정

두 변수 X와 Y의 확률적 관계를 나타내는 다음의 형태를 단순선형회귀모형(simple linear regression model)이라 한다. 이후 간단히 단순회귀모형이라고 부르기로 한다.

$$Y_i = \alpha + \beta X_i + u_i \qquad (i = 1,\ 2,\ \cdots,\ n) \tag{3.3.1}$$

여기서 Y는 종속변수(dependent variables) 또는 피설명변수(explained variables), X는 독립변수(independent variables) 또는 설명변수(explanatory variables), 그리고 u는 확률변수로서 확률적 교란항(stochastic disturbance term) 또는 오차항(error term)이라고 부른다. 그리고 i는 n개의 표본관측치의 순위를 나타내는 지수이다.

α와 β는 회귀파라메터(regression parameter)로서 일정한 값을 가지고 있는 것으로 가정하나 현재는 알 수 없고, 자료가 주어지면 추정하여 알 수 있게 된다.

(3.3.1)식의 단순회귀모형을 분석하기 위해서는 바람직한 어떤 형태의 확률적 성질을 가질 필요가 있다. 이 가정들을 기본가정(basic assumptions)이라 하는데 주로 확률변수 u에 관한 것이다.

(가정 1) u_i의 기대치는 0이다.

$$E(u_i) = 0 \qquad (i = 1,\ 2,\ \cdots\ ,\ n) \tag{3.3.2}$$

(가정 2) u_i의 분산이 일정하다.

$$Var(u_i) = \sigma^2 \tag{3.3.3}$$

(가정 3) 다른 시점(공간)의 u_i와 u_j는 서로 상관이 없다

$$Cov(u_i,\ u_j) = 0 \qquad i \neq j \tag{3.3.4}$$

(가정 4) X_i는 확률변수가 아니고 u_i와 상관이 없다.

$$Cov(X_{i,}\ u_i) = 0 \tag{3.3.5}$$

(가정 5) u_i**는 정규분포를 한다.**

$$u_i \sim N(0,\ \sigma^2) \tag{3.3.6}$$

(가정 1)은 X를 고정하여 놓고 Y를 추출할 때의 Y와 u를 관찰해 보면, 확률적 오차항 u_i는 양(+)의 값을 가질 수도 있고 음(−)의 값을 가질 수도 있지만, 수없이 반복 추출한다면 그 평균(확률변수의 평균은 수학적 기대치를 적용한다.)이 0이 된다는 것이다. 이 가정이 성립하면

$$E(Y_i) = E(\alpha + \beta X_i + u_i) = \alpha + \beta X_i \tag{3.3.7}$$

가 된다. 이 식은 모집단에서의 회귀직선을 나타낸다.

(가정 2)는 독립변수 X에 대한 종속변수 Y의 분산이 i에 관계없이 어떤 일정한 양의 값(σ^2)을 가진다는 것이다. 이 가정이 성립하면 동분산(homoscedasticity)이라 한다. 반대로 동분산이 아닌 경우는 i에 따라서 분산이 다르며, 이것을 이분산(heteroscedasticity)이라 하고 다음과 같이 표현한다.

$$Var(u_i) = \sigma_i^2 \tag{3.3.8}$$

확률변수의 분산은 수학적 기대치를 사용하여 나타낼 수 있으며, u_i의 분산은 다음과 같다.

$$Var(u_i) = E[u_i - E(u_i)]^2 = E(u_i^2) \tag{3.3.9}$$

(가정 3)은 i와 j가 같지 않을 때 u_i와 u_j는 아무런 관계가 없다는 것이다. 즉 u_i가 먼저 결정된다고 하더라도 u_j에는 아무런 영향을 주지 않는다는 의미이다. 이 경우 u_i는 자기상관이 없다(non autocorrelation)고 한다. 반대로 u_i와 u_j가 어떤 관계를 가질 때, 즉 독립이 아닐 때 u_i는 자기상관이 존재(autocorrelation)한다고 한다. 자기상관이 존재하지 않는 경우 수학적 기대치를 사용하면 다음과 같이 나타낼 수 있다.

$$\begin{aligned} Cov(u_i,\ u_j) &= E[u_i - E(u_i)][u_j - E(u_j)] \\ &= E(u_i u_j) = 0 \end{aligned} \tag{3.3.10}$$

(가정 4)는 모집단으로부터 표본을 추출할 때 X는 고정된다는 것을 의미한다. 즉 X를 고정시켜 놓고 Y를 추출하면 Y는 u에 의해서 확률변수가 되므로, Y의 값은 X처럼 고정된 값이 아니라 확률적으로 나타난다는 것이다.

(가정 5)는 통계적 추론을 행할 때 필요한 가정이다. 이 가정에 의해서 u_i는 연속이면서 $-\infty$에서 $+\infty$의 범위를 가지며, 평균인 0을 중심으로 대칭의 분포를 하는 성질을 가진다.

이상의 가정들을 만족하는 (3.3.1)의 선형회귀모형을 고전적 선형회귀모형(classical linear regression model) 또는 표준선형회귀모형(standard linear regression model)이라 한다.

3.4 최소자승법

3.4.1 모집단회귀함수와 표본회귀함수

(3.4.1)식은 X와 Y 사이의 모집단에서의 관계를 나타내므로 모집단 회귀함수(population regression function : *PRF*)라 한다.

$$PRF \ : \ Y_i = \alpha + \beta X_i + u_i \tag{3.4.1}$$

(3.4.1)식에 수학적 기대치를 적용하면 직선인 모집단회귀선(population regression line)이 된다.

$$E(Y_i) = \alpha + \beta X_i \tag{3.4.2}$$

이 식에서 α는 X의 값이 0일 때의 Y의 값을 의미하고, β는 X가 한 단위 변할 때 Y에 미치는 변화를 의미한다. 모집단에서는 α와 β는 일정한 값을 나타내지만 현재는 알 수 없고, 표본이 주어지면 추정하여 알 수 있다. α와 β의 추정치를 각각 $\hat{\alpha}$, $\hat{\beta}$라 하면 표본회귀함수 (sampling regression function : *SRF*)는 다음과 같이 나타낼 수 있다.

$$SRF \ : \ \widehat{Y}_i = \hat{\alpha} + \hat{\beta} X_i \tag{3.4.3}$$

여기서 $\widehat{Y}_i$는 Y의 이론치(계산치)이다. $\widehat{Y}_i$는 표본기간 $i = 1, \ 2, \ \cdots, \ n$에 걸쳐서 직선으로 나타나며, Y_i와는 다른 값이 된다. 이 차이를 잔차(residual)라고 부르고 $\hat{u}_i$로 나타낸다.

$$\hat{u}_i = Y_i - \hat{Y}_i \tag{3.4.4}$$

$\hat{u}_i$를 이용하여 회귀식은 다음과 같이 나타낼 수 있다.

$$Y_i = \hat{\alpha} + \hat{\beta} X_i + \hat{u}_i \tag{3.4.5}$$

(3.4.1)식과 (3.4.5)식을 비교해 보면, 잔차 $\hat{u}_i$는 오차항 u_i와는 다르며 $\hat{u}_i$는 u_i의 추정치라고 이해할 수 있다.

모집단과 표본에서 직선관계를 나타내는 (3.4.2)식과 (3.4.3)식을 그래프로 나타내어 비교한 것이 <그림 3.4>이다.

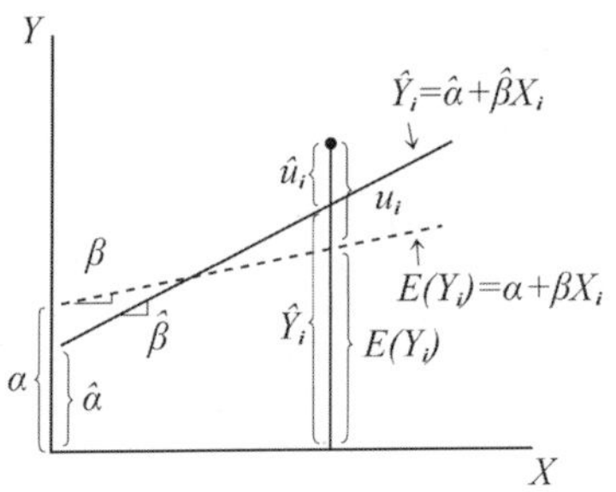

〈그림 3.4〉

3.4.2 최소자승법의 발상

고전적 선형회귀모형의 가정들하에서 모형의 파라메터를 추정하는 방법을 생각해 보자.

지금 단순회귀모형에서 n쌍의 표본 $(X_i,\ Y_i)$가 주어졌다고 하자.

<그림 3.5>에 이 표본들이 표시되어 있다.

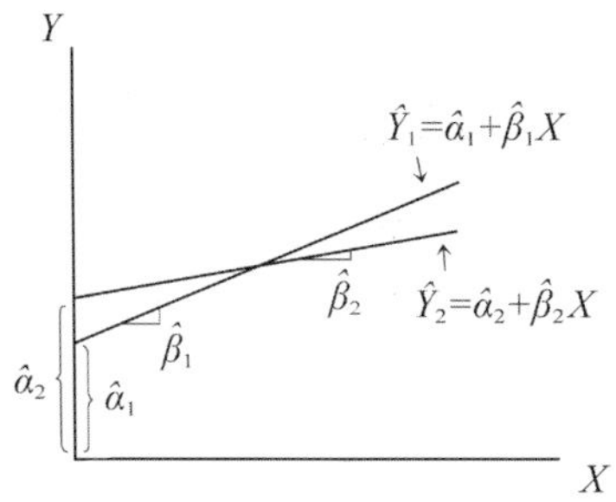

〈그림 3.5〉

파라메터 α와 β를 추정한다는 것은, 주어진 표본을 잘 나타낼 수 있는 직선(표본회귀선)을 선택하는 문제가 된다. 그림에서는 두 표본회귀식 $\widehat{Y}_1$과 $\widehat{Y}_2$가 예로 나타나 있다. 이 두 직선 중에서 하나를 선택한다고 하자.

만약 어떤 평가 기준에 의해서 표본회귀식 $\widehat{Y}_1$이 $\widehat{Y}_2$보다 표본을 잘 나타내는 적합한 직선이라고 한다면, α와 β의 추정치는 각각 $\widehat{Y}_1$과 관련된 $\widehat{\alpha}_1$, $\widehat{\beta}_1$이 선정된다. 즉 적합한 표본회귀직선이 선정되면 그에 따라서 직선의 절편 $\hat{\alpha}$와 기울기 $\hat{\beta}$가 선정된다는 것이다.

그러면 어떤 평가 기준으로 평가하느냐가 중요한 문제가 된다. 계량경제학에서는 표본회귀식을 선정하는 평가 기준을 '잔차의 자승합이 최소'가 되는 것에 두고 있으며, 이 방법이 바로 최소자승법(least squares method)이며, 흔히 통상최소자승법(Ordinary Least Squares : OLS)이라고 부르고 있다.

여기서 '잔차의 자승합이 최소 ($\Sigma\hat{u}_i^2\rightarrow$min)'가 되는 기준을 설정한 것은, 잔차는 양(+)의 값을 가지는 경우와 음(−)의 값을 가지는 경우가 있으므로 이것들을 단순히 더하면 효과가 서로 상쇄되는데, 잔차를 제곱해 주면 이러한 왜곡현상을 방지할 수 있기 때문이다. 즉 잔차의 제곱을 더하면 잔차의 절대값이 크면 클수록 제곱의 영향력이 증가 하여 잔차의 자승합이 커지게 된다. 그러므로 이런 직선은 적합한 직선으로 선정되는 경우가 적을 것이다.

3.4.3 최소자승추정법

잔차의 자승합은 회귀식을 사용하여 나타내면 다음과 같다.

$$\sum \hat{u}_i^2 = \sum (Y_i - \hat{Y}_i)^2 = \sum (Y_i - \hat{\alpha} - \hat{\beta} X_i)^2 \qquad (3.4.6)$$

(3.4.6)식에서 X_i와 Y_i는 표본의 값이므로 알 수 있는 값이며, $\hat{\alpha}$와 $\hat{\beta}$는 변수가 된다. 왜냐하면 잔차의 자승합의 값은 $\hat{\alpha}$, $\hat{\beta}$의 값이 변하면 따라 변하기 때문이다. 즉 잔차의 자승합 $\sum \hat{u}^2$은 $\hat{\alpha}$, $\hat{\beta}$의 함수가 된다.

$$\sum \hat{u}^2 = f(\hat{\alpha}, \hat{\beta}) \qquad (3.4.7)$$

(3.4.7)식의 잔차의 자승합은 독립변수가 2개인 다변수함수이므로, 극대화 원리에 따라서 두 변수 $\hat{\alpha}$, $\hat{\beta}$의 편도함수 $\dfrac{\partial(\sum \hat{u}_i^2)}{\partial \hat{\alpha}}$, $\dfrac{\partial(\sum \hat{u}_i^2)}{\partial \hat{\beta}}$는 각각 0이 되는 조건에서 구해진다.

$$\frac{\partial(\sum \hat{u}_i^2)}{\partial\hat{\alpha}} = 2\sum(Y_i - \hat{\alpha} - \hat{\beta}X_i)(-1) = 0 \qquad (3.4.8)$$

$$\frac{\partial(\sum \hat{u}_i^2)}{\partial\hat{\beta}} = 2\sum(Y_i - \hat{\alpha} - \hat{\beta}X_i)(-X_i) = 0 \qquad (3.4.9)$$

두 식에서 각각 -2로 나누고 $\sum$를 정리하면 다음의 식을 구할 수 있다.

$$\sum Y_i = \hat{\alpha}n + \hat{\beta}(\sum X_i) \qquad (3.4.10)$$

$$\sum X_i Y_i = \hat{\alpha}(\sum X_i) + \hat{\beta}(\sum X_i^2) \qquad (3.4.11)$$

이 두 식을 정규방정식(normal equation)이라 한다.

(3.4.10)식과 (3.4.11)식에서 n은 표본의 수이고 $\sum Y_i$, $\sum X_i$, $\sum X_i Y_i$, $\sum X_i^2$는 표본이 주어지면 상수가 되므로, 두 식은 $\hat{\alpha}$와 $\hat{\beta}$가 변수가 되는 1차연립방정식이 된다.

먼저 크래머의 공식을 이용하여 $\hat{\beta}$를 구하면,

$$\hat{\beta} = \frac{\begin{vmatrix} n & \sum Y_i \\ \sum X_i & \sum X_i Y_i \end{vmatrix}}{\begin{vmatrix} n & \sum X_i \\ \sum X_i & \sum X_i^2 \end{vmatrix}} = \frac{n(\sum X_i Y_i) - (\sum X_i)(\sum Y_i)}{n(\sum X_i^2) - (\sum X_i)^2} \qquad (3.4.12)$$

이 된다.

(3.4.12)식의 분자와 분모를 n으로 나누면 $\hat{\beta}$는 다음 식이 된다.

$$\hat{\beta}=\frac{\sum X_iY_i-\frac{1}{n}(\sum X_i)(\sum Y_i)}{\sum X_i^2-\frac{1}{n}(\sum X_i)^2} \tag{3.4.13}$$

그런데 X_i와 Y_i를 각각 평균에 대한 편차로 나타내면,

$$x_i = X_i - \overline{X} \tag{3.4.14}$$

$$y_i = Y_i - \overline{Y} \tag{3.4.15}$$

다음과 같이 더 간단히 표현할 수 있다.

$$\hat{\beta}=\frac{\sum(X_i-\overline{X})(Y_i-\overline{Y})}{\sum(X_i-\overline{X})^2}=\frac{\sum x_iy_i}{\sum x_i^2} \tag{3.4.16}$$

$\hat{\alpha}$도 $\hat{\beta}$와 같이 정규방정식으로부터 크래머의 공식을 이용하여 구할 수 있으나, (3.4.10)식을 표본수 n으로 나누면

$$\overline{Y}=\hat{\alpha}+\hat{\beta}\overline{X} \tag{3.4.17}$$

이 되고, 이것을 정리하면 다음과 같이 더 간단히 구할 수 있다.

$$\hat{\alpha}=\overline{Y}-\hat{\beta}\overline{X} \tag{3.4.18}$$

$\hat{\beta}$의 추정량 (3.4.16)과 $\hat{\alpha}$의 추정량 (3.4.18)이 최소자승추정량이 된다.

3.5 표본회귀선의 성질

모집단 회귀함수

$$Y_i = \alpha + \beta Y_i + u_i \tag{3.5.1}$$

에 대해서 최소자승추정법에 의해서 다음과 같은 표본회귀선

$$\hat{Y}_i = \hat{\alpha} + \hat{\beta} X_i \tag{3.5.2}$$

을 구할 수 있다. 이 표본회귀선은 어떤 성질을 가지고 있는지 검토해 보자.

성질 1. 표본회귀선은 점 $(\overline{X}, \overline{Y})$를 통과한다.

표본회귀선이 X와 Y의 평균인 점 $(\overline{X}, \overline{Y})$를 통과하는 것을 보이기 위해서 정규방정식의 첫 번째 식

$$\sum Y_i = \hat{\alpha} n + \hat{\beta} \sum X_i \tag{3.5.3}$$

을 n으로 나누고, $\overline{X} = \frac{\sum X_i}{n}$, $\overline{Y} = \frac{\sum Y_i}{n}$의 관계를 이용하면 다음과 같이 된다.

$$\overline{Y} = \hat{\alpha} + \hat{\beta}\overline{X} \tag{3.5.4}$$

이것은 표본회귀선 (3.5.2)식에서 X_i대신에 $\overline{X}$, Y_i대신에 $\overline{Y}$가 되므로 점 $(\overline{X}, \overline{Y})$ 를 통과하는 것을 의미한다.

표본회귀선이 점 $(\overline{X}, \overline{Y})$ 를 통과한다는 사실은 회귀분석을 보다 간단히 설명할 수 있음을 의미한다. 지금 표본의 X_i, Y_i를 각각의 평균 $\overline{X}$, $\overline{Y}$에 대한 편차를 소문자 x_i, y_i로 나타내기로 한다.

그러면 변환된 x_i, y_i에 대한 정규방정식은 다음과 같이 된다.

$$\sum y_i = \hat{\alpha} n + \hat{\beta} \sum x_i \tag{3.5.5}$$

$$\sum x_i y_i = \hat{\alpha} \sum x_i + \hat{\beta} \sum x_i^2 \tag{3.5.6}$$

여기서 $\sum x = 0$, $\sum y = 0$ 이므로 (3.5.5)식에서 $\hat{\alpha} = 0$가 되어 (3.5.6)식만 남는다. 이것으로부터

$$\hat{\beta} = \frac{\sum xy}{\sum x^2} \tag{3.5.7}$$

가 되며, 원래의 자료 X_i, Y_i일 때의 $\hat{\beta}$의 값과 같은 것을 알 수 있다.

한편 x_i, y_i에서 절편 $\hat{\alpha} = 0$이 된다는 것은, x_i, y_i로 표현된 표본회귀선 $\hat{y}_i$는, 축이 이동하여 원점이 (0, 0)에서 $(\overline{X}, \overline{Y})$로 이동하였기 때문에, 절편이 새로운 원점을 통과하기 때문이다. 즉 원래의 표본 X_i, Y_i로 나타내었을 때의 표본회귀선 $\hat{Y}_i$와, 평균에 대한 편차 x_i, y_i 로 나타내었을 때의 표본회귀선 $\hat{y}$는 같다. 그러므로 기울기를 나타내는 $\hat{\beta}$가 같

으며 원점만 달라진다. 이러한 사실을 나타낸 것이 <그림 3.6>이다.

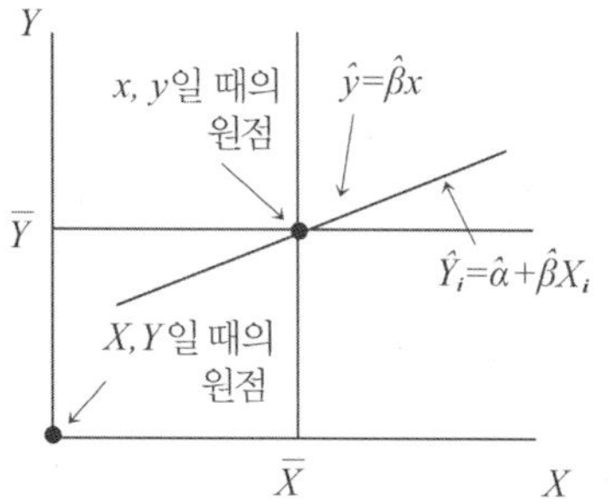

〈그림 3.6〉

성질 2. Y의 추정치 $\hat{Y}$의 평균은 실제치 Y의 평균 $\overline{Y}$와 같다.
즉 $\overline{\hat{Y}}=\overline{Y}$가 성립한다.

표본회귀선 $\hat{Y}_i=\hat{\alpha}+\hat{\beta}X_i$에서 $\hat{\alpha}=\overline{Y}_i-\hat{\beta}\overline{X}$를 이 식에 대입하면

$$\begin{aligned}\hat{Y}_i &= (\overline{Y}-\hat{\beta}\overline{X})+\hat{\beta}X_i \\ &= \overline{Y}+\hat{\beta}(X_i-\overline{X})\end{aligned} \tag{3.5.8}$$

이 되고, 양 변을 전체 표본기간에 대해서 더하면

$$\sum\hat{Y}_i=n\overline{Y}+\hat{\beta}\sum(X_i-\overline{X}) \tag{3.5.9}$$

여기서 $\sum(X_i-\overline{X})=\sum x=0$이 되어 없어지고, 남은 식을 표본수

n으로 나누면

$$\overline{\hat{Y}_i} = \overline{Y} \tag{3.5.10}$$

이 된다. 여기서 $\overline{\hat{Y}} = \frac{\sum \hat{Y}_i}{n}$을 이용하였다.

성질3. $\hat{u}_i$의 평균은 0이다. 즉 $\overline{\hat{u}} = 0$이다.

이 성질은 최소자승추정량의 극대화 원리의 필요조건으로부터 $\hat{\alpha}$의 편도함수가 0이 된다는 것으로부터 구할 수 있다.

$$\frac{\partial(\sum \hat{u}^2)}{\partial \hat{\alpha}} = -2\sum(Y_i - \hat{\alpha} - \hat{\beta}X_i)(-1) = 0 \tag{3.5.11}$$

즉 앞 식은 $\hat{u}_i = Y_i - \hat{\alpha} - \hat{\beta}X_i$이므로 $\sum \hat{u}_i = 0$이 된다. 그러므로 $\frac{\sum \hat{u}}{n} = 0$에서 $\overline{\hat{u}_i} = 0$이다.

성질4. 잔차 $\hat{u}_i$와 Y_i의 추정치 $\hat{Y}_i$는 무상관이다.

$\hat{u}_i$와 $\hat{Y}_i$가 무상관이면 다음의 공분산이 0이 된다.

$$Cov(\hat{u}_i, \hat{Y}_i) = \frac{1}{n-1}\sum(\hat{u}_i - \bar{\hat{u}})(\hat{Y}_i - \bar{\hat{Y}})$$
$$= \frac{1}{n-1}\sum\hat{u}_i(\hat{Y}_i - \bar{Y})$$
$$= \frac{1}{n-1}\sum\hat{u}_i\hat{y}_i \tag{3.5.12}$$

여기서 $\bar{\hat{u}}=0$, $\bar{\hat{Y}}=\bar{Y}$를 이용하였다. 그런데

$$\sum(\hat{y}_i\hat{u}_i) = \hat{\beta}\sum x_i\hat{u}_i$$
$$= \hat{\beta}\sum x_i(y_i - \hat{\beta}x_i)$$
$$= \hat{\beta}\sum x_i y_i - \hat{\beta}^2\sum x_i^2$$
$$= 0 \tag{3.5.13}$$

여기서는 $\sum x_i y_i = \hat{\beta}\sum x_i^2$을 이용하였다.

따라서 $Cov(\hat{u}_i, \hat{Y}_i) = 0$가 성립하므로, $\hat{u}_i$와 $\hat{Y}_i$는 무상관이 된다.

성질 5. 잔차 $\hat{u}$와 X_i는 무상관이다.

$\hat{u}_i$와 X_i가 무상관이면 다음의 공분산은 0이 된다.

$$Cov(\hat{u}_i, X_i) = \frac{1}{n-1}\sum(\hat{u}_i - \bar{\hat{u}})(X_i - \bar{X})$$
$$= \frac{1}{n-1}\sum\hat{u}_i(X_i - \bar{X})$$

$$= \frac{1}{n-1}\sum \hat{u}_i X_i \tag{3.5.14}$$

여기서는 $\bar{\hat{u}}=0$, $\sum \hat{u}_i=0$를 이용하였다. 그런데

$$\sum \hat{u}_i X_i = \sum (Y_i - \hat{\alpha} - \hat{\beta} X_i) X_i \tag{3.5.15}$$

는 최소자승추정량의 필요조건으로부터 0이 된다. 즉, $Cov(\hat{u}_i,\ X_i)=0$이므로 $\hat{u}_i$와 X_i는 무상관이 된다.

3.6 분산 및 공분산의 추정

3.6.1 오차항 u_i의 분산의 추정

오차항 u_i의 분산은 다음과 같이 나타내었다.

$$Var(u_i) = E(u_i^2) = \sigma^2 \tag{3.6.1}$$

분산 σ^2은 미지의 모수이므로 관측되지 않는다. 그러면 오차항 u_i의 분산 σ^2은 어떻게 추정해야 하나? 먼저 잔차 $\hat{u}_i$는 오차항 u_i의 추정치로 간주되므로 분산 σ^2의 추정량을 σ^{*2}이라 할 때 다음과 같이 잔차의 자승합을 표본수 n으로 나누어 구하는 것은 자연스러운 발상이다.

$$\sigma^{*2} = \frac{\sum \hat{u}_i^2}{n} = \frac{\sum(Y_i - \hat{\alpha} - \hat{\beta}X_i)^2}{n} \tag{3.6.2}$$

그런데 이 추정량 σ^{*2}은

$$E(\sigma^{*2}) \neq \sigma^2 \tag{3.6.3}$$

이므로 오차항 σ^2의 불편추정량이 아니다. 왜냐하면

$$E(\sigma^{*2}) = (\frac{n-2}{n})\sigma^2 \tag{3.6.4}$$

이 되어 σ^2보다 약간 작은 값이 된다. 즉 σ^{2*}은 편의(bias)를 가진 추정량이 된다는 것이다. 이 추정량 σ^{*2}은 오차항이 정규분포에 따른다는 가정하의 최우추정량(maximum likelihood estimator)이다.

불편성이라는 성질이 추정량을 선정하는 하나의 기준이라면 불편성을 가진 추정량을 구하여야 된다. 잔차의 자승합을 표본수 n 대신에 잔차의 자유도인 $n-2$로 나눈 분산 $\hat{\sigma}^2$을 생각하자.

$$\hat{\sigma}^2 = \frac{\sum u_i^2}{\text{자유도}} = \frac{\sum \hat{u}_i^2}{n-2} \tag{3.6.5}$$

추정량 $\hat{\sigma}^2$은 최소자승추정량으로 σ^2의 불편분산이 된다. 왜냐하면

$$E(\hat{\sigma}^2) = E(\frac{\sum \hat{u}_i^2}{n-2}) = \sigma^2 \qquad (3.6.6)$$

이기 때문이다.

일반적으로 자유도(degree of freedom)는 데이터에 포함되는 서로 독립인 정보의 수(표본수)를 말한다. 이 경우 데이터가 가지는 정보량은 전체로서 표본수 n과 일치하지만, 잔차는 데이터로부터 2개의 정보량을 추출하고 남은 정보라고 한다면, 잔차에 포함되는 정보량은 $n-2$가 될 것이다.

잔차에 관해서는 최소자승추정량을 구하는 과정에서 두 파라메터 $\hat{\alpha}$와 $\hat{\beta}$라는 편도함수가 0이 된다는 조건하에 있다.

$$\sum Y_i - \hat{\alpha} - \hat{\beta}X_i) = \sum \hat{u}_i = 0 \qquad (3.6.7)$$

$$\sum (Y_i - \hat{\alpha} - \hat{\beta}X_i)(X_i) = \sum \hat{u}_i X_i = 0 \qquad (3.6.8)$$

위의 두 식은 각각 잔차의 입장에서 본다면 회귀계수가 결정되는 조건이므로 표본수에서 이 수 만큼인 2를 빼주어야 된다.

예를 들어 n개의 잔차로부터 $n-2$개의 잔차 $\hat{u}_{1,}$ $\hat{u}_{2,}$ $\cdots$, $\hat{u}_{n-2}$가 미리 정하여져 있다면(자유로이 선택되어 있다면) 나머지 두 개의 잔차 $\hat{u}_{n-1}$, $\hat{u}_n$은 (3.6.7)식과 (3.6.8)식으로부터 구할 수 있다. 즉 나머지 두 개의 잔차는 그 값을 자유롭게 정할 수 없으므로 자유도는 $n-2$가 된다는 것이다.

회귀분석에 있어서 잔차에 관한 자유도는 다음의 법칙에 따라 정한다.

자유도(df)=표본수—추정하는 파라메터의 수

$$=n-2 \tag{3.6.9}$$

만약 변수가 정수항과 두 독립변수(X_i, Z_i)로 설정된 다음과 같은 모형이라면

$$Y_i = \alpha + \beta X_i + \gamma Z_i + u_i \tag{3.6.10}$$

자유도는 $n-3$이 될 것이다. 왜냐하면 추정해야 할 파라메터는 α, β, γ의 3개이기 때문이다.

3.6.2 회귀계수 $\hat{\alpha}$, $\hat{\beta}$의 분산의 추정

먼저 $\hat{\beta}$의 분산

$$Var(\hat{\beta}) = \sigma^2_{\hat{\beta}} \tag{3.6.11}$$

을 구해 보기로 한다.

확률변수의 분산은 기대치를 사용하여 나타낼 수 있다. 즉 확률변수의 평균에 대한 편차의 제곱에 기대치를 적용한다. 그러므로 $\hat{\beta}$의 분산은 기대치를 사용하면 다음과 같이 나타낼 수 있다.

$$Var(\hat{\beta}) = E[\hat{\beta} - E(\hat{\beta})]^2 \tag{3.6.12}$$

한편 $\hat{\beta}$의 분모와 분자를 구성하는 $\sum x_i^2$, $\sum x_i y_i$를 다음과 같이 변

형한다.

$$\begin{aligned}\sum x_i^2 &= \sum (X_i-\overline{X})(X_i-\overline{X}) \\ &= \sum (X_i(X_i-\overline{X})-\overline{X}(X_i-\overline{X})) \\ &= \sum X_i(X_i-\overline{X})-\overline{X}\sum (X_i-\overline{X}) \\ &= \sum x_i X_i \end{aligned} \tag{3.6.13}$$

$$\begin{aligned}\sum x_i y_i &= \sum (X_i-\overline{X})(Y_i-\overline{Y}) \\ &= \sum (Y_i(X_i-\overline{X})-\overline{Y}(X_i-\overline{X})) \\ &= \sum Y_i(X_i-\overline{X})-\overline{Y}\sum (X_i-\overline{X}) \\ &= \sum x_i Y_i \end{aligned} \tag{3.6.14}$$

그러므로

$$\begin{aligned}\hat{\beta} &= \frac{\sum x_i y_i}{\sum x_i^2} \\ &= \frac{\sum x_i Y_i}{\sum x_i^2} \\ &= \frac{\sum x_i(\alpha+\beta X_i+u_i)}{\sum x_i^2} \\ &= \frac{\alpha\sum x_i+\beta\sum x_i X_i+\sum x_i u_i}{\sum x_i^2} \\ &= \beta+\frac{\sum x_i u_i}{\sum x_i^2} \end{aligned} \tag{3.6.15}$$

여기서

$$w_i = \frac{\sum x_i}{\sum x_i^2} \tag{3.6.16}$$

로 두면,

$$\frac{\sum x_i u_i}{\sum x_i^2} = w_1 u_1 + w_2 u_2 + \cdots + w_n u_n \tag{3.6.17}$$

이므로

$$\hat{\beta} = \beta + \sum w_i u_i \tag{3.6.18}$$

가 된다. 그러므로 $\hat{\beta}$에 기대치를 적용하면,

$$\begin{aligned} E(\hat{\beta}) &= E(\beta + \sum w_i u_i) \\ &= E(\beta) + E(\sum w_i u_i) \\ &= \beta + \sum (w_i E(u_i)) \\ &= \beta \end{aligned} \tag{3.6.19}$$

따라서 $\hat{\beta}$의 분산은 (3.6.18)식과 (3.6.19)식으로부터 다음과 같이 나타낸다.

$$Var(\hat{\beta}) = E[\hat{\beta} - E[\beta]]^2$$

$$= E[\sum w_i u_i]^2 \tag{3.6.20}$$

한편 $E[\sum w_i u_i]^2$은 다음과 같이 두 부분으로 나눌 수 있고,

$$E[\sum w_i u_i]^2 = E[(w_1^2 u_1^2 + w_2^2 u_2^2 + \cdots + w_n^2 u_n^2) + \sum_{i \neq j} w_i w_j u_i u_j] \tag{3.6.21}$$

기본가정에 의해서 $E(u_i^2) = \sigma^2$, $E(u_i u_j) = 0 \quad (i \neq j)$이 성립하고 있는 사실을 이용하여 정리하면,

$$E[\sum w_i u_i]^2 = (w_1^2 \sigma^2 + w_2^2 \sigma^2 + \cdots + w_n^2 \sigma^2) + 0 \tag{3.6.22}$$

따라서 다음과 같이 분산을 나타낼 수 있다.

$$Var(\hat{\beta}) = \sigma^2 (\sum w_i^2) \tag{3.6.23}$$

그런데

$$\sum w_i^2 = \sum (\frac{x_i}{\sum x_i^2})^2 = \frac{\sum x_i^2}{(\sum x_i^2)^2} = \frac{1}{\sum x_i^2} \tag{3.6.24}$$

이므로 $\hat{\beta}$의 분산은 다음 식과 같다.

$$Var(\hat{\beta}) = (\frac{1}{\sum x_i^2})\sigma^2 \tag{3.6.25}$$

이때 $\hat{\beta}$의 표준오차 $se(\hat{\beta})$는 다음과 같다

$$se(\hat{\beta}) = \sqrt{\frac{\sigma^2}{\sum x_i^2}} \tag{3.6.26}$$

한편 $\hat{\alpha}$의 분산과 표준오차도 같은 방법으로 구할 수 있다.

$$\hat{\alpha} = \overline{Y} = \hat{\beta}\overline{X} \tag{3.6.27}$$

로부터 v_i를

$$v_i = (\frac{1}{n} - \overline{X}w_i) \tag{3.6.28}$$

로 두면 $\hat{\alpha}$는 다음과 같다.

$$\hat{\alpha} = \alpha + \sum v_i u_i \tag{3.6.29}$$

그러므로 $\hat{\alpha}$에 기대치를 적용하면,

$$\begin{aligned} E(\hat{\alpha}) &= E(\hat{\alpha} + \sum v_i u_i) \\ &= E(\hat{\alpha}) + E(\sum v_i u_i) \end{aligned}$$

$$= \alpha + \sum v_i (E(u_i))$$
$$= \alpha \tag{3.6.30}$$

따라서 $\hat{\alpha}$의 분산 $Var(\hat{\alpha})$와 표준오차 $se(\hat{\alpha})$는 각각 다음과 같이 구할 수 있다.

$$\begin{aligned} Var(\hat{\alpha}) &= E[\hat{\alpha} - E(\hat{\alpha})]^2 \\ &= \sigma^2 \sum v_i^2 \\ &= (\frac{1}{n} + \frac{\overline{X}^2}{\sum x_i^2})\sigma^2 \end{aligned} \tag{3.6.31}$$

$$se(\hat{\alpha}) = \sqrt{(\frac{1}{n} + \frac{\overline{X}^2}{\sum x_i^2})\sigma^2} \tag{3.6.32}$$

3.6.3 회귀계수 $\hat{\alpha}$, $\hat{\beta}$의 공분산의 추정

회귀계수 $\hat{\alpha}$와 $\hat{\beta}$의 공분산 $Cov(\hat{\alpha}, \hat{\beta})$를 구해 보도록 한다. $\hat{\alpha}$와 $\hat{\beta}$는 확률변수로서 표본에 따라서 변하게 되며, 주어진 표본 내에서도 서로 관계를 가진다. 이러한 의존관계가 공분산으로 측정되는 것이다.

$\hat{\alpha}$와 $\hat{\beta}$의 기대치가 각각 $E(\hat{\alpha}) = \alpha$, $E(\hat{\beta}) = \beta$이므로 공분산을 기대치를 사용하여 나타내면 다음과 같다.

$$\begin{aligned} Cov(\hat{\alpha}, \hat{\beta}) &= E[\hat{\alpha} - E(\hat{\alpha})][\hat{\beta} - E(\hat{\beta})] \\ &= E[(\hat{\alpha} - \alpha)(\hat{\beta} - \beta)] \end{aligned} \tag{3.6.33}$$

여기서

$$
\begin{aligned}
(\hat{\alpha}-\alpha) &= (\overline{Y}-\hat{\beta}\overline{X})-(\overline{Y}-\beta\overline{X}-\overline{u}) \\
&= -(\hat{\beta}-\beta)\overline{X}+\overline{u}
\end{aligned}
\tag{3.6.34}
$$

를 (3.6.33)식에 대입하면 공분산을 구할 수 있다.

$$
\begin{aligned}
Cov(\hat{\alpha},\ \hat{\beta}) &= E([-(\hat{\beta}-\beta)\overline{X}+\overline{u}][\hat{\beta}-\beta]) \\
&= -\overline{X}E[\hat{\beta}-\beta]^2+E[\overline{u}(\hat{\beta}-\beta)] \\
&= -\overline{X}\left[\frac{\sigma^2}{\sum x_i^2}\right]
\end{aligned}
\tag{3.6.35}
$$

여기서는

$$
E[\hat{\beta}-\beta]^2=\sigma_{\hat{\beta}}^2\ ,\quad \hat{\beta}-\beta=\frac{\sum x_i u_i}{\sum x_i^2},\ E[\overline{u}(\hat{\beta}-\beta)]=0 \tag{3.6.36}
$$

을 사용하여 구하였다.

3.6.4 여러 분산의 표현법

지금까지 구한 여러 분산을 정리하면 다음과 같다.

$$Var(\hat{\beta}) = \sigma^2_{\hat{\beta}} = \frac{\sigma^2}{\sum x_i^2} \quad (3.6.37)$$

$$se(\hat{\beta}) = \sigma_{\hat{\beta}} = \sqrt{\frac{\sigma^2}{\sum x_i^2}} \quad (3.6.38)$$

$$Var(\hat{\alpha}) = \sigma^2_{\hat{\alpha}} = (\frac{1}{n} + \frac{\overline{X}^2}{\sum x_i^2})\sigma^2 \quad (3.6.39)$$

$$se(\hat{\alpha}) = \sigma_{\hat{\alpha}} = \sqrt{\frac{1}{n} + \frac{\overline{X}^2}{\sum x_i^2})\sigma^2} \quad (3.6.40)$$

$$Cov(\hat{\alpha}, \hat{\beta}) = -\overline{X}(\frac{\sigma^2}{\sum x_i^2}) \quad (3.6.41)$$

이상의 5가지 통계량은 오차항의 분산 σ^2을 포함하고 있으므로 각각 $\hat{\beta}$, $\hat{\alpha}$, $Cov(\hat{\alpha}, \hat{\beta})$의 이론적인 추정량이 된다. 여기서 σ^2의 불편추정량 $\hat{\sigma}^2$이

$$\hat{\sigma}^2 = \frac{\sum \hat{u}_i^2}{n-2} \quad (3.6.42)$$

로 계산되어 σ^2 대신에 각각의 식에 대입하면, 각각의 추정량은 계산할 수 있는 추정치가 되며, 그때의 표현법은 다음과 같다.

$$\widehat{Var}(\hat{\beta}) = \hat{\sigma}_{\hat{\beta}}^2 = \frac{\hat{\sigma}^2}{\sum x_i^2} \quad (3.6.43)$$

$$\widehat{se}(\hat{\beta}) = \hat{\sigma}_{\hat{\beta}} = \sqrt{\frac{\hat{\sigma}^2}{\sum x_i^2}} \quad (3.6.44)$$

$$\widehat{Var}(\hat{\alpha}) = \hat{\sigma}_{\hat{\alpha}}^2 = (\frac{1}{n} + \frac{\overline{X}^2}{\sum x_i^2})\hat{\sigma}^2 \tag{3.6.45}$$

$$\widehat{se}(\hat{\alpha}) = \hat{\sigma}_{\hat{\alpha}} = \sqrt{(\frac{1}{n} + \frac{\overline{X}^2}{\sum x_i^2})\hat{\sigma}^2} \tag{3.6.46}$$

$$\widehat{Cov}(\hat{\alpha}, \hat{\beta}) = -\overline{X}(\frac{\hat{\sigma}^2}{\sum x_i^2}) \tag{3.6.47}$$

3.7 최소자승추정량은 좋은 추정량인가?

회귀모형의 파라메터를 추정하는 방법은 최소자승법 외에도 많이 있다. 그런데 왜 계량경제학에서는 최소자승법을 사용하는 것일까? 그것은 최소자승법으로 추정된 추정량이 가장 바람직한 특성을 가지고 있기 때문이다. 이 문제를 단순회귀모형에서 구한 추정량 $\hat{\alpha}$와 $\hat{\beta}$를 중심으로 살펴보기로 한다.

여러 추정량 중에서 하나의 추정량을 선정하기 위해서는 추정량을 평가하는 기준이 필요하다. 그 기준은 소표본에서는 불편성, 선형성, 최소분산성이다. 이 세 성질을 동시에 만족하는 추정량이 우리가 선정하려고 하는 추정량이 된다.

3.7.1 불편성

불편성(unbiasedness)이란 추정량의 기대치가 진의 파라메터가 된다는 성질이다. 즉 하나의 표본이 주어졌을 때 추정량으로부터 계산된 추정치는 모집단의 진의 파라메터와 반드시 일치하지 않는다. 그러나 반복추출에 의해서 추정치를 계산하였을 때 그 평균이 진의 파라메터와 일치한다. 이것을 $\hat{\beta}$에 적용하면 불편성은 다음과 같이 표현된다.

$$E(\hat{\beta}) = \beta \quad (3.7.1)$$

그런데 앞 절에서

$$\hat{\beta} = \beta + \sum w_i u_i \quad (3.7.2)$$

가 되는 것을 증명하였다. 그러므로 이 $\hat{\beta}$에 기대치를 적용하면 불편성이 성립하는 것을 알 수 있다.

$$\begin{aligned} E(\hat{\beta}) &= E(\beta + \sum w_i u_i) \\ &= E(\beta) + E(\sum w_i u_i) \\ &= \beta + \sum (w_i E(u_i)) \\ &= \beta \end{aligned} \quad (3.7.3)$$

따라서 $\hat{\beta}$는 β의 불편추정량이 된다.

$\hat{\alpha}$에 대해서 다음과 같이 되는 것을 증명하였다.

$$\hat{\alpha} = \alpha + \sum v_i u_i \quad (3.7.4)$$

그러므로 $\hat{\alpha}$에 기대치를 적용하면 불편성이 성립하는 것을 알 수 있다.

$$\begin{aligned} E(\hat{\alpha}) &= E(\hat{\alpha} + \sum v_i u_i) \\ &= E(\hat{\alpha}) + E(\sum v_i u_i) \\ &= \alpha + \sum v_i (E(u_i)) \\ &= \alpha \end{aligned} \tag{3.7.5}$$

따라서 $\hat{\alpha}$는 α의 불편추정량이 된다.

3.7.2 선형성

선형성(linearity)이란 추정량이 표본의 1차식으로 나타낼 수 있는 것을 의미한다.

먼저 $\hat{\beta}$에 대해서 검토해보기로 한다.

$$\begin{aligned} \hat{\beta} &= \frac{\sum x_i y_i}{\sum x_i^2} \\ &= \frac{\sum x_i Y_i}{\sum x_i^2} \\ &= \frac{x_1 Y_1 + x_2 Y_2 + \cdots + x_n Y_n}{\sum x_i^2} \\ &= \sum w_i Y_i \end{aligned} \tag{3.7.6}$$

이 결과는 $\hat{\beta}$가 w_i를 계수로 하여 표본 Y_i의 1차식으로 나타낼 수 있으므로 선형추정량이 된다.

다음으로 $\hat{\alpha}$에 대하여 살펴보기로 한다.

$$\begin{aligned}\hat{\alpha} &= \overline{Y} - \hat{\beta}\overline{X} \\ &= \sum\left(\frac{1}{n} - w_i\overline{X}\right)Y_i \\ &= \sum v_i Y_i \qquad (3.7.7)\end{aligned}$$

이 결과는 $\hat{\alpha}$가 v_i를 계수로 하여 표본 Y_i의 1차식으로 나타낼 수 있으므로 선형추정량이 된다.

3.7.3 최소분산성

지금까지 단순회귀모형의 최소자승추정량 $\hat{\beta}$와 $\hat{\alpha}$는 불편성과 선형성의 성질을 가지는 추정량이라는 것을 보았다. 즉, 다음과 같이 나타낼 수 있다.

$$E(\hat{\beta}) = \beta, \quad \hat{\beta} = \sum w_i Y_i \qquad (3.7.8)$$

$$E(\hat{\alpha}) = \alpha, \quad \hat{\alpha} = \sum v_i Y_i \qquad (3.7.9)$$

그러면 불편성과 선형성을 가지는 다른 추정치를 β^*, α^*라 할 때 분산의 크기를 비교해 보기로 한다. 만약

$$Var(\hat{\beta}) \leq Var(\beta^*) \tag{3.7.10}$$

$$Var(\hat{\alpha}) \leq Var(\alpha^*) \tag{3.7.11}$$

이면 최소자승추정량 $\hat{\beta}$와 $\hat{\alpha}$는 최소분산의 추정량(불편성과 최소분산성을 가지므로 유효추정량이 된다)이 되며, 최량선형불편추정량(BLUE)이 되는 것이다.

먼저 $\hat{\beta}$에 대해서 검토해 보기로 한다.

β^*가 불편성과 선형성을 가진다면 임의의 계수 c_i를 사용하여 다음과 같이 나타낼 수 있다.

$$E(\beta^*) = \beta, \qquad \beta^* = \sum c_i Y_i \tag{3.7.12}$$

그런데 β^*가 선형성과 불편성을 가지기 위해서는 c_i가 어떤 조건을 만족해야 한다.

$$\begin{aligned} E(\beta^*) &= E(\sum c_i Y_i) \\ &= E(\sum c_i(\alpha + \beta x_i + u_i)) \\ &= E(\sum c_i \alpha) + E(\sum c_i \beta X_i) + E(\sum c_i u_i) \\ &= \alpha \sum c_i + \beta \sum c_i X_i \end{aligned} \tag{3.7.13}$$

여기서 $E(\beta^*) = \beta$가 되기 위해서는

$$\sum c_i = 0, \qquad \sum c_i X_i = 1 \tag{3.7.14}$$

의 조건이 성립하여야 한다. 그런데 최소자승추정량 $\hat{\beta}$는 이 조건을 만족하고 있다. 즉 계수 w_i에 대해서 다음이 성립한다.

$$\sum w_i = 0, \quad \sum w_i X_i = 1 \tag{3.7.15}$$

지금 계수 c_i와 w_i의 차를 $d_i = c_i - w_i$로 두면

$$\begin{aligned}\sum c_i^2 &= \sum (d_i - w_i)^2 \\ &= \sum d_i^2 + \sum w_i^2 + 2\sum d_i w_i \\ &= \sum d_i^2 + \sum w_i^2\end{aligned} \tag{3.7.16}$$

앞에서 $\hat{\beta}$의 분산이 계수 w_i와 모분산 σ^2를 사용하여 다음과 같이 도출되었으므로

$$Var(\beta^*) = \sigma^2 (\sum w_i^2) \tag{3.7.17}$$

같은 방법으로 β^*의 분산은 다음과 같이 될 것이다.

$$Var(\beta^*) = \sigma^2 (\sum c_i^2) \tag{3.7.18}$$

그러므로

$$\begin{aligned}Var(\beta^*) &= \sigma^2 (\sum w_i^2 + \sum d_i^2) \\ &= \sigma^2 (\sum w_i^2) + \sigma^2 (\sum d_i^2)\end{aligned} \tag{3.7.19}$$

그런데 $\sigma^2(\sum w_i^2) = Var(\hat{\beta})$이고, $\sigma^2(\sum d_i^2) \geq 0$이므로

$$Var(\beta^*) \geq Var(\hat{\beta}) \tag{3.7.20}$$

의 결과를 얻는다. 따라서 $\hat{\beta}$는 최소분산이 된다.

$\hat{\alpha}$도 같은 방법으로 최소분산이 되는 것을 보일 수 있다. 즉 α^*가 α에 대한 불편성과 선형성을 가지는 추정량이라고 할 때 다음이 성립한다.

$$Var(\alpha^*) \geq Var(\hat{\alpha}) \tag{3.7.21}$$

이상으로부터 최소자승추정량 $\hat{\beta}$와 $\hat{\alpha}$는 최량선형불편추정량(BLUE)이 된다. 여기서 유의할 점은 최소자승추정량이 BLUE라 하더라도 표본이 주어질 때마다 계산된 추정치가 항상 진의 파라메터와 일치하지 않는다는 것이다. 단지 다른 추정량에 비하여 평균적으로 좋은 성질을 가지고 있는 것을 의미할 뿐이다.

3.7.4 Gauss-Marcov 정리

지금까지 최소자승추정량이 BLUE라는 것을 검토해 보았는데, 이것은 Gauss–Markov 정리로 알려져 있다.

Gauss-Markov 정리

고전적 선형회귀모형의 가정이 성립할 때 선형불편추정량 중에서 최소자승추정량의 분산이 가장 작다.

Gauss—Markov 정리를 그림으로 나타낸 것이 <그림 3.7>이다.

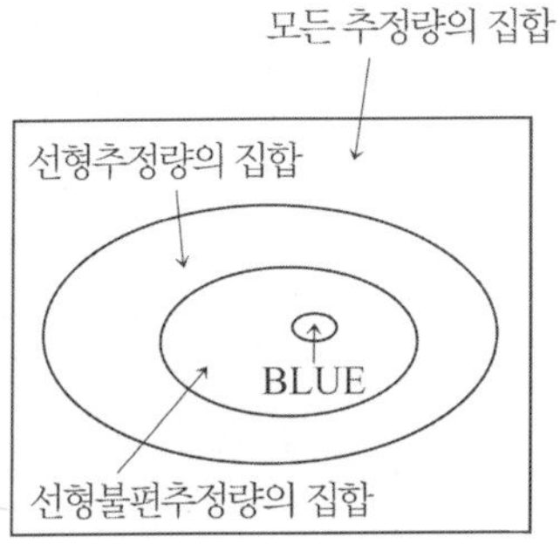

〈그림 3.7〉

즉 선형회귀모형의 추정량을 생각할 때, 모든 가능한 추정량의 집합이 있고, 그중에서 선형성을 만족하는 선형추정량이 있으며, 그중에서 불편성을 만족하는 선형불편추정량의 집합이 있다. 이 선형불편추정량 중에서 분산이 가장 작은 추정량이 최량선형불편추정량(BLUE)인데, 최소자승추정량이 바로 BLUE라는 것이다.

3.7.5 일치성

최소자승추정량이 BLUE로 가장 좋은 추정량이라는 사실을 알았다. 그러나 이것은 표본의 크기가 일정할 때(소표본특성)의 추정량을 선택하는 기준이다.

그러면 표본수를 점점 크게 하였을 때(대표본특성)의 추정량의 선택기준으로 어떤 것이 있는가를 생각하면 일치성(consistency)이라는 것이 있다. 이 성질은 표본수를 점점 크게 하여 무한대에 접근시킬 때 추정량의 분산이 0에 접근하며, 추정량이 진의 파라메터에 접근한다는 성질이다. 이 성질이 있을 때 그 추정량을 일치추정량(consistent estimator)라 한다.

먼저 $\hat{\beta}$에 대해서 검토 해보기로 한다. $\hat{\beta}$의 분산

$$Var(\hat{\beta}) = \frac{\sigma^2}{\sum x_i^2} \tag{3.7.22}$$

에서 표본수를 무한대에 접근시키면($n \to \infty$),

$$\lim_{n\to\infty} Var(\hat{\beta}) = \lim_{n\to\infty} (\frac{\sigma^2}{\sum x_i^2}) = 0 \tag{3.7.23}$$

이 된다. 즉 분모인 $\sum x_i^2 = \sum (X_i - \overline{X})^2$은 $n \to \infty$일 때 무한대에 접근한다. 그런데 분자인 σ^2은 일정한 값을 나타내므로 종국적으로 $\hat{\beta}$의 분산은 0에 접근하게 된다. 즉 $\hat{\beta}$의 확률극한이 진의 β가 되는 것이다.

$$\underset{n\to\infty}{Plim}\hat{\beta} = \beta \tag{3.7.24}$$

$\hat{\alpha}$에 대해서 같은 방법으로 살펴보면, $\hat{\alpha}$의 분산

$$Var(\hat{\alpha}) = (\frac{1}{n} + \frac{\overline{X}^2}{\sum x_i^2})\sigma^2 \tag{3.7.25}$$

에서 $n \to \infty$일 때

$$\lim_{n\to\infty} Var(\hat{\alpha}) = \lim_{n\to\infty}[(\frac{1}{n} + \frac{\overline{X}^2}{\sum x_i^2})] = 0 \qquad (3.7.26)$$

이 된다. 즉 $\hat{\alpha}$의 확률극한이 진의 α가 된다.

$$P\lim_{n\to\infty} \hat{\alpha} = \alpha \qquad (3.7.27)$$

지금까지 최소자승추정량 $\hat{\beta}$와 $\hat{\alpha}$에 관해서 그 특성을 살펴보았다. 최소자승추정량은 소표본특성의 선택 기준으로서 BLUE의 특성을 가지고 있을 뿐만 아니라, 대표본특성의 선택 기준으로서 일치성을 가지고 있으므로 2가지의 좋은 성질을 가지는 최선의 추정량이라고 할 수 있겠다.

3.8 예제 : 소비함수

단순회귀분석의 예로 다음과 같은 소비함수를 추정해 보기로 한다.

$$Y_i = \alpha + \beta X_i + u_i \qquad (3.8.1)$$

여기서 변수는 다음과 같다.

$Y_i =$ 실질가계최종소비지출

$X_i =$ 실질가계가처분소득

이 소비함수는 실질가계최종소비지출 Y_i를 설명하는 체계적 요인으로 실질가계가처분소득 X_i만을 모형에 도입하고 있으므로, 케인즈의 절대소득가설이라고 부르는 모형이다. 이 소비함수를 분석하기 위한 가상적 자료가 <표 3.1>에 나타나 있다.

표본	년도	X	Y
1	2000	64	56
2	2001	72	64
3	2002	78	66
4	2003	85	70
5	2004	92	75
6	2005	107	88
7	2006	128	95
8	2007	143	105
9	2008	155	120
10	2009	176	138

〈표 3.1〉

이 자료로부터 회귀계수α, β의 추정치 $\hat{\alpha}$, $\hat{\beta}$를 비롯하여 여러 추정치를 구해 보기로 한다.

$$\overline{X}=\frac{\Sigma X}{10}=\frac{1100}{10}=110,\quad \overline{Y}=\frac{\Sigma Y}{10}=\frac{877}{10}=87.7$$

을 이용하여 X, Y를 평균에 대한 편차 $x=X-\overline{X}$, $y=Y-\overline{Y}$로 나타내어 다음을 구한다.

	X	Y	$x=X-\overline{X}$	$y=Y-\overline{Y}$	x^2	y^2	xy
1	64	56	−46	−31.7	2116	1004.89	1458.2
2	72	64	−38	−23.7	1444	561.69	900.6
3	78	66	−32	−21.7	1024	470.89	694.4
4	85	70	−25	−17.7	625	313.29	442.5
5	92	75	−18	−12.7	324	161.29	228.6
6	107	88	−3	0.3	9	0.09	−0.9
7	128	95	18	7.3	324	53.29	131.4
8	143	105	33	17.3	1089	299.29	570.9
9	155	120	45	32.3	2025	1043.29	1453.5
10	176	138	66	50.3	4356	2530.09	3319.8
	$\sum X$ $=1100$	$\sum Y$ $=877$	$\sum x$ $=0$	$\sum y$ $=0$	$\sum x^2$ $=13336$	$\sum y^2$ $=6438.1$	$\sum xy$ $=9199$

〈표 3.2〉

$$\sum x^2 = 13,336,\ \sum y^2 = 6,438.1,\ \sum xy = 9,199$$

이상의 자료를 이용하여 다음을 구할 수 있다.

회귀계수의 추정

$$\hat{\beta} = \frac{\sum xy}{\sum x^2} = \frac{9,199}{13,336} = 0.6898$$

$$\hat{\alpha} = \overline{Y} - \hat{\beta}\overline{X} = 87.7 - 0.6898 \times 110 = 11.8234$$

분산의 추정

$$\Sigma \hat{y}^2 = \Sigma(\hat{\beta}x)^2 = \hat{\beta}^2 \Sigma x^2 = (0.689787)^2(13,336) = 6,345.2510$$

그러므로 잔차의 자승합은

$$\Sigma \hat{u}_i^2 = \Sigma y^2 - \Sigma \hat{y}^2$$
$$= 6,438.1 - 6,345.2510 = 92.7490$$

따라서 불편분산 $\hat{\sigma}^2$은

$$\hat{\sigma}^2 = \frac{\Sigma \hat{u}_i^2}{n-2} = \frac{92.7490}{8} = 11.5936$$

표준오차 $\hat{\sigma}$은

$$\hat{\sigma} = \sqrt{\hat{\sigma}^2} = \sqrt{11.5936} = 3.4049$$

회귀계수의 분산의 추정

불편분산 $\hat{\sigma}^2$을 이용하여 $\widehat{\sigma_{\hat{\beta}}^2}$, $\widehat{\sigma_{\hat{\alpha}}^2}$ 을 구할 수 있다.

$$\widehat{\sigma_{\hat{\beta}}^2} = \frac{\hat{\sigma}^2}{\Sigma x_i^2} = \frac{11.5936}{13336} = 0.00087$$

$$\hat{\sigma}_{\hat{\beta}} = \sqrt{\hat{\sigma}^2_{\hat{\beta}}} = \sqrt{0.00087} = 0.0295$$

$$\hat{\sigma}^2_{\hat{\alpha}} = (\frac{1}{n} + \frac{\overline{X}^2}{\Sigma x^2})\hat{\sigma}^2$$

$$= (\frac{1}{10} + \frac{(110)^2}{13336})11.5936 = 11.6786$$

$$\hat{\sigma}_{\hat{\alpha}} = \sqrt{\hat{\sigma}^2_{\hat{\alpha}}} = \sqrt{11.6786} = 3.4174$$

추정결과의 요약

<표 3.1>에 나타나 있는 자료를 이용하여 최소자승추정을 실시한 결과는 다음과 같이 요약할 수 있다.

$$\hat{Y}_i = \underset{(3.4174)}{11.8234} + \underset{(0.0295)}{0.6898X_i} \qquad R^2 = 0.98559 \qquad (3.8.2)$$

이 표본회귀식의 기울기 $\hat{\beta} = 0.6898$은 한계소비성향으로, 실질가계소득이 한 단위 증가할 때 소비지출은 0.6898만큼 증가한다는 것을 의미한다. 케인즈의 이론에 의하면 한계소비성향은 $0 < \beta < 1$의 값을 가지는데, 이 자료에 의한 $\hat{\beta}$는 이 조건을 만족하고 있다.

절편 $\hat{\alpha} = 11.8234$는 실질가계가처분소득이 0일 때 실질가계최종소비지출의 크기를 나타내지만 이 자체만으로는 어떤 경제적 해석을 하기는 쉽지 않다.

연습문제 3 Exercise

[1] 다음의 회귀모형을 고려하자.

$$M_i = \alpha + \beta GDP_i + u_i \qquad (3.9.1)$$

여기서

M_i =1인당 실질총통화($M2$)

GDP_i =1인당 실질GDP

이다.

(3.9.1)모형을 추정하기 위한 우리나라에 관한 자료가 <표 3.3>에 나타나 있다.

년도	M	GDP
1981	91.24	315.25
82	107.37	332.53
83	119.89	364.46
84	124.29	390.09
85	131.27	410.31
86	144.51	450.98
87	160.90	495.36
88	175.77	541.38
89	195.13	569.33
1990	211.50	614.14
91	224.25	664.89
92	244.24	693.83
93	267.75	724.34
94	284.58	775.99
95	303.77	837.00
96	336.47	884.50
97	385.18	919.78
98	433.28	852.58
99	562.18	939.26
2000	733.28	1017.42

〈표 3.3〉

(1) (3.9.1)모형을 추정하여 $\hat{\alpha}$, $\hat{\beta}$를 구하라.

(2) 다음의 분산 및 표준오차를 구하라.

a) $\hat{\sigma}^2$ b) $\widehat{Var}(\hat{\beta}) = \hat{\sigma}^2_{\hat{\beta}}$ c) $\widehat{se}(\hat{\beta}) = \hat{\sigma}_{\hat{\beta}}$

d) $\widehat{Var}(\hat{\alpha}) = \hat{\sigma}^2_{\hat{\alpha}}$ e) $\widehat{se}(\hat{\alpha}) = \hat{\sigma}_{\hat{\alpha}}$

[2] X, Y에 관한 n쌍의 자료 (X_i, Y_i)가 주어졌을 때, 다음의 관계가 성립하는 것을 증명하라. 단 소문자 x_i, y_i는 X_i, Y_i를 각각의 평균 $\overline{X}$, $\overline{Y}$에 대한 편차 $x_i = X_i - \overline{X}$, $y_i = Y_i - \overline{Y}$를 나타낸다.

(1) $\sum x_i y_i = \sum X_i Y_i - \frac{1}{n}(\sum X_i)(\sum Y_i)$

(2) $\sum x_i^2 = \sum X_i^2 - \frac{1}{n}(\sum X_i)^2$

(3) $\sum y_i^2 = \sum Y_i^2 - \frac{1}{n}(\sum Y_i)^2$

[3] 다음의 모형

$$Y_i = \alpha + \beta X_i + u_i \tag{3.9.2}$$

에 관한 표본수 20의 자료로부터 다음의 결과를 얻었다.

$\sum X_i = 1{,}356$ $\sum Y_i = 721$ $\sum X_i Y_i = 50{,}594$

$\sum X_i^2 = 95{,}580$ $\sum Y_i^2 = 26{,}941$

(1) (3.9.2)모형의 회귀계수 α, β를 추정하라.

(2) 잔차의 자승합은 $\sum\hat{u}_i^2 = 146.14$이다. 이것을 이용하여 다음의 분산 및 표준오차를 구하라.

a) $\hat{\sigma}^2$　　b) $\widehat{Var}(\hat{\beta}) = \hat{\sigma}_{\hat{\beta}}^2$　　c) $\widehat{se}(\hat{\beta}) = \hat{\sigma}_{\hat{\beta}}$

d) $\widehat{Var}(\hat{\alpha}) = \hat{\sigma}_{\hat{\alpha}}^2$　　e) $\widehat{se}(\hat{\alpha}) = \hat{\sigma}_{\hat{\alpha}}$

[4] (3.9.2)식의 단순회귀모형에서 기본가정이 모두 성립할 때, 다음을 증명하라.

(1) $E[\hat{\alpha}] = \alpha$

(2) $Var(\hat{Y}) = (\frac{1}{n} + \frac{x^2}{\sum x_i^2})\sigma^2$

(힌트 : $\hat{Y} = \overline{Y} + \hat{\beta}x$이므로 $Var(\hat{Y}) = Var(\overline{Y} + \hat{\beta}x)$)

제4장 단순회귀분석 : 검정 및 예측

4.1 결정계수

4.1.1 결정계수의 의미

단순회귀모형

$$Y_i = \alpha + \beta X_i + u_i \qquad (i = 1,\ 2,\ \cdots,\ n) \qquad (4.1.1)$$

에서 추정된 회귀선이 주어진 표본 관측치들을 얼마나 잘 설명하고 있는지를 나타내는 적합도의 지표로 결정계수(coefficient of determination : R^2)라는 것이 있다. 이것은 독립변수 X가 종속변수 Y를 얼마나 잘 설명하느냐를 나타내는 지표이다.

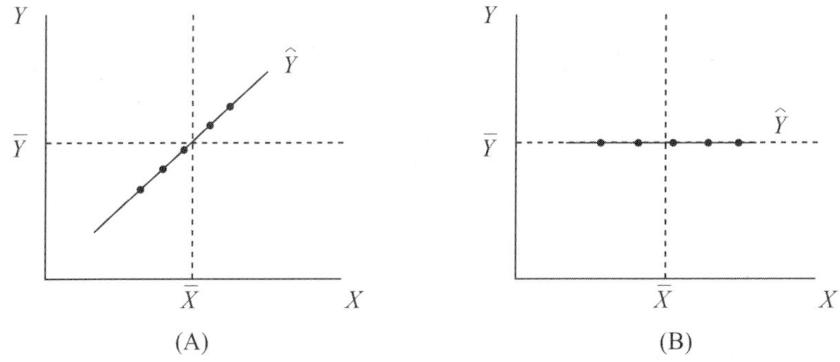

〈그림 4.1〉

독립변수에 의해서 종속변수가 완전히 설명되는 경우, 관측치들은 모두 회귀직선 위에 놓인다. <그림 4.1>의 (A)가 그 경우가 되겠다. 다음으로 완전히 설명되지 않는 경우는 모든 관측치들이 Y의 평균인 $\overline{Y}$에 놓인다. 이때 X의 변동은 Y에 아무런 영향을 주지 못한다. <그림 4.1>의 (B)가 그 경우이다.

지금까지 살펴본 두 극단적인 경우는 거의 발생하지 않으며, 일반적으로는 관측치들이 표본회귀선을 중심으로 상하로 분포하며, 잔차가 양이나 음의 값을 취하는 경우이다.

그러면 지금 두 표본회귀선이 구하여졌다고 하였을 때 어느 쪽이 더 결정력이 좋은가를 비교해 보기로 하자.

<그림 4.2>에서 (A)의 경우는 관측치들이 회귀선을 중심으로 가까이 접근해 있는 것을 볼 수 있다. 반면 (B)의 경우는 관측치들이 회귀선을 중심으로 (A)의 경우보다 멀어져 있는 것을 알 수 있다. 직관적인 판단에 의하면 X가 Y를 설명하는 결정력은 (B)보다 (A)가 크다는 것을 알 수 있다. 왜냐하면 회귀선과 관측치의 차로서 정의되는 잔차는 가능한 한 작은 편이 높은 결정력을 나타내기 때문이다.

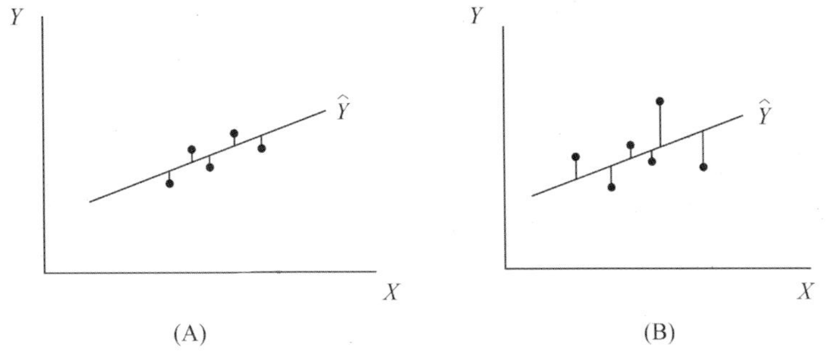

〈그림 4.2〉

4.1.2 결정계수를 구하는 방법

결정계수 R^2을 구하는 방법을 생각해 보자. 회귀선 $\widehat{Y}_i$의 적합도를 생각할 때, Y_i의 변동을 $\widehat{Y}_i$가 얼마나 설명할 수 있는가를 고려하면 된다. 여기서 Y_i의 변동은 일반적으로 평균인 $\overline{Y}$로부터의 편차인 $(Y_i-\overline{Y})$의 변동을 생각하기로 한다.

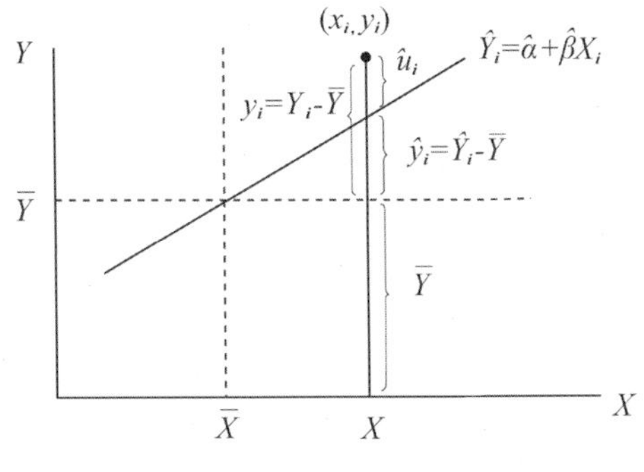

〈그림 4.3〉

<그림 4.3>에서 알 수 있듯이, $\overline{Y}$에 대한 Y_i의 변동 $(Y_i-\overline{Y})$은 회

귀선 $\hat{Y}_i$와 $\overline{Y}$의 차이인 $(\hat{Y}_i - Y)$와, 관측치 Y_i와 회귀선 $\hat{Y}_i$의 차이인 $(Y_i - \hat{Y}_i)$의 두 부분으로 나눌 수 있다.

$$Y_i - \hat{Y} = (\hat{Y}_i - \overline{Y}) + (Y_i - \hat{Y}_i) \qquad (4.1.2)$$

이 식을 각각의 평균에 대한 편차를 나타내는 소문자로 나타낼 수 있다.

$$y_i = \hat{y}_i + \hat{u}_i \qquad (4.1.3)$$

여기서 $\hat{y}$는 독립변수 X에 의해서 설명될 수 있는 부분이고, $\hat{u}_i$는 설명될 수 없는 부분이다. 즉 X_i 이외의 요인에 의해서 변동되는 부분이라고 할 수 있다.

(4.1.3)식을 모든 관측치에 대한 변동으로 나타내기 위해서, 양변을 제곱하고 합을 구한다. 그러면 다음 식이 얻어진다.

$$\begin{aligned}\sum y_i^2 &= \sum(\hat{y}_i + \hat{u}_i)^2 \\ &= \sum \hat{y}_i^2 + \sum \hat{u}_i^2 + 2\sum \hat{y}_i \hat{u}_i \qquad (4.1.4)\end{aligned}$$

여기서 $\hat{y} = \hat{\beta} x_i$, $\hat{u}_i = y_i - \hat{y_i}$, $\hat{\beta} = \dfrac{\sum x_i y_i}{\sum x_i^2}$의 관계를 이용하면 $\sum \hat{y}_i \hat{u}_i = 0$이 된다. 그 결과 다음 식을 얻는다.

$$\sum y_i^2 = \sum \hat{y}_i^2 + \sum \hat{u}_i^2 \tag{4.1.5}$$

여기서 각각은 다음과 같은 의미를 가진다.

$\sum y_i^2 = \sum (Y_i - \overline{Y})^2$: Y_i의 전체변동(Total Sum of Squares : *TSS*)

$\sum \hat{y}_i^2 = \sum (\widehat{Y}_i - \overline{Y})^2$: $\widehat{Y}_i$로 설명되는 변동(Explained Sum of Squares : *ESS*)

$\sum \hat{u}_i^2 = \sum (Y_i - \widehat{Y}_i)^2$: $\widehat{Y}_i$로 설명 안 되는 변동(Residual Sum of Squares : *RSS*)

(4.1.5)식을 문자를 사용하여 나타내면 다음과 같이 표현할 수 있다.

$$TSS = ESS + RSS \tag{4.1.6}$$

그러므로 결정계수 R^2은 전체변동 중에서 설명되는 변동의 비율로 계측할 수 있다.

$$R^2 = \frac{\sum \hat{y}^2}{\sum y_i^2} = \frac{ESS}{TSS} \tag{4.1.7}$$

(4.1.7)식의 관계로부터 다음 식으로도 구할 수 있다.

$$R^2 = 1 - \frac{\sum \hat{u}_i^2}{\sum y_i^2} = 1 - \frac{RSS}{TSS} \tag{4.1.8}$$

결정계수 R^2의 값은

(1) 관측치 (X_i, Y_i)가 모두 회귀선상에 있게 되면 $\sum \hat{u}_i = 0$이 되므로, Y의 변동이 모두 회귀선에 의해서 설명된다. 이 경우 $R^2 = 1$이다.

(2) 관측치 (X_i, Y_i)가 모두 $\overline{Y}$선상에 있게 되면 $\sum \hat{y}_i^2 = 0$이 되므로, Y의 변동은 X의 변동과 무관하다. 이 경우 $R^2 = 0$이다.

그러므로 R^2의 범위는

$$0 \le R^2 \le 1 \tag{4.1.9}$$

한편 결정계수는

$$\sum y_i^2 = \sum Y_i^2 - \frac{1}{n}\left(\sum Y_i\right)^2 \tag{4.1.10}$$

$$\sum \hat{y}_i^2 = \hat{\beta}^2 \sum x_i^2 = \hat{\beta} \sum x_i y_i \tag{4.1.11}$$

를 이용하면 간단히 계산할 수 있다.

[수치 예 4.1] 결정계수

<표 3.1>의 소비함수의 예를 들어 보기로 한다.

결정계수 R^2은 다음과 같이 구할 수 있다.

$$R^2 = 1 - \frac{\Sigma \hat{u}^2}{\Sigma y^2}$$

$$= 1 - \frac{92.7490}{6,438.1} = 0.9856$$

한편 결정계수를 회귀변동을 이용하여 구할 수 있다.

$$\Sigma \hat{y}_i^2 = \Sigma(\hat{\beta} x_i)^2 = \hat{\beta}^2 \Sigma x_i^2 = (0.6898)^2 (13,336)$$

$$= 6,345.5894$$

$$R^2 = \frac{\Sigma \hat{y}^2}{\Sigma y^2} = \frac{6,345.5894}{6,438.1} = 0.9856$$

R^2의 값이 0.9856이라는 것은 실질가계최종소비지출의 변동 중에서 실질가계가처분소득의 변동에 의해서 설명되는 비율이 98.56%가 된다는 의미이다. R^2의 가장 큰 값이 1이라는 것을 감안한다면 이 값은 매우 크다고 할 수 있겠다.

4.2 회귀분석에 있어서의 통계적 추론

4.2.1 $\hat{\alpha}$와 $\hat{\beta}$의 이론적 분포

단순회귀모형

$$Y_i = \alpha + \beta X_i + u_i \qquad (i = 1,\ 2,\ \cdots,\ n) \qquad (4.2.1)$$

에서 오차항 u_i에 대해서 다음과 같은 성질이 성립한다고 가정하였다.

$$E(u_i)=0, \quad E(u_i u_j)=0 \quad i \neq j, \quad E(u_i^2)=\sigma^2$$

$$E(u_i X_i)=0, \quad u_i \sim N(0,\ \sigma^2) \tag{4.2.2}$$

이 가정하에서 다음과 같은 결과를 얻었다.

(1) $\hat{\alpha}$및 $\hat{\beta}$의 평균은 각각 다음과 같다.

$$E(\hat{\alpha})=\alpha, \ E(\hat{\beta})=\beta \tag{4.2.3}$$

(2) $\hat{\alpha}$및 $\hat{\beta}$의 분산은 각각 다음과 같다.

$$Var(\hat{\alpha})=\sigma_{\hat{\alpha}}^2=\sigma^2\left(\frac{1}{n}+\frac{\overline{X}^2}{\sum x_i^2}\right) \tag{4.2.4}$$

$$Var(\hat{\beta})=\sigma_{\hat{\beta}}^2=\sigma^2\left(\frac{1}{\sum x_i^2}\right) \tag{4.2.5}$$

여기서 특히 u_i가 정규분포에 따른다는 가정을 둠으로써 회귀분석에서의 통계적 추론이 가능하다. 즉 최소자승추정법에 의한 추정량에 관해서 다음의 명제가 성립한다.

(1) $\hat{\alpha}$의 확률분포는 정규분포 $N(\alpha,\ \sigma_{\hat{\alpha}}^2)$이다.

(2) $\hat{\beta}$의 확률분포는 정규분포 $N(\beta, \sigma_{\hat{\beta}}^2)$이다.

(3) $\dfrac{\sum \hat{u}_i^2}{\sigma^2}$은 자유도 $(n-2)$의 χ^2분포에 따른다.

(4) $\hat{\alpha}$와 $\sum \hat{u}_i^2$, $\hat{\beta}$와 $\sum \hat{u}_i^2$은 서로 독립으로 분포한다.

한편 오차항 u_i의 분산 σ^2은 미지의 파라메터이다. 그러므로 σ^2이 포함되어 있는 $\hat{\alpha}$와 $\hat{\beta}$의 이론적 분산인 $Var(\hat{\alpha})$와 $Var(\hat{\beta})$의 값은 알 수 없다. 따라서 u_i의 분산 σ^2에 대해서 표본으로부터 계산이 가능한 불편분산 $\hat{\sigma}^2$

$$\hat{\sigma}^2 = \frac{\sum \hat{u}_i^2}{n-2} \tag{4.2.6}$$

을 $\hat{\alpha}$와 $\hat{\beta}$의 분산식에 σ^2 대신 대입하면, 다음과 같이 계산이 가능한 불편분산을 얻을 수 있다.

$$\widehat{Var}(\hat{\alpha}) = \hat{\sigma}_{\hat{\alpha}}^2 = \hat{\sigma}^2\left(\frac{1}{n} + \frac{\overline{X}^2}{\sum x_i^2}\right) \tag{4.2.7}$$

$$\widehat{Var}(\hat{\beta}) = \hat{\sigma}_{\hat{\beta}}^2 = \hat{\sigma}^2\left(\frac{1}{\sum x_i^2}\right) \tag{4.2.8}$$

$\hat{\alpha}$와 $\hat{\beta}$의 불편분산인 $\hat{\sigma}_{\hat{\alpha}}^2$와 $\hat{\sigma}_{\hat{\beta}}^2$을 사용하여 가설검정과 구간추정의 방법을 생각해 보자.

4.2.2 t통계량의 도출

t통계량에 관해서 다음의 정리가 성립한다.

[정리]

v를 평균 0, 분산 1의 표준정규분포에 따르는 확률변수라 하고, w를 자유도 m의 χ^2분포에 따르는 확률변수라 하자. 그리고 만약 양자가 서로 통계적으로 독립이면

$t = \dfrac{v}{\sqrt{w/m}}$은 자유도 m의 *student* t분포에 따른다.

이 정리를 $\hat{\alpha}$와 $\hat{\beta}$에 적용해 보기로 한다.

먼저 $\hat{\beta}$에 관해서 전개하면 다음과 같다. $\hat{\beta} \sim N(\beta,\ \sigma^2_{\hat{\beta}})$이므로 평균에 대한 편차를 표준오차로 나누면 표준정규분포에 따르는 확률분포가 된다. 이것을 v라고 두면 다음과 같다

$$v = \frac{\hat{\beta} - \beta}{\sigma_{\hat{\beta}}} \sim N(0,1) \tag{4.2.9}$$

그리고 $\sum \hat{u}_i^2/\sigma^2$은 자유도 $(n-2)$의 χ^2에 따르므로, 이것을 w라 두면 w는 자유도 $(n-2)$의 χ^2분포에 따른다.

$$w = \frac{\sum \hat{u}_i^2}{\sigma^2} \sim \chi^2_{n-2} \tag{4.2.10}$$

여기서 v와 w는 서로 독립적으로 분포하므로, 다음과 같이 변환된 t는 자유도 $(n-2)$의 t분포에 따르게 된다.

$$t=\frac{v}{\sqrt{w/m}}=\frac{\dfrac{\hat{\beta}-\beta}{\sigma_{\hat{\beta}}}}{\sqrt{\dfrac{\dfrac{\sum \hat{u}_i^2}{\sigma^2}}{n-2}}}=\frac{(\hat{\beta}-\beta)\sigma}{(\sigma_{\hat{\beta}})\sqrt{\dfrac{\sum \hat{u}_i^2}{n-2}}} \tag{4.2.11}$$

여기서 σ^2은 불편분산 $\hat{\sigma}^2$으로, $\sigma_{\hat{\beta}}$은 $\widehat{\sigma_{\hat{\beta}}}$으로 대체하면 (4.2.11)식은 간단히

$$t=\frac{\hat{\beta}-\beta}{\widehat{\sigma_{\hat{\beta}}}} \tag{4.2.12}$$

가 된다. (4.2.12)식에서는 추정량 $\hat{\beta}$와 $\widehat{\sigma_{\hat{\beta}}}$는 계산이 가능하며, 표본수와 유의수준이 정해지면 t값도 알 수 있으므로, 미지의 β에 관해서 추론이 가능하게 된다.

$\hat{\alpha}$에 관해서도 같은 방법으로 다음과 같이 구하여진다.

$$t=\frac{\hat{\alpha}-\alpha}{\widehat{\sigma_{\hat{\alpha}}}} \tag{4.2.13}$$

4.3 가설검정 : 회귀계수의 유의성 검정

4.3.1 귀무가설과 대립가설

단순회귀모형 (4.1.1)식에서, 우리가 회귀분석을 하는 목적은 'X는 Y를 결정하는 중요한 요인인가'라는 명제를 통계데이터라는 객관적인 자료를 사용하여 검정하는 데 있다. 그러기 위해서 먼저 귀무가설(null hypothesis : H_0)과 대립가설(alternative hypothesis : H_1)을 설정하기로 한다.

귀무가설은 'X는 Y를 결정하는 요인이 아니다'라는, 앞의 명제를 부정하는 명제를 설정하기로 한다. 그러면

$$H_0 : \beta = 0 \tag{4.3.1}$$

로 정식화될 수 있다. 만약 귀무가설 $\beta=0$가 진이면 (4.1.1)식은 다음과 같은 식이 되어

$$Y_i = \alpha + u_i \tag{4.3.2}$$

Y_i의 변화는 X_i와 상관없이 일정한 정수항 α에 확률적인 요인 u_i에 의해서만 변하게 된다. 이것은 우리가 받아들일 수 없는 명제이므로, 귀무가설 $\beta=0$은 처음부터 기각되도록 설정된 가설이라고 할 수 있다.

다음으로 대립가설은

$$H_1 : \beta \neq 0 \tag{4.3.3}$$

이다. 이 대립가설은 귀무가설이 기각되면 'X는 Y를 결정하는 중요한 요인이다'라는 결론을 얻게 된다.

가설의 설정에 있어서 우리들이 의도하는 바는 통계자료에 의해서 귀무가설이 기각되고 대립가설이 채택되는 증거를 얻는 것이다. 만약 귀무가설이 기각되지 않으면 X는 체계적으로 Y를 설명하는 요인이 아니므로 (4.1.1)식으로 설정된 이론모형은 통계자료와 맞지 않는 것이 되며, 그러므로 다른 모형을 설정해야만 할 것이다.

4.3.2 검정통계량과 유의수준

다음으로 가설을 검정할 검정통계량을 정해야 되는데 (4.1.12)식의 t 통계량을 사용하게 된다. 그런데 귀무가설이 $\beta = 0$이므로 t통계량은 추정치 $\hat{\beta}$를 그의 표준오차 $\widehat{\sigma_{\hat{\beta}}}$로 나누어서 계산한다. 이것을 t_0라 하면

$$t_0 = \frac{\hat{\beta}}{\widehat{\sigma_{\hat{\beta}}}} \tag{4.3.4}$$

이 된다. 이 t_o는 자유도 $(n-2)$의 t분포에 따른다.

한편 가설이 기각될 확률을 유의수준(significance level)이라 한다. 일반적으로 5%(확률로 나타내면 0.05)를 많이 사용하고 있다. 회귀계수의 유의성 검정에서는 귀무가설이 $H_0 : \beta = 0$이므로 양쪽검정이 된다. t분포에서 양 끝의 각각이 2.5%(0.025)가 되는 영역이 기각역이 된다.

유의수준을 α라 하면 수표로부터 자유도 $(n-2)$의 t값을 구할 수 있고, 이 값이 검정의 결과를 판정하는 임계치(critical values)가 된다. 이것을 $t(n-2, \frac{\alpha}{2})$로 나타내기로 한다.

4.3.3 가설의 검정 방법

검정통계량 t_o가 계산되고, 수표로부터 $t(n-2, \frac{\alpha}{2})$가 결정되면 다음과 같은 방법으로 검정한다.

(1) $|t_o| > t(n-2, \frac{\alpha}{2})$이면 H_0를 기각한다(H_1을 채택)

(2) $|t_o| < t(n-2, \frac{\alpha}{2})$이면 H_0를 기각할 수 없다(H_0를 채택)

즉 (1)에서 t_0가 $t(n-2, \frac{\alpha}{2})$보다 크거나 또는 $-t(n-2, \frac{\alpha}{2})$보다 작으면, 기각역(rejection regions)에 있게 되므로 H_0가 기각된다.

이것은 t_0값이 절대치로서 0보다 크기 때문에 0으로 간주할 수 있는 영역을 넘는 것을 의미하고, 이때 '귀무가설(H_0)을 유의수준 α%로 기각한다'라고 한다.

반대로 t_0가 기각역에 들어 있지 않으면, 즉 (2)에서

$$-t(n-2, \frac{\alpha}{2}) < t_0 < t(n-2, \frac{\alpha}{2}) \tag{4.3.5}$$

이면, '귀무가설(H_0)은 유의수준 α%에서 기각할 수 없다'라고 한다.

[수치 예 4.2] 회귀계수의 유의성 검정

<표 3.1>의 소비함수의 예를 들어 보기로 한다.

귀무가설(H_0)과 대립가설(H_1)

$$H_0: \ \beta = 0$$
$$H_1: \ \beta \neq 0$$

에 대해서 검정통계량 t는

$$t_o = \frac{\hat{\beta} - \beta}{\widehat{\sigma_{\hat{\beta}}}} = \frac{0.6898 - 0}{0.0295} = 23.3947$$

이 된다. 유의수준을 5%로 두면 자유도 8에서의 t분포의 임계치는 $t_{(8,\ 0.025)} = 2.306$이다. 검정통계량으로 구한 t값이 임계치보다 크다. 즉 $t_{(8,\ 0.025)} = 2.306 < t_o = 23.3947$이다. 그러므로 통계적으로 유의하고, $H_0 : \beta = 0$라는 귀무가설이 기각되고 대립가설 $H_1 : \beta \neq 0$이 채택된다.

이 유의성 검정의 결과는 실질가계최종소비지출을 설명하는 변수로서 실질가계가처분소득이 중요한 요인이라는 것을 증명한다.

4.4 신뢰구간

4.4.1 회귀계수 α와 β의 신뢰구간

최소자승추정법에 의해서 추정된 $\widehat{\alpha}$, $\hat{\beta}$는 표본오차를 포함하고 있으므로 미지의 회귀계수 α, β와는 일치한다고 볼 수 없다. 그러므로 점추정치(point estimates) $\widehat{\alpha}$, $\hat{\beta}$보다도 일정한 폭을 가지는 신뢰구간(confidence intervals)이 더 의미를 가지는 경우가 많다. 신뢰구간을 구하는 문제는 가설검증을 하는 문제와 거의 일치한다.

먼저 점추정치 $\hat{\beta}$를 근거로 하여 β의 신뢰구간을 구하는 문제를 생각해 보자. (4.1.12)식에서 정의된 확률변수가 자유도 $(n-2)$의 t분포에 따르므로 α를 확률로 나타낸 유의수준이라 하면 $100(1-\alpha)\%$의 신뢰구간은 다음과 같이 나타낼 수 있다.

$$P[-t(n-2,\frac{\alpha}{2})<\frac{\hat{\beta}-\beta}{\widehat{\sigma_{\hat{\beta}}}}<t(n-2,\frac{\alpha}{2})]=1-\alpha \qquad (4.4.1)$$

만약 α를 0.05(5%)라 하면 $1-\alpha=0.95$이므로 95%의 신뢰구간을 나타낸 것이 된다.

(4.4.1)식에서 $\hat{\beta}$와 $\widehat{\sigma_{\hat{\beta}}}$는 표본관측치로부터 계산이 가능하고, 임계치 $t(n-2,\frac{\alpha}{2})$의 값은 수표로부터 얻을 수 있으므로 β만 미지이다. 그러므로 다음과 같이 β의 신뢰구간을 구할 수 있다.

$$\hat{\beta}-t(n-2,\frac{\alpha}{2})\cdot\widehat{\sigma_{\hat{\beta}}}<\beta<\hat{\beta}+t(n-2,\frac{\alpha}{2})\cdot\widehat{\sigma_{\hat{\beta}}} \qquad (4.4.2)$$

회귀계수 α의 신뢰구간도 β의 신뢰구간을 구한 방법으로 구하면 다음과 같다.

$$\hat{\alpha}-t(n-2,\frac{\alpha}{2})\cdot\widehat{\sigma_{\hat{\alpha}}}<\alpha<\hat{\alpha}+t(n-2,\frac{\alpha}{2})\cdot\widehat{\sigma_{\hat{\alpha}}} \qquad (4.4.3)$$

[수치 예 4.3] 회귀계수의 신뢰구간의 추정

<표 3.1>의 소비함수의 예를 들어 보기로 한다.

β의 95% 신뢰구간(구간추정)은

$$\hat{\beta}-t_{(8,\ 0.025)}\cdot\widehat{\sigma_{\hat{\beta}}}<\beta<\hat{\beta}+t_{(8,\ 0.025)}\cdot\widehat{\sigma_{\hat{\beta}}}$$

으로 계산할 수 있다. 여기서

$$\hat{\beta}=0.6898,\quad t_{(8,\ 0.025)}=2.306,\quad \widehat{\sigma_{\hat{\beta}}}=0.02948$$

을 각각 대입하면 다음과 같다.

$$0.6218<\beta<0.7578$$

α의 95% 신뢰구간도 같은 방법으로 구할 수 있다. 즉

$$\hat{\alpha}-t_{(8,\ 0.025)}\cdot\widehat{\sigma_{\hat{\alpha}}}<\ \alpha<\ \hat{\alpha}+t_{(8,\ 0.025)}\cdot\widehat{\sigma_{\hat{\alpha}}}$$

에서

$$\hat{\alpha}=11.8234,\quad \widehat{\sigma_{\hat{\alpha}}}=3.4174$$

를 대입하면 다음과 같다.

$$3.9429\ <\ \alpha\ <\ 19.7039$$

4.4.2 분산 σ^2의 신뢰구간

불편분산 $\hat{\sigma}^2$도 모분산 σ^2과 일치한다고 볼 수 없으므로 $\hat{\sigma}^2$를 근거로 하여 σ^2의 신뢰구간 문제를 생각해 보자.

σ^2의 신뢰구간을 구하는 통계량은 다음 식

$$\frac{(n-2)\hat{\sigma}^2}{\sigma^2}\sim\chi^2_{n-2} \tag{4.4.4}$$

으로 나타낼 수 있는데, 자유도 $(n-2)$의 χ^2분포에 따른다.

이 통계량을 사용하여 $100(1-\alpha)\%$의 신뢰구간을 다음과 같이 나타낼 수 있다.

$$P(\chi^2_{1-\frac{\alpha}{2}} < \frac{(n-2)\hat{\sigma}^2}{\sigma^2} < \chi^2_{\frac{\alpha}{2}}) = 1-\alpha \qquad (4.4.5)$$

여기서 $\chi^2_{1-\frac{\lambda}{2}}$, $\chi^2_{\frac{\lambda}{2}}$ 는 각각 χ^2분포의 양쪽 끝 부분에 나타내는 χ^2의 임계치이며, 유의수준 α와 표본 n이 주어지면 수표로부터 구할 수 있다. 이것을 정리하면 σ^2의 $100(1-\alpha)\%$ 신뢰구간은 다음과 같다.

$$\frac{(n-2)\hat{\sigma}^2}{\chi^2_{\frac{\alpha}{2}}} < \sigma^2 < \frac{(n-2)\hat{\sigma}^2}{\chi^2_{1-\frac{\alpha}{2}}} \qquad (4.4.6)$$

[수치 예 4.4] 분산 σ^2의 신뢰구간의 추정

<표 3.1>의 소비함수의 예를 들어 보기로 한다.

표본불편분산 $\hat{\sigma}^2$이 주어졌을 때 모분산 σ^2의 95% 신뢰구간(구간추정)은 다음과 같이 구할 수 있다.

$$\frac{(n-2)\cdot\hat{\sigma}^2}{\chi^2_{0.025}} < \sigma^2 < \frac{(n-2)\cdot\hat{\sigma}^2}{\chi^2_{0.975}}$$

여기서 $\hat{\sigma}^2 = 11.5936$이고, 자유도 8의 χ^2분포의 임계치는

$$\chi^2_{(8,\ 0.025)} = 17.5346, \quad \chi^2_{(8,\ 0.975)} = 2.1797$$

이다. 이 임계치는 χ^2값이 17.5346보다 클 확률이 2.5%, 2.1797보다 클

확률이 97.5%라는 것을 의미한다.

위의 값들을 식에 대입하여 σ^2의 95% 신뢰구간을 계산하면 다음과 같다.

$$\frac{(8)\cdot(11.5936)}{17.5346} < \sigma^2 < \frac{(8)\cdot(11.5936)}{2.1797}$$

$$5.2895 < \sigma^2 < 42.5512$$

4.5 예측

4.5.1 예측오차

회귀모형이 추정되고 검정을 통과하면 추정된 모형을 이용하여 예측을 할 수 있다. 표본기간에서 추정된 회귀선이 다음과 같다고 하자.

$$\widehat{Y}_i = \hat{\alpha} + \hat{\beta} X_i \qquad (4.5.1)$$

지금 예측시점을 0이라 할 때, $X_i = X_0$에서 Y_i의 진의 값은 Y_0이고 예측치를 $\widehat{Y}_0$라 하면, $\widehat{Y}_0$는 다음 식으로 나타낼 수 있다.

$$\widehat{Y}_0 = \hat{\alpha} + \hat{\beta} X_0 \qquad (4.5.2)$$

이것을 Y_i의 점예측(point prediction)이라 한다.

예측은 일반적으로 표본기간을 벗어나는 기간, 즉 $n+1$기 이후에 대한 Y_i의 값을 추정하는 것을 의미하지만, 표본기간 내의 Y_i의 값을 구할 때도 있다. 이때는 예측값($\widehat{Y}_0$)과 이론값($\widehat{Y}_i$)이 같다.

예측시점 0에서의 Y_i의 진의 값 Y_0는

$$Y_o = \alpha + \beta X_0 + u_o \tag{4.5.3}$$

식에 의해서 발생한다고 가정할 수 있다. 여기서 예측시점에서의 오차항 u_o는 (3.3.1)식에서의 표본기간 내의 $u_i(i=1,\ 2,\ \cdots,\ n)$와 같은 가정이 성립한다고 가정한다. 즉

$$\begin{aligned} &E(u_i, u_o) = 0 \\ &Cov(u_o, X_i) = 0 \\ &u_0 \sim N(0, \sigma^2) \end{aligned} \tag{4.5.4}$$

이 성립한다고 가정한다.

예측오차 v를 진의 값(Y_0)과 예측값($\widehat{Y}_0$)의 차로 정의하면 다음과 같이 나타낼 수 있다.

$$\begin{aligned} v &= Y_0 - \widehat{Y}_0 \\ &= (\alpha + \beta X_0 + u_0) - (\hat{\alpha} + \hat{\beta} X_0) \\ &= (\alpha - \hat{\alpha}) + (\beta - \hat{\beta}) X_0 + u_0 \end{aligned} \tag{4.5.5}$$

(4.5.5)식의 예측오차를 분해해 보면, (1) 표본기간 중의 오차항 u_i에

기인하는 추정상의 오차($(\alpha-\hat{\alpha}), (\beta-\hat{\beta})$), (2) 예측시점에서의 오차항 u_0에 의한 오차, (3) 예측시점에서의 X_i의 예상치 X_0에 의해서 발생하는 오차로 나눌 수 있다.

이 중에서 (1)과 (3)은 예측오차를 감소시킬 수 있는 여지가 남아 있지만, (2)는 예측시점에서 확률적으로 발생하는 오차이므로 줄일 수 없다.

여기서의 문제는 예측오차가 확률변수이므로 기대치(평균)와 분산을 구하여 확률적 특성을 알아내야 한다.

4.5.2 예측오차의 기대치와 분산

먼저 예측오차 v의 평균을 구하기 위해서 (4.5.5)식에 기대치 취하면

$$\begin{aligned} E(Y_0-\widehat{Y_0}) = E(v) &= E[(\alpha-\hat{\alpha})+(\beta-\hat{\beta})X_0+u_0] \\ &= E((\alpha-\hat{\alpha})+X_0E(\beta-\hat{\beta})+E(u) \\ &= 0 \end{aligned} \tag{4.5.6}$$

가 되어 0이 된다. 여기서는

$$E(\hat{\alpha})=\alpha, \quad E(\hat{\beta})=\beta, \quad E(u)=0 \tag{4.5.7}$$

을 이용하였다.

다음으로 예측오차의 분산을 구하여 보자. 확률변수의 분산은 기대치를 사용하여 나타내면, 평균에 대한 편차의 제곱에 대한 기대치이므로

$$E[v-E(v)]^2 = E(v^2) \tag{4.5.8}$$

이다. 따라서 예측오차 v의 분산은 (4.5.5)식을 제곱하여 기대치를 취하면 구할 수 있다.

$$E(v^2) = E[(\alpha-\hat{\alpha})+(\beta-\hat{\beta})X_0+u_0]^2$$
$$= E(\alpha-\hat{\alpha})^2 + X_0^2E(\beta-\hat{\beta})^2 + E(u_0^2) + 2X_0 Cov(\hat{\alpha},\hat{\beta}) \quad (4.5.9)$$

여기서

$$E(\alpha-\hat{\alpha}) = Var(\hat{\alpha}) = (\frac{1}{n}+\frac{\overline{X}^2}{\sum x_i^2})\sigma^2 \quad (4.5.10)$$

$$E(\beta-\hat{\beta}) = Var(\hat{\beta}) = (\frac{1}{\sum x_i^2})\sigma^2 \quad (4.5.11)$$

$$Cov(\hat{\alpha},\hat{\beta}) = -\overline{X}(\frac{\sigma^2}{\sum x_i^2}) \quad (4.5.12)$$

을 이용하면, 예측오차의 분산 $Var(v)$은 다음 식으로 나타낼 수 있다.

$$Var(v) = \sigma_v^2 = \sigma^2(1+\frac{1}{n}+\frac{(X_0-\overline{X})^2}{\sum x_i^2}) \quad (4.5.13)$$

4.5.3 예측의 신뢰구간

예측오차의 분산 $Var(v)=\sigma_v^2$은 모분산 σ^2을 포함하므로 계산이 불가능하다. 그러므로 σ^2은 불편분산 $\hat{\sigma}^2$으로 바꾸어 주면 예측오차의 분산 σ_v^2의 불편추정량 $\hat{\sigma}_v^2$를 얻을 수 있다.

$$\widehat{Var(\hat{v})} = \hat{\sigma}_v^2 = (1 + \frac{1}{n} + \frac{(X_0 - \overline{X})^2}{\sum x_i^2})\hat{\sigma}^2 \tag{4.5.14}$$

따라서 $\hat{\sigma}_v^2$의 표준오차 $\hat{\sigma}_v$는 다음과 같다.

$$\hat{\sigma}_v = \sqrt{(1 + \frac{1}{n} + \frac{(X_0 - \overline{X})^2}{\sum x_i^2})\hat{\sigma}^2} \tag{4.5.15}$$

이때

$$t = \frac{\widehat{Y}_0 - Y_0}{\hat{\sigma}_v} \tag{4.5.16}$$

은 자유도 $(n-2)$의 t분포에 따르므로, 유의수준을 α라 할 때 Y_0의 $100(1-\alpha)\%$ 신뢰구간은

$$\widehat{Y}_0 - t(n-2, \frac{\alpha}{2}) \cdot \hat{\sigma}_v < Y < \widehat{Y}_0 + t(n-2, \frac{\alpha}{2}) \cdot \hat{\sigma}_v \tag{4.5.17}$$

로 구할 수 있다.

(4.5.14)식으로부터 알 수 있듯이, $X_0 = \overline{X}$일 때 신뢰구간이 가장 짧으며 X_0가 $\overline{X}$로부터 멀어지면 멀어질수록 신뢰구간의 폭이 넓어지는

것을 알 수 있다. 이것은 예측시점이 표본기간으로부터 멀어지면 예측오차가 커져서 예측의 정도가 감소하게 되는 것을 의미한다.

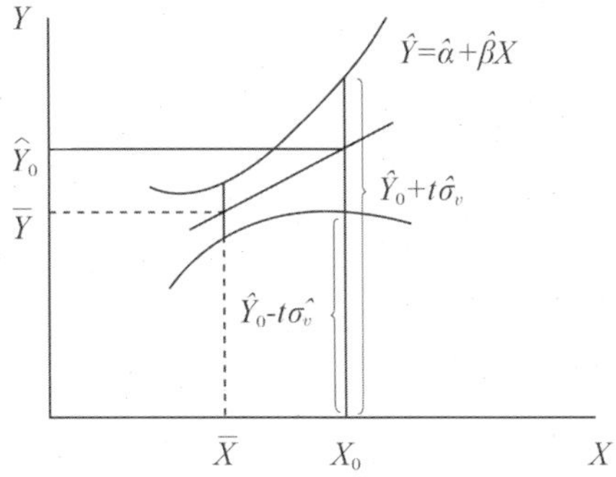

〈그림 4.5〉

[수치 예 4.5] 점예측 및 예측의 신뢰구간

<표 3.1>의 소비함수의 예를 들어 보기로 한다.

앞에서 추정된 회귀식은 다음과 같았다.

$$\hat{Y}_i = 11.8234 + 0.6898X_i \tag{4.5.17}$$

지금 2010년의 실질가계가처분소득을 190이라 하면, 즉 $X_{2010}=190$ 이라 하면, 2010년의 실질가계 최종소비지출의 점예측치($\hat{Y}_{2010}$)는 (4.5.17)식에 $X_{2010}=190$을 대입하여 구할 수 있다.

$$\hat{Y}_{2010} = 11.8234 \quad + \quad 0.6898(190) = 142.8830$$

이 점예측치를 근거로 하여 예측치의 95% 신뢰구간을 구해보기로 한다.

예측오차의 분산을 구하기 위해서

$$\hat{\sigma}^2 = 11.5936,\ n = 10,\ \Sigma x_i^2 = 13,336,\ \overline{X} = 110,\ X_{2010} = 190$$

을 식(4.5.13)에 대입하면

$$\widehat{var}(v) = \hat{\sigma}_v^2 = \left(1 + \frac{1}{10} + \frac{(190-110)^2}{13,336}\right)(11.5936)$$
$$= 18.3168$$

따라서 예측오차의 표준오차 $\hat{\sigma}_v$는 다음과 같다.

$$\hat{\sigma}_v = \sqrt{\hat{\sigma}_v^2} = \sqrt{18.3168} = 4.2798$$

한편 t통계량

$$t = \frac{\hat{Y}_{2010} - Y_{2010}}{\hat{\sigma}_v}$$

은 자유도 8의 t분포에 따르므로, 예측의 95% 신뢰구간은 다음 식으로 구할 수 있다.

$$\hat{Y}_{2010} - t_{(8,\ 0.025)} \cdot \hat{\sigma}_v < Y_{2010} < \hat{Y}_{2010} + t_{(8,\ 0.025)} \cdot \hat{\sigma}_v$$
$$142.8830 - (2.306)(4.2798) < Y_{2010} < 142.8830 + (2.306)(4.2798)$$
$$133.0137 < Y_{2010} < 152.7522$$

연습문제 4 Exercise

[1] [연습문제 3]의 [1]에 있는 문제와 데이터를 사용하여 다음 문제에 답하라.

(1) 결정계수 R^2를 구하라.

(2) 다음을 검정하라.

$H_0 : \beta = 0$, $H_1 : \beta \neq 0$

(3) 다음을 검정하라.

$H_0 : \beta = 0.5$, $H_1 : \beta \neq 0.5$

(4) β의 95% 신뢰구간을 구하라.

(5) 2001년의 1인당 실질 GDP_{2001}가 1,040으로 예상된다. 2001년의 1인당 실질총통화 $\widehat{M}_{2001}$는 얼마로 예측되나?

(6) (5)에서 구한 점예측치 $\widehat{M}_{2001}$를 근거로하여, 예측치 $\widehat{M}_{2001}$의 95% 신뢰구간을 구하라.

[2] [연습문제 3]의 [3]에 있는 문제와 데이터를 사용하여 다음 문제에 답하라.

(1) 결정계수 R^2를 구하라.

(2) 다음을 검정하라.

$H_0 : \beta = 0$, $H_1 : \beta \neq 0$

(3) 다음을 검정하라.

$H_0 : \beta = 0.5$, $H_1 : \beta \neq 0.5$

(4) β의 95% 신뢰구간을 구하라.

(5) σ^2의 95% 신뢰구간을 구하라.

제5장 다중회귀분석

5.1 다중회귀모형의 설정

단순회귀모형에서는 정수항을 제외하면 독립변수가 하나만 존재하였다. 일반적으로 경제분석에 있어서 종속변수의 움직임을 설명하려고 할 때, 독립변수가 하나로 충분한 경우는 예외적인 것이다. 왜냐하면 종속변수에 영향을 미치는 요인이 많으므로 그에 해당되는 독립변수들은 모형에 포함되어야 되기 때문이다.

개인소비를 잘 설명하기 위해서는 소득뿐만 아니라 금융자산, 이자율, 가족구성 등을 고려할 필요가 있을 것이다. 이와 같이 복수의 설명요인을 포함하는 회귀식을 다중회귀모형(multiple regression model)이라 한다.

다중회귀모형은 일반적으로 k개의 독립변수를 가진 모형이다. 여기서는 간단히 나타내기 위해서 하나의 종속변수와 2개의 독립변수로 구성된 3변수 회귀모형을 설정하여 분석한다. k개의 독립변수의 경우는 3변수 회귀모형의 결과를 확장하면 된다.

종속변수 Y_i와 독립변수 X_i , Z_i로 구성된 3변수 다중회귀모형은 다음과 같이 나타낼 수 있다.

$$Y_i = \alpha + \beta X_i + \gamma Z_i + u_i \quad (5.1.1)$$

여기서 u_i를 오차항, α를 정수항이라고 부르는 것은 단순회귀모형에서와 같다. 회귀계수 β와 γ는 편회귀계수(partial regression coefficient)라고 부른다.

β는 변수 Z가 일정할 때 변수 X의 한 단위의 변화에 의해서 발생하는 Y의 변화를 나타낸다. 이를 편도함수 기호를 사용하여 나타내면 다음과 같다.

$$\beta = \left.\frac{\partial Y}{\partial X}\right|_{Z=Z_0} \quad (5.1.2)$$

여기서 $Z=Z_0$는 Z가 일정하다는 것을 의미한다.

γ는 변수 X가 일정할 때 변수 Z의 한 단위의 변화에 의해서 발생하는 Y의 변화를 나타낸다. 이를 편도함수 기호를 사용하여 나타내면 다음과 같다.

$$\gamma = \left.\frac{\partial Y}{\partial Z}\right|_{X=X_0} \quad (5.1.3)$$

여기서 $X=X_0$는 X가 일정하다는 것을 의미한다.

3변수모형 (5.1.1)식에 대한 기본가정은 단순회귀모형의 경우와 같으며 (가정 6)이 추가되고 (가정 4)가 보완되었다.

(가정 1) u_i의 기대치는 0이다.

$$E(u_i) = 0 \qquad (i = 1,\ 2,\ \cdots,\ n) \tag{5.1.4}$$

(가정 2) u_i의 분산이 일정하다.

$$Var(u_i) = \sigma^2 \tag{5.1.5}$$

(가정 3) 다른 시점(공간)의 u_i는 서로 상관이 없다

$$Cov(u_i,\ u_j) = 0 \qquad i \neq j \tag{5.1.6}$$

(가정 4) X_i와 Z_i는 확률변수가 아니고 u_i와 상관이 없다.

$$Cov(X_{i,}\ u_i) = 0, \quad Cov(Z_{i,}\ u_i) = 0 \tag{5.1.7}$$

(가정 5) u_i는 정규분포를 한다.

$$u_i \sim N(0,\ \sigma^2) \tag{5.1.8}$$

(가정 6) X변수와 Z변수는 공선성이 존재하지 않는다.

X와 Z 사이에 완전한 선형관계가 존재하지 않는다. (5.1.9)

(가정 6)은 X변수와 Z변수는 그 변량들을 각각 벡터로 나타내면 1차 독립의 성질을 가진다는 것이다. 즉 두 변량은 1차식의 관계가 없다는 것을 의미하며, 만약 이 성질이 성립하지 않으면 다중공선성의 문제가 발생하게 된다.

5.2 다중회귀모형의 추정

5.2.1 3변수 모형의 최소자승 추정

(5.1.1)식에 대한 표본회귀함수를 다음과 같이 나타내기로 한다.

$$\hat{Y}_i = \hat{\alpha} + \hat{\beta} X_i + \hat{\gamma} Z_i \qquad (5.2.1)$$

여기서 $\hat{\alpha}, \hat{\beta}, \hat{\gamma}$는 각각 회귀계수 α, β, γ의 추정치이며, 관측치 Y_i와 추정치(이론치) $\hat{Y}_i$의 차를 잔차 $\hat{u}_i$로 나타내면,

$$u_i = Y_i - \hat{Y}_i = Y_i - \hat{\alpha} - \hat{\beta} X_i - \hat{\gamma} Z_i \qquad (5.2.2)$$

이며, 잔차의 자승합 $\sum \hat{u}_i^2$은 $\hat{\alpha}, \hat{\beta}, \hat{\gamma}$의 함수가 된다.

$$\sum \hat{u}_i^2 = f(\hat{\alpha}, \hat{\beta}, \hat{\gamma}) = \sum (Y_i - \hat{\alpha} - \hat{\beta} X_i - \gamma Z_i)^2 \qquad (5.2.3)$$

최소자승추정법이란 잔차의 자승합을 최소로 하는 $\hat{\alpha}, \hat{\beta}, \hat{\gamma}$을 구하는 문제이므로, (5.2.3)식을 각각 $\hat{\alpha}, \hat{\beta}, \hat{\gamma}$에 대한 편도함수를 0으로 두어 구한다.

$$\frac{\partial (\sum \hat{u}_i^2)}{\partial \hat{\alpha}} = 2\sum (Y_i - \hat{\alpha} - \hat{\beta} X_i - \hat{\gamma} Z_i)(-1) = 0 \qquad (5.2.4)$$

$$\frac{\partial(\sum \hat{u}_i^2)}{\partial \hat{\beta}} = 2\sum(Y_i - \hat{\alpha} - \hat{\beta}X_i - \hat{\gamma}Z_i)(-X_i) = 0 \qquad (5.2.5)$$

$$\frac{\partial(\sum \hat{u}_i^2)}{\partial \hat{\gamma}} = 2\sum(Y_i - \hat{\alpha} - \hat{\beta}X_i - \hat{\gamma}Z_i)(-Z_i) = 0 \qquad (5.2.6)$$

(5.2.4), (5.2.5), (5.2.6)식을 정리하면 다음과 같은 정규방정식을 얻는다.

$$\sum Y_i = n\hat{\alpha} + \hat{\beta}\sum X_i + \hat{\gamma}\sum Z_i \qquad (5.2.7)$$

$$\sum X_i Y_i = \hat{\alpha}\sum X_i + \hat{\beta}\sum X_i^2 + \hat{\gamma}\sum X_i Z_i \qquad (5.2.8)$$

$$\sum Z_i Y_i = \hat{\alpha}\sum Z_i + \hat{\beta}\sum X_i Z_i + \hat{\gamma}\sum Z_i^2 \qquad (5.2.9)$$

이것은 단순회귀분석의 정규방정식을 확장한 것이다. 이 정규방정식은 3변수 $\hat{\alpha}, \hat{\beta}, \hat{\gamma}$에 대해서 3개의 1차식으로 구성된 연립방정식이므로, 크래머의 공식 등을 사용하여 해를 구할 수 있다.

그런데 간단히 해를 구하는 방법을 생각 해보자. (5.2.7)식을 표본수 n으로 나누면

$$\overline{Y} = \hat{\alpha} + \hat{\beta}\overline{X} + \hat{\gamma}\overline{Z} \qquad (5.2.10)$$

이 되고, 이 식은 표본회귀식 (5.2.1)식이 점$(\overline{X}, \ \overline{Z}, \ \overline{Y})$를 통과하는 것을 의미한다. 그러므로 단순회귀분석에서와 같이 Y_i, X_i, Z_i변수를 평균에 대한 편차로서 소문자 y_i, x_i, z_i로 나타내면

$$y_i = Y_i - \overline{Y} \qquad (5.2.11)$$

$$x_i = X_i - \overline{X} \tag{5.2.12}$$

$$z_i = Z_i - \overline{Z} \tag{5.2.13}$$

정규방정식은 다음과 같다.

$$\sum y_i \;\; = n\hat{\alpha} + \hat{\beta}\sum x_i + \hat{\gamma}\sum z_i \tag{5.2.14}$$

$$\sum x_i y_i = \hat{\alpha}\sum x_i + \hat{\beta}\sum x_i^2 + \hat{\gamma}\sum x_i z_i \tag{5.2.15}$$

$$\sum z_i y_i = \hat{\alpha}\sum z_i + \hat{\beta}\sum x_i z_i + \hat{\gamma}\sum z_i^2 \tag{5.2.16}$$

여기서 $\sum y_i = \sum x_i = \sum z_i = 0$이므로 첫 번째 식은 $\hat{\alpha} = 0$가 되어 없어진다. 여기서의 $\hat{\alpha}$는 소문자로 나타낸 x_i, z_i, y_i의 새로운 원점인 ($\overline{X}$, $\overline{Z}$, $\overline{Y}$)를 통과하기 때문에 $\hat{\alpha} = 0$이다. 따라서 다음의 두 식만 남게 된다.

$$\sum x_i y_i = \hat{\beta}\sum x_i^2 + \hat{\gamma}\sum x_i z_i \tag{5.2.17}$$

$$\sum z_i y_i = \hat{\beta}\sum x_i z_i + \hat{\gamma}\sum z_i^2 \tag{5.2.18}$$

(5.2.17)식과 (5.2.18)식으로부터 $\hat{\beta}$와 $\hat{\gamma}$를 구하면 다음과 같다.

$$\hat{\beta} = \frac{(\sum x_i y_i)(\sum z_i^2) - (\sum x_i z_i)(\sum z_i y_i)}{(\sum x_i^2)(\sum z_i^2) - (\sum x_i z_i)^2} \tag{5.2.19}$$

$$\hat{\gamma} = \frac{(\sum x_i^2)(\sum z_i y_i) - (\sum x_i y_i)(\sum x_i z_i)}{(\sum x_i^2)(\sum z_i^2) - (\sum x_i z_i)^2} \tag{5.2.20}$$

$\hat{\beta}$와 $\hat{\gamma}$가 구해지면 $\hat{\alpha}$는 (5.2.10)식으로부터 다음과 같이 바로 구할 수 있다.

$$\hat{\alpha} = \overline{Y} - \hat{\beta}\overline{Y} - \hat{\gamma}\overline{Z} \tag{5.2.21}$$

한편 단순회귀모형에서 최소자승추정량 $\hat{\alpha}$, $\hat{\beta}$는 최량선형불편추정량(BLUE)이 되는 것을 증명하였다. 같은 방법으로 다중회귀모형의 최소자승추정량 $\hat{\alpha}$, $\hat{\beta}$, $\hat{\gamma}$도 BLUE가 되는 것을 증명할 수 있다. 즉 불편성, 선형성, 최소분산의 성질을 가진 추정량이다. 또한 각 추정량은 일치추정량이 된다.

5.2.2 다중회귀분석의 기하학적 해석

추정된 표본회귀식 (5.2.1)은 <그림 5.1>과 같이 X, Z, Y의 3차원 직교자표공간에 있어서 하나의 평면을 나타낸다. n개의 관측치의 쌍 $(X_i,\ Z_i,\ Y_i)(i=1, 2, \cdots, n)$는 이 공간에서 하나의 점으로 표시된다.

최소자승법은 n개의 각 점에서 이 평면에 수직으로 내렸을 때의 거리(잔차)의 자승합이 최소가 되도록 평면이 정해진 것이다. 즉 $\hat{\alpha}$, $\hat{\beta}$, $\hat{\gamma}$가 정해진 것이다.

$\hat{\beta}$는 기하학적으로는 Z를 고정해 놓고, $(X,\ Y)$ 평면에 평행한 평면상에서 생각하였을 때의 평면의 기울기로 해석할 수 있다. 그러므로 $\hat{\beta}$는 X의 Y에 대한 한계효과를 나타낸다고 볼 수 있다. 같은 방법으로, $\hat{\gamma}$는 X를 고정해 놓고 $(Z,\ X)$ 평면에 평행한 평면상에서 생각하였을 때의 평면의 기울기로 해석할 수 있다. 그러므로 $\hat{\gamma}$는 Z의 Y에 대한

한계효과를 나타낸다. 한편 $\hat{\alpha}$는 $X=0$, $Z=0$일 때 Y축과 만나는 값을 나타낸다.

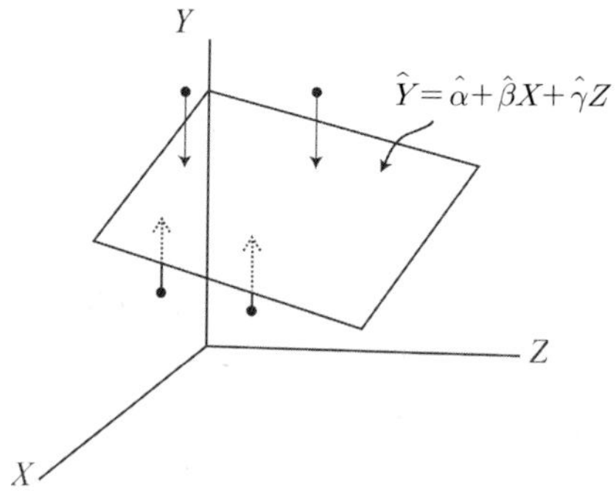

〈그림 5.1〉

5.2.3 최소자승추정량의 분산과 표준오차

최소자승추정치 $\hat{\alpha}$, $\hat{\beta}$, $\hat{\gamma}$를 구하고 나면 이 통계량들의 분산과 표준오차를 구해야 한다. 왜냐하면 회귀계수의 유의성 검정이나 구간추정을 하는 데 필요하기 때문이다. 여기서는 이들을 도출하는 구체적인 과정은 생략하고 결과만 나타내기로 한다.

$$Var(\hat{\alpha})=\sigma^2_{\hat{\alpha}}$$

$$=\left[\frac{\frac{1}{n}+\overline{X}^2(\sum Z_i^2)+\overline{Z}^2(\sum x_i^2)-2\overline{X}\overline{Z}(\sum x_i z_i)}{(\sum x_i^2)(\sum z_i^2)-(\sum x_i z_i)^2}\right]\cdot\sigma^2 \tag{5.2.22}$$

$$Var(\hat{\beta})=\sigma^2_{\hat{\beta}}=\left(\frac{\sum z_i^2}{(\sum x_i^2)\sum z_i^2)-(\sum x_i z_i)^2}\right)\cdot\sigma^2 \tag{5.2.23}$$

$$Var(\hat{\gamma}) = \sigma^2_{\hat{\gamma}} \left(\frac{\sum x_i^2}{(\sum x_i^2)(\sum z_i^2) - (\sum x_i z_i)^2} \right) \cdot \sigma^2 \qquad (5.2.24)$$

$\hat{\alpha}, \hat{\beta}, \hat{\gamma}$의 (이론적) 표준오차는 $\sqrt{\sigma^2_{\hat{\alpha}}}, \sqrt{\sigma^2_{\hat{\beta}}}, \sqrt{\sigma^2_{\hat{\gamma}}}$ 이다.

한편 $\hat{\alpha}, \hat{\beta}, \hat{\gamma}$의 분산 $\sigma^2_{\hat{\alpha}}$, $\sigma^2_{\hat{\beta}}$, $\sigma^2_{\hat{\gamma}}$는 모집단의 오차항의 분산 σ^2을 포함하므로 계산할 수 없다. 그러므로 σ^2의 불편분산 $\hat{\sigma}^2$을 구하여 σ^2 대신에 대입하여야 한다. $\hat{\sigma}^2$은 잔차의 자승합을 $(n-3)$으로 나누어 구한다.

$$\hat{\sigma}^2 = \frac{\sum u_i^2}{\text{자유도}} = \frac{\sum \hat{u}_i^2}{n-3} \qquad (5.2.25)$$

여기서 자유도가 $(n-3)$인 까닭은 3변수 모형에서는 추정할 파라메터가 3개($\hat{\alpha}, \hat{\beta}, \hat{\gamma}$)이기 때문이다.

이 불편분산 $\hat{\sigma}^2$을 (5.2.22), (5.2.23), (5.2.24)식에 σ^2 대신 대입하면 $\hat{\alpha}, \hat{\beta}, \hat{\gamma}$의 불편분산 $\hat{\sigma}^2_{\hat{\alpha}}$, $\hat{\sigma}^2_{\hat{\beta}}$, $\hat{\sigma}^2_{\hat{\gamma}}$을 구할 수 있다.

한편 $\hat{\sigma}^2$의 양의 평방근이 회귀모형의 표준오차가 된다.

$$\hat{\sigma} = \sqrt{\hat{\sigma}^2} \qquad (5.2.26)$$

5.3 다중결정계수(R^2)와 자유도조정 결정계수($\overline{R^2}$)

2변수 모형인 단순회귀모형의 경우에 전체변동(TSS)은 회귀변동

(*ESS*)과 잔차변동(*RSS*)의 합으로 주어지고, 전체변동에 대한 회귀변동의 비율이 모형의 적합도를 나타내는 지표로서 결정계수 R^2이라 하였다.

3변수 다중회귀모형에서도 같은 결과를 도출할 수 있다.

$$TSS = ESS + RSS \tag{5.3.1}$$

$$\sum y_i^2 = \sum \hat{y}_i^2 + \sum \hat{u}_i^2 \tag{5.3.2}$$

따라서 2변수 모형에서와 같은 방법으로 3변수 모형의 다중결정계수(multiple coefficient of determination) R^2은 다음과 같이 정의된다.

$$R^2 = \frac{ESS}{TSS} = 1 - \frac{RSS}{TSS} \tag{5.3.3}$$

그런데 3변수 모형에서는 독립변수가 X, Z의 2개이므로 회귀변동 $\sum \hat{y}_i^2$은 단순회귀모형의 경우와 다르다. 즉 다음과 같다.

$$\sum \hat{y}_i^2 = \hat{\beta} \sum x_i y_i + \hat{\gamma} \sum z_i y_i \tag{5.3.4}$$

그러므로 R^2을 계산할 때는 다음과 같이 한다.

$$R^2 = \frac{\hat{\beta} \sum x_i y_i + \hat{\gamma} \sum z_i y_i}{\sum y_i^2} \tag{5.3.5}$$

한편 결정계수 R^2은 모형의 적합도를 나타내는 좋은 지표이기는 하나 단점도 가지고 있다. 그것은 독립변수의 수가 증가하면 R^2은 반드시 상승하게 되어 있기 때문이다. R^2의 정의로부터,

$$R^2 = 1 - \frac{\sum \hat{u}_i^2}{\sum y_i^2} \tag{5.3.6}$$

독립변수의 수가 증가하면 (5.3.6)식의 $\sum \hat{u}_i^2$은 반드시 감소하게 된다. 그러므로 R^2은 증가하는 것이다. 이런 이유로 R^2가 모형의 설명력을 나타내는 완전한 지표의 성질을 가지지 못한다고 할 수 있다.

이러한 단점을 보완하기 위해서 도입되는 지표로 자유도조정 결정계수(adjusted R^2) $\overline{R^2}$라는 것이 있으며 다음과 같이 정의된다.

$$\overline{R^2} = 1 - \frac{\sum \hat{u}_i^2 / (n-k-1)}{\sum y_i^2 / (n-1)} \tag{5.3.7}$$

여기서 k는 정수항을 제외한 독립변수의 수이다.

이 $\overline{R^2}$는 $\sum \hat{u}_i^2$과 $\sum y_i^2$을 각각의 자유도 $(n-k-1)$, $(n-1)$로 나누어서 정의되어 있다. 분자인 $\sum \hat{u}_i^2/(n-k-1)$은 σ^2의 불편추정량 $\hat{\sigma}^2$이며, 분모 $\sum y_i^2/(n-1)$은 Y_i의 분산의 불편추정량이다.

독립변수의 수를 증가시키면 $\sum \hat{u}_i^2$이 감소하여 R^2가 증가하지만, $\overline{R^2}$은 반드시 증가하지는 않는다. 왜냐하면 k가 증가하면(독립변수의 수가 증가) 자유도 $(n-k-1)$도 감소하기 때문이다. 그러므로 경우에 따라서는 $\sum \hat{u}_i^2/(n-k-1)$가 증가할 수 있으므로, 독립변수의 수를

증가시키는 것이 항상 $\overline{R^2}$를 증가시킨다고는 할 수 없다. 이런 이유로 다중회귀분석에서는 모형의 적합도를 나타내는 지표로 R^2보다 $\overline{R^2}$를 많이 이용하고 있다.

한편 R^2와 $\overline{R^2}$의 관계를 다음과 같이 나타낼 수 있다.

$$\overline{R^2} = 1 - (1 - R^2)\frac{n-1}{n-k-1} \tag{5.3.8}$$

이 식은 R^2의 정의식 (5.3.6)을 $\overline{R^2}$의 정의식 (5.3.7)에 대입하여 구한 것이다.

$\overline{R^2}$과 R^2의 관계에서, 일반적으로 $(n-k-1) < (n-1)$이므로 $\overline{R^2} < R^2$가 된다. 이것은 독립변수의 수가 증가할수록 R^2이 $\overline{R^2}$보다 빨리 증가한다는 것을 의미한다.

한편 정의로부터 R^2이 작은 값을 가질 때, $\overline{R^2}$가 음수가 되는 경우도 있다. 그때에는 $\overline{R^2} = 0$으로 처리한다.

5.4 다중회귀에서의 가설검정

5.4.1 다중회귀에서의 통계적 추론

3변수 회귀분석에서의 추정량의 성질 및 통계적 추론에 대해서는 단순회귀분석의 결과를 확장하면 된다. 지금까지의 결과를 정리하면 다음과 같이 요약할 수 있다.

(1) 편회귀계수의 추정량 $\hat{\alpha}, \hat{\beta}, \hat{\gamma}$는 불편추정량이다. 즉 이들의 기대치는 모수가 된다.

$$E(\hat{\alpha}) = \alpha, \ E(\hat{\beta}) = \beta, \ E(\hat{\gamma}) = \gamma \tag{5.4.1}$$

(2) 각 추정량의 분산은 각각 다음과 같이 나타낸다.

$$Var(\hat{\alpha}) = \sigma^2_{\hat{\alpha}}, \ Var(\hat{\beta}) = \sigma^2_{\hat{\beta}}, \ Var(\hat{\gamma}) = \sigma^2_{\hat{\gamma}} \tag{5.4.2}$$

이 추정량들의 분산의 도출식은 각각 (5.2.22), (5.2.23), (5.2.24)이며, 최소분산의 성질을 가진다. 그러므로 $\hat{\alpha}, \hat{\beta}, \hat{\gamma}$는 최량선형불편추정량(BLUE)이다.

(3) 오차항 u_i가 정규분포에 따른다는 정규성의 가정을 근거로 하면, $\hat{\alpha}, \hat{\beta}, \hat{\gamma}$의 분포는 다음과 같다.

$$\hat{\alpha} \sim N(\alpha, \sigma^2_{\hat{\alpha}}), \ \hat{\beta} \sim N(\beta, \sigma^2_{\hat{\beta}}), \ \hat{\gamma} \sim N(\gamma, \sigma^2_{\hat{\gamma}}) \tag{5.4.3}$$

(4) 모분산 σ^2의 불편추정량 $\hat{\sigma}^2$은 다음과 같다.

$$\hat{\sigma}^2 = \frac{\Sigma \hat{u}_i^2}{n-3} \tag{5.4.4}$$

그러므로 편회귀계수의 추정량의 분산식 (5.2.17), (5.2.18), (5.2.19)에서 σ^2 대신에 불편추정량 $\hat{\sigma}^2$을 대입하면, 편회귀계수의 불편분산 $\hat{\sigma}^2_{\hat{\alpha}}$, $\hat{\sigma}^2_{\hat{\beta}}$, $\hat{\sigma}^2_{\hat{\gamma}}$를 구할 수 있다.

(5) 통계량

$$\frac{(n-3)\hat{\sigma}^2}{\sigma^2} \tag{5.4.5}$$

는 자유도 $n-3$의 χ^2분포에 따르며, $\hat{\alpha}$, $\hat{\beta}$, $\hat{\gamma}$는 각각 $\hat{\sigma}^2$과 독립적으로 분포한다.

(6) 가설검정 및 신뢰구간(구간추정)을 t분포를 이용하여 실시할 수 있다. 즉,

$$t=\frac{\hat{\alpha}-\alpha}{\widehat{\sigma_{\hat{\alpha}}}},\ t=\frac{\hat{\beta}-\beta}{\widehat{\sigma_{\hat{\beta}}}},\ t=\frac{\hat{\gamma}-\gamma}{\widehat{\sigma_{\hat{\gamma}}}} \tag{5.4.6}$$

는 각각 자유도 $n-3$의 t분포에 따른다.

5.4.2 개별 편회귀계수의 유의성 검정

3변수 회귀분석에서의 개별 편회귀계수 β, γ에 대한 유의성 검정은, 단순회귀분석에서의 회귀계수의 유의성 검정 방법과 같다.

먼저 β에 대한 유의성 검정은 귀무가설(H_0)과 대립가설(H_1)을 다음

과 같이 설정한다.

$$H_0 : \beta = 0,\ H_1 : \beta \neq 0 \qquad (5.4.7)$$

귀무가설이 의미하는 바는, Z를 일정하게 유지하였을 때 X는 종속변수 Y에 아무런 영향을 미치지 않는다는 것이다.

이 가설을 검정할 검정통계량은 (5.4.6)식

$$t = \frac{\hat{\beta} - \beta}{\widehat{\sigma_{\hat{\beta}}}}$$

이다. 단순회귀분석의 경우에 설명한 바와 같이 귀무가설 $\beta = 0$이 진이면 검정통계량 t_0는

$$t_0 = \frac{\hat{\beta}}{\widehat{\sigma_{\hat{\beta}}}} \qquad (5.4.8)$$

으로 계산되며, 주어진 유의수준 α에서 t_0가 임계치 $t_{(n-3,\, \frac{\alpha}{2})}$보다 크거나 또는 $-t_{(n-3,\, \frac{\alpha}{2})}$보다 작으면 귀무가설을 기각한다.

γ에 대해서도 같은 방법으로 실시한다. 즉 귀무가설과 대립가설은 다음과 같으며,

$$H_0 : \gamma = 0,\ H_1 : \gamma \neq 0 \qquad (5.4.9)$$

귀무가설이 의미하는 바는, X를 일정하게 유지하였을 때 Z는 종속변수 Y에 아무런 영향을 미치지 않는다는 것이다. 검정통계량은

$$t = \frac{\hat{\gamma} - \gamma}{\hat{\sigma}_{\hat{\gamma}}}$$

이다. 귀무가설 $\gamma = 0$이 진이면 검정통계량 t_0는

$$t_0 = \frac{\hat{\gamma}}{\hat{\sigma}_{\hat{\gamma}}} \tag{5.4.10}$$

으로 계산된다. 검정방법은 β의 경우와 같다.

5.4.3 신뢰구간

편회귀계수 β, γ에 대한 신뢰구간(구간추정)의 계산은 단순회귀분석에서와 같다.

먼저 β에 대한 신뢰구간의 계산은 개별 편회귀계수의 가설검정에서와 같이 (5.4.6)식의 t분포를 이용한다.

β에 대한 95%(0.95)의 신뢰구간은 다음의 확률 표현으로 나타낼 수 있다.

$$P\left[-t_{(n-3,\ 0.025)} < \frac{\hat{\beta} - \beta}{\hat{\sigma}_{\hat{\beta}}} < t_{(n-3,\ 0.025)}\right] = 0.95 \tag{5.4.11}$$

(5.4.11)식을 정리하면

$$\hat{\beta} - t_{(n-3,\ 0.025)} \cdot \widehat{\sigma_{\hat{\beta}}} < \beta < \hat{\beta} + t_{(n-3,\ 0.025)} \cdot \widehat{\sigma_{\hat{\beta}}} \qquad (5.4.12)$$

이다. (5.4.12)식에서 $\hat{\beta}$와 $\widehat{\sigma_{\hat{\beta}}}$는 계산이 되고, $t_{(n-3,\ 0.025)}$는 수표로부터 값을 얻을 수 있으므로, β의 95% 신뢰구간이 계산된다.

γ의 신뢰구간에 대해서도 같은 방법으로 구하며 다음과 같다.

$$\hat{\gamma} - t_{(n-3,\ 0.025)} \cdot \widehat{\sigma_{\hat{\gamma}}} < \gamma < \hat{\gamma} + t_{(n-3,0.025)} \cdot \widehat{\sigma_{\hat{\gamma}}} \qquad (5.4.13)$$

5.4.4 전체 편회귀계수의 유의성 검정 : 분산분석

3변수 회귀분석에서 편회귀계수 β와 γ가 동시에 0이 되는 귀무가설을 설정하는 문제를 생각해보자

$$H_0 : \beta = \gamma = 0 \qquad (5.4.14)$$

이 귀무가설은 'X와 Z는 동시에 종속변수 Y를 결정하는 요인이 아니다'라는 명제를 설정한 것이다. 이 가설 $\beta = \gamma = 0$이 진이면 3변수 회귀모형 (5.1.1)식은 다음과 같이 되어,

$$Y_i = \alpha + u_i \qquad (5.4.15)$$

Y_i의 변화는 X_i와 Z_i와는 상관없이 오직 일정한 정수항 α에 확률적

요인 u_i만에 의해서 변하게 된다. 즉 3변수의 다중회귀모형이 성립하지 않는 것을 의미한다.

다음으로 대립가설은 다음과 같다.

$$H_1 : \text{모두는 } 0\text{이 아니다.} \tag{5.4.16}$$

이 대립가설은 'β와 γ 중에서 적어도 하나 0이 아닌 것이 존재한다.'라는 가설과 같다. 이 가설을 검정하기 위한 검정통계량은 t통계량이 아니고 F통계량이 되며, 이 통계량을 구하여 검정하는 과정이 회귀분석에서 분산분석의 방법이다.

3변수 회귀분석에서의 전체변동(TSS), 회귀변동(ESS), 잔차변동(RSS)은 다음과 같이 성립한다는 것을 (5.3.1)식과 (5.3.4)식에서 나타내었다.

$$TSS = ESS + RSS$$
$$\Sigma y_i^2 = \Sigma \hat{y}_i^2 + \Sigma \hat{u}_i^2 \tag{5.4.17}$$

여기서 $\Sigma \hat{y}_i^2 = \hat{\beta} \Sigma x_i y_i + \hat{\gamma} \Sigma z_i y_i$이다.

설명변수 X, Z에 의해서 설명되지 않는 변화 부분은 오차항 u_i에 의한 우연의 변화로서 그의 분산 σ^2에 의하여 결정된다. 그러므로 σ^2에 대한 하나의 불편추정량은 다음과 같다.

$$\hat{\sigma}^2 = \frac{\Sigma \hat{u}_i^2}{n-k-1} = \frac{\Sigma \hat{u}_i^2}{n-3} \tag{5.4.18}$$

$$E(\hat{\sigma}^2) = \sigma^2 \tag{5.4.19}$$

한편 귀무가설 $\beta=\gamma=0$이 진일 때 회귀변동 $\Sigma\hat{y}_i^2$의 기대치도 σ^2으로 주어진다.

$$E(\hat{y}^2)=E(\hat{\beta}\Sigma x_i y_i+\hat{\gamma}\Sigma z_i y_i)=\sigma^2 \tag{5.4.20}$$

그러므로 귀무가설이 진일 때 두 불편추정치의 분산비

$$\begin{aligned} F=\frac{\text{회귀변동/자유도}}{\text{잔차변동/자유도}}&=\frac{ESS/k}{RSS/(n-k-1)} \\ &=\frac{ESS/2}{RSS/(n-3)} \end{aligned} \tag{5.4.21}$$

는 자유도 $(2, n-3)$의 F분포에 따르는 것으로 알려져 있다.

여기서 회귀변동의 자유도는 정수항을 제외한 설명변수의 수 ($k=2$: X와 Z)가 되며, 잔차변동의 자유도는 표본수 n에서 추정하는 파라메터의 수 ($n-k-1=n-3$: $\hat{\alpha}, \hat{\beta}, \hat{\gamma}$)를 뺀 것이 된다. 이 F검정은 분산분석표를 작성하여 진행하는데 분산분석표는 <표 5.1>과 같이 구성된다.

변동의 원천	자승합(SS)	자유도 (df)	평균자승합 (MSS)	F
회귀변동 (ESS)	$Q_1=\hat{\beta}\Sigma x_i y_i+\hat{\gamma}\Sigma z_i y_i$	2	$Q_1/2$	$F=\dfrac{Q_1/2}{Q_2/(n-3)}$
잔차변동 (RSS)	$Q_2=\Sigma\hat{u}_i^2$	$n-3$	$Q_2/(n-3)$	
전체변동 (TSS)	Σy_i^2	$n-1$		

〈표 5.1〉

귀무가설 $\beta=\gamma=0$를 검정하는 방법은 다음과 같다.

먼저 (5.4.21)식에 의해서 F값을 계산하고(F_0), 계산된 F_0를 F분포표로부터 얻은 임계치와 비교하여 검정한다. 유의수준을 5%(0.05)라고 하면, 자유도 $(2, n-3)$의 F분포의 임계치는 $F_{(2,\, n-3\,;\, 0.05)}$로 나타낼 수 있다. 그러면

(1) $F_{(2,\, n-3\,;\, 0.05)} < F_0$이면, 귀무가설을 기각한다.

(2) $F_{(2,\, n-3\,;\, 0.05)} \geq F_0$이면, 귀무가설을 기각할 수 없다.

이것을 그림으로 나타낸 것이 <그림 5.2>이다.

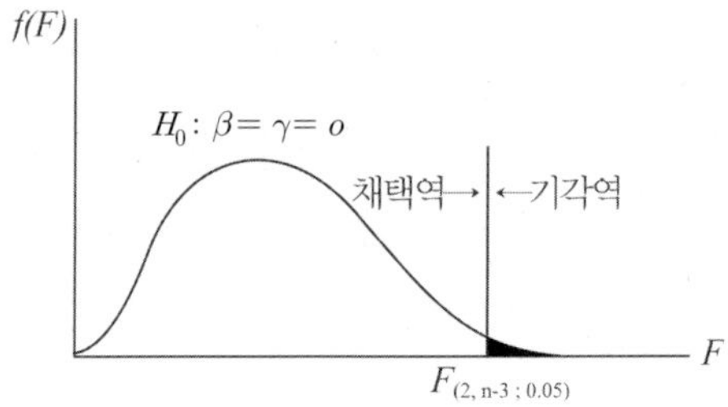

〈그림 5.2〉

5.5 예제 5

다음과 같은 모형을 설정하였다.

$$Y_i = \alpha + \beta X_i + \gamma Z_i + u_i$$

단, Y_i : 곡물생산량

X_i : 비료생산량

Z_i : 농약생산량

이 모형을 추정하기 위한 자료가 <표 5.2>에 나타나 있다.

	Y	X	Z
1990	39	5	5
1991	42	7	5
1992	45	11	6
1993	49	15	8
1994	51	17	10
1995	53	17	13
1996	56	21	14
1997	60	24	18
1998	64	27	20
1999	68	32	24
2000	71	32	26
2001	74	38	29
2002	78	40	30
2003	83	44	33
2004	88	45	36

〈표 5.2〉

<표 5.2>을 사용하여 다음과 같이 여러 값들이 계산되었다.

$\Sigma Y = 921, \ \Sigma X = 375, \ \Sigma Z = 277$

따라서

$$\bar{Y}=\frac{921}{15}=61.4,\ \bar{X}=\frac{375}{15}=25,\ \bar{Z}=\frac{277}{15}=18.4667$$

한편

$$y_i=Y_i-\bar{Y},\ x_i=X_i-\bar{X},\ z_i=Z_i-\bar{Z}$$

로 두면

$$\Sigma y^2=3261.6,\quad \Sigma x^2=2422,\quad \Sigma z^2=1601.7333$$
$$\Sigma xy=2798,\quad \Sigma xz=1952,\quad \Sigma yz=2273.2$$

편회귀계수의 추정

이 자료들을 사용하여 편회귀계수의 추정치는 다음과 같이 구한다.

$$\begin{aligned}\hat{\beta}&=\frac{(\Sigma xy)(\Sigma z^2)-(\Sigma xz)(\Sigma yz)}{(\Sigma x^2)(\Sigma z^2)-(\Sigma xz)^2}\\&=\frac{(2798)(1601.7339)-(1952)(2273.2)}{(2422)(1601.7333)-(1952)^2}\\&=0.6421\end{aligned}$$

$$\begin{aligned}\hat{\gamma}&=\frac{(\Sigma x^2)(\Sigma zy)-(\Sigma xy)(\Sigma xz)}{(\Sigma x^2)(\Sigma z^2)-(\Sigma xz)^2}\\&=\frac{(2422)(2273.2)-(2798)(1952)}{(2422)(1601.7333)-(1952)^2}\\&=0.6367\end{aligned}$$

$$\hat{\alpha} = \overline{Y} - \hat{\beta}\overline{X} - \hat{\gamma}\overline{Z}$$
$$= 61.4 - (0.6421)(25) - (0.6367)(18.4667)$$
$$= 33.5899$$

분산의 추정

$$\Sigma\hat{y}^2 = \hat{\beta}\Sigma xy + \hat{\gamma}\Sigma zy$$
$$= (0.6421)(2798) + (0.6367)(2273.2)$$
$$= 3243.9375$$

그러므로

$$\Sigma\hat{u}^2 = \Sigma y^2 - \Sigma\hat{y}^2$$
$$= 3261.6 - 3243.9375$$
$$= 17.6625$$

따라서 불편분산 $\hat{\sigma}^2$는

$$\hat{\sigma}^2 = \frac{\Sigma\hat{u}^2}{n-3} = \frac{17.6625}{12} = 1.4719$$

표준오차 $\hat{\sigma}$는

$$\hat{\sigma} = \sqrt{\hat{\sigma}^2} = \sqrt{1.4719} = 1.2132$$

편회귀계수의 분산의 추정

편회귀계수 $\hat{\beta}$, $\hat{\gamma}$, $\hat{\alpha}$의 불편분산 $\hat{\sigma}^2_{\hat{\alpha}}$, $\hat{\sigma}^2_{\hat{\beta}}$, $\hat{\sigma}^2_{\hat{\gamma}}$은 각각 다음과 같이 구한다.

$$\hat{\sigma}^2_{\hat{\beta}} = \left(\frac{\Sigma z^2}{(\Sigma x^2)(\Sigma z^2) - (\Sigma xz)^2}\right)\hat{\sigma}^2$$

$$= \left(\frac{1601.7333}{(2422)(1601.7333) - (1952)^2}\right)(1.4719)$$

$$= 0.03412$$

$$\widehat{\sigma_{\hat{\beta}}} = \sqrt{\hat{\sigma}^2_{\hat{\beta}}} = \sqrt{0.03412} = 0.1847$$

$$\hat{\sigma}^2_{\hat{\gamma}} = \left(\frac{\Sigma x^2}{(\Sigma x^2)(\Sigma z^2) - (\Sigma xz)^2}\right)\hat{\sigma}^2$$

$$= \left(\frac{2422}{(2422)(1601.7333) - (1952)^2}\right)(1.4719)$$

$$= 0.05159$$

$$\widehat{\sigma_{\hat{\gamma}}} = \sqrt{\hat{\sigma}^2_{\hat{\gamma}}} = \sqrt{0.05159} = 0.2271$$

$$\hat{\sigma}^2_{\hat{\alpha}} = 0.6239$$

$$\widehat{\sigma_{\hat{\alpha}}} = \sqrt{\hat{\sigma}^2_{\hat{\alpha}}} = \sqrt{0.6239} = 0.7899$$

결정계수

결정계수 R^2은 두 가지 방법으로 계산된다.

$$R^2 = \frac{\Sigma \hat{y}^2}{\Sigma y^2} = \frac{3243.9375}{3261.6} = 0.9946$$

$$R^2 = 1 - \frac{\Sigma \hat{u}^2}{\Sigma y^2} = 1 - \frac{17.6625}{3261.6} = 0.9946$$

자유도 조정 결정계수 $\overline{R^2}$은

$$\overline{R^2} = 1 - \frac{\dfrac{\Sigma \hat{u}^2}{n-k-1}}{\dfrac{\Sigma y^2}{n-1}} = 1 - \frac{\dfrac{17.6625}{12}}{\dfrac{3261.6}{14}} = 0.9937$$

개별검정

β에 대해서 귀무가설(H_0)과 대립가설(H_1)을 다음과 같이 설정하면,

$$H_0 : \beta = 0$$

$$H_1 : \beta \neq 0$$

검정통계량 t는

$$t_0 = \frac{\hat{\beta}}{\hat{\sigma}_{\hat{\beta}}} = \frac{0.6421}{0.1847} = 3.4760$$

5% 유의수준에서 자유도 12의 t임계치는 2.179이고, 1% 유의수준에서는 3.055이다. 계산된 검정통계량 $t_0 = 3.4760$은 1% 유의수준의 임계

치보다 크기 때문에 유의하므로, $\beta=0$의 귀무가설을 기각한다.

γ에 대해서 귀무가설(H_0)과 대립가설(H_1)을 다음과 같이 설정하면,

$$H_0 : \gamma = 0$$
$$H_1 : \gamma \neq 0$$

검정통계량 t는

$$t_0 = \frac{\hat{\gamma}}{\hat{\sigma}_{\hat{\gamma}}} = \frac{0.6367}{0.2271} = 2.8032$$

계산된 검정통계량 $t_0 = 2.8032$는 5% 유의수준에서 유의하므로 γ는 통계적으로 유의하게 0이 아니라고 주장할 수 있다. 그러나 1% 유의수준에서는 유의하지 않으므로 귀무가설을 기각할 수 없다.

신뢰구간

편회귀계수 β의 95% 신뢰구간(구간추정)을 구하면,

$\hat{\beta} = 0.6421,\ \hat{\sigma}_{\hat{\beta}} = 0.1847,\ t_{(12,\ 0.025)} = 2.179$이므로

$$0.6421 - (2.179)(0.1847) < \beta < 0.6421 + (2.179)(0.1847)$$
$$0.2396 < \beta < 1.0446$$

따라서 β는 95% 신뢰구간에서 0.2396과 1.046 사이에 놓인다. 이것은 표본을 100번 추출하였을 때 95번은 진의 모수 β를 포함한다는 것이다.

다음으로 편회귀계수 γ의 95%신뢰구간(구간추정)을 구하면,

$\hat{\gamma} = 0.6367$, $\hat{\sigma}_{\hat{\gamma}} = 0.2271$이므로

$$0.6367 - (2.179)(0.2271) < \gamma < 0.6367 + (2.179)(0.2271)$$
$$0.1418 < \gamma < 1.1317$$

따라서 γ는 95% 신뢰구간에서 0.1418과 1.1317사이에 놓인다.

전체검정(분산분석)

β와 γ가 동시에 0이라는 귀무가설(H_0)과 대립가설(H_1)을 다음과 같이 설정하면,

$H_0 : \beta = \gamma = 0$
H_1 : 그렇지 않다

검정통계량 F는 분산분석표를 작성하여 구할 수 있다.

<표 5.2>의 자료를 이용하여 계산한 분산분석표는 다음과 같다.

변동의 원인	자승합	자유도	평균자승합	F
회귀변동	3243.9375	2	1621.9687	1101.974
잔차변동	17.6625	12	1.4719	
전체변동	3261.6000	14		

〈표 5.3〉

분산분석표에서 F는

$$F_0 = \frac{1621.9687}{1.4719} = 1101.974$$

이다. 5% 유의수준에서 자유도가 (2, 12)인 F임계치는 3.89이다. 그리고 1% 유의수준에서는 6.93이다.

계산된 $F_0 = 1101.974$는 매우 큰 값이므로, 5% 유의수준뿐만 아니라 1% 유의수준에서도 유의하며, $\beta = \gamma = 0$의 귀무가설을 기각한다는 결론을 얻는다. 즉 비료투입량과 농약투입량은 곡물생산에 중요한 변수가 된다는 것을 의미한다.

연습문제 5 Exercise

[1] <표 5.4>는 1990년부터 2004년까지의 소비지출(Y), 가처분소득(X), 자산잔고(Z)에 관한 연간 자료이다. 이 자료를 이용하여 다음의 회귀식을 분석하려고 한다.

$$Y_t = \alpha + \beta X_t + \gamma Z_t + u_t \tag{5.6.1}$$

(5.6.1)식을 회귀하여 다음을 구하라.

(1) $\hat{\alpha}$, $\hat{\beta}$, $\hat{\gamma}$

(2) $\hat{\sigma}^2$, $\hat{\sigma}$

(3) $\hat{\sigma}^2_{\hat{\beta}}$, $\widehat{\sigma_{\hat{\beta}}}$, $\hat{\sigma}^2_{\hat{\gamma}}$, $\widehat{\sigma_{\hat{\gamma}}}$

(4) R^2, $\overline{R^2}$

연도	Y	X	Z
1990	91	111	113
1991	100	122	138
1992	109	137	150
1993	109	142	148
1994	114	148	157
1995	118	154	167
1996	123	157	180
1997	129	163	198
1998	138	168	213
1999	140	170	222
2000	141	173	236
2001	147	176	250
2002	152	181	265
2003	156	186	280
2004	160	190	295

〈표 5.4〉

[2] [1]의 결과를 이용하여 다음에 답하라.

(1) β에 대해서 $H_0:\beta=0$, $H_1:\beta\neq 0$을 검정하라.

(2) γ에 대해서 $H_0:\gamma=0$, $H_1:\gamma\neq 0$을 검정하라.

(3) β에 대한 95% 신뢰구간을 구하라.

(4) γ에 대한 95% 신뢰구간을 구하라.

[3] [1]의 결과를 이용하여 다음에 답하라.

(1) 다음의 분산분석표를 완성하라.

변동의 원천	자승합	자유도	평균자승합	F
회귀변동	(　　　)	(　　　)	(　　　)	(　　　)
잔차변동	(　　　)	(　　　)	(　　　)	
전체변동	(　　　)	(　　　)		

(2) 분산분석표의 결과를 이용하여 다음의 전체 검정을 하라.

H_0: $\beta=\gamma=0$

H_1 : 그렇지 않다.

제6장 회귀분석의 확장

6.1 비선형회귀모형

6.1.1 선형의 의미

지금까지 설정된 회귀모형은 다음과 같은 선형회귀모형이었다.

$$Y_i = \alpha + \beta X_i + u_i \tag{6.1.1}$$

$$Y_i = \alpha + \beta X_i + \gamma Z_i + u_i \tag{6.1.2}$$

(6.1.1)식은 설명변수가 X_i 하나로 구성된 단순회귀모형이고 (6.1.2)식은 설명변수가 X_i, Z_i의 2개로 구성된 3변수 회귀모형으로, 다중선형회귀모형 중에서 가장 간단한 모형이다

이 모형들이 선형모형이라고 불리는 데는 두 가지 의미가 있다. 첫째는 모수에 관해서 선형이라는 의미이고, 둘째는 변수에 관해서 선형이라는 의미이다.

먼저 모수에 관해서 선형이라는 의미는 다음과 같다. (6.1.2)식에서

α에 관하여 다시 나타내면

$$\alpha = Y_i - \beta X_i - \gamma Z_i - u_i \qquad (6.1.3)$$

으로 표현되는데, Y_i, X_i, Z_i를 가중치로 생각하면 α는 β, γ, u_i에 대해서 이들의 가중합, 즉 선형함수(1차함수)로 표현되기 때문이다.

다음으로 변수에 관해서 선형이라는 의미는 다음과 같다. (6.1.2)식에서 변수 Y_i가 다른 변수들, 즉 정수항, X_i, Z_i, u_i의 가중합으로 나타낼 수 있는데 이때 가중치는 모수 α, β, γ가 된다는 것이다.

이렇게 모수에 관해서, 그리고 변수에 관해서 선형인 모형을 표준적 선형회귀모형이라고 부르고 있다. 최소자승법은 모수에 관해서 선형인 모형에서만 적용 가능하다. 변수에 관해서 비선형인 경우는 그 변수를 선형으로 변환하여 표준적 선형모형으로 만든 후에 최소자승법을 적용한다.

비선형모형은 여러 종류가 있으나 여기서는 폭넓게 이용되고 있는 역함수모형, 로그-선형모형, 다항식모형의 3가지 종류를 중심으로 설명하기로 한다.

6.1.2 역함수모형

다음과 같이 나타낸 모형을 역함수모형(reciprocal model)이라 한다.

$$Y_i = \alpha + \beta\left(\frac{1}{X_i}\right) + u_i \qquad (i = 1,\ 2,\ \cdots,\ n) \qquad (6.1.4)$$

이 모형은 변수 X_i가 역수$(\frac{1}{X_i})$로 되어 있기 때문에 변수에 관해서 비선형이다.

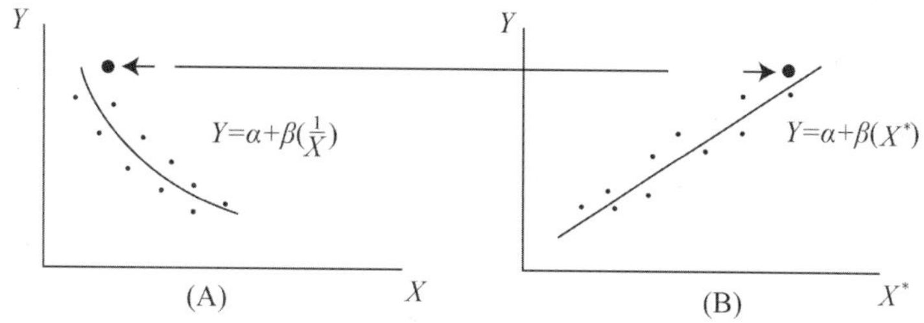

〈그림 6.1〉

Y_i와 X_i의 관계를 좌표축 $(X_{i,}\ Y_i)$으로 나타낸 것이 <그림 6.1>의 (A)이다. 산포도를 보면 이들의 관계는 직선관계가 아니고 쌍곡선으로 근사시킬 수 있도록 나타나 있다. 그러므로 변수 $(\frac{1}{X_i})$를 선형으로 변환해야 한다.

지금 변수 $(\frac{1}{X_i})$를 X_i^*라는 새로운 변수로 다음과 같이 변환하기로 한다.

$$X_i^* = \frac{1}{X_i} \tag{6.1.5}$$

그러면 원래의 회귀모형 (6.1.4)식은 다음과 같이 표현되며

$$Y_i = \alpha + \beta X_i^* + u_i \tag{6.1.6}$$

이 모형은 Y_i를 X_i^*에 회귀한 표준적 선형회귀모형이 된다. <그림 6.1>의 (B)에 Y_i와 변환된 X_i^*의 산포도가 나타나 있는데 거의 직선관계로 변환되어 있는 것을 알 수 있다.

그러므로 회귀파라메터 α, β의 추정치 $\hat{\alpha}$, $\hat{\beta}$는 변환된 (6.1.6)식에 통상의 최소자승법을 적용해 구할 수 있고, 그렇게 구한 추정치를 원래의 (6.1.4)식에 적용하면 다음의 추정식을 얻을 수 있다.

$$\widehat{Y}_i = \hat{\alpha} + \hat{\beta}\left(\frac{1}{X_i}\right) \tag{6.1.7}$$

역함수모형의 성질

일반적으로 $Y = f(x)$의 함수에서, 이 모형의 기울기는 $\frac{dY}{dX}$로 정의되고, 탄력성은 다음과 같이 정의된다.

$$E = \frac{Y\text{의 변화율}}{X\text{의 변화율}} = \frac{dY/Y}{dX/X} = \frac{dY}{dX} \cdot \frac{X}{Y} \tag{6.1.8}$$

그러므로 역함수모형 (6.1.4)식의 기울기와 탄력성은 각각 다음과 같다.

$$\frac{dX}{dY} = -\beta\left(\frac{1}{X^2}\right), \quad E = \frac{dY}{dX} \cdot \frac{X}{Y} = -\beta\left(\frac{1}{XY}\right) \tag{6.1.9}$$

역함수모형의 모양은 α와 β의 부호에 따라서 달라진다. X가 증가함에 따라서 $\beta > 0$이면 Y가 위에서 밑으로 절편 α에 접근하게 되고, $\beta < 0$이면 밑에서 위로 α에 접근하게 된다. 즉 이 곡선의 기울기는 X

가 증가함에 따라서 0에 접근하므로, Y의 극한값 또는 점근적 값인 α 에 접근해 가는 것이다.

이 관계를 나타낸 것이 <그림 6.2>이다. (A), (B), (C)는 각각 α, β의 부호에 따라서 모양이 다른 것을 보여 주고 있다.

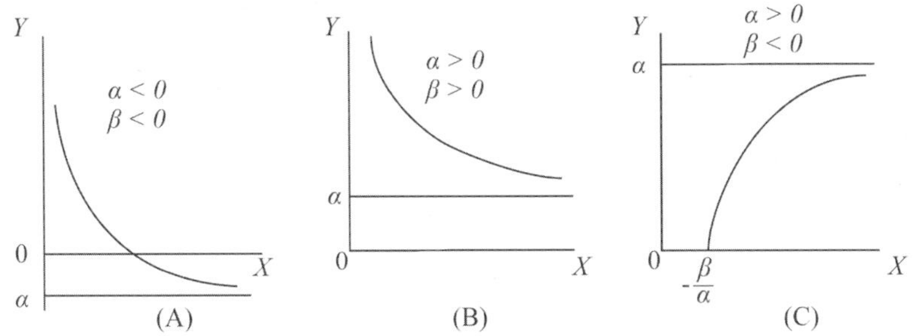

〈그림 6.2〉

경제이론에서 다루는 역함수 모형의 예로는 화폐임금의 변화율(Y)과 실업률(X) 간의 관계를 분석한 필립스곡선(Phillips curve)이 잘 알려져 있다.

6.1.3 로그-선형모형

지수회귀모형과 로그-선형모형

다음과 같이 나타낸 모형을 지수회귀모형(exponential regression model)이라 한다.

$$Y_i = \alpha X_i^{\beta} e^{u_i} \qquad (i = 1,\ 2,\ \cdots,\ n) \tag{6.1.10}$$

이 모형은 모수에 관해서 비선형이다. 이 모형을 두 설명변수로 확대하여 설정하면 다음과 같다.

$$Y_i = \alpha X_i^{\beta} Z^{\gamma} e^{u_i} \tag{6.1.11}$$

이와 같은 경우에는 변수에 관해서도 비선형이 된다. 그러므로 이 모형에 최소자승법을 적용하기 위해서는 모수와 변수에 관해서 선형화되도록 변환을 해야 한다. 가장 일반적으로 자연대수(ln)를 취하여 표준적 선형회귀모형으로 변환시키는 방법이 있다. (6.1.10)식에 자연대수를 취하면

$$\ln Y_i = \ln\alpha + \beta \ln X_i + u_i \tag{6.1.12}$$

이 되는데, 여기서

$$Y_i^* = \ln Y_i,\ \ X_i^* = \ln X_i \tag{6.1.13}$$

로 변수를 변환하면 다음식이 된다.

$$Y_i^* = \alpha^* + \beta X^* + u_i \tag{6.1.14}$$

여기서 α는 상수로 취급되므로 $\ln\alpha$도 α^*로 나타내었다.

(6.1.12)식 또는 (6.1.14)식을 로그-선형모형(log—linear model), 또는 로그-로그모형(log—log model)이라고 부른다.

(6.1.14)식은 Y_i^*를 X_i^*에 회귀하고 있으므로 변수에 관해서도 모수

에 관해서도 선형이 된다. 그러므로 이 모형에 최소자승법을 적용하여 α와 β의 추정치 $\hat{\alpha}$와 $\hat{\beta}$를 구할 수 있다. 단 $\hat{\beta}$는 (6.1.14)식에서 추정한 그대로 (6.1.10)식에 적용할 수 있으나 $\hat{\alpha}$의 경우는 추정된 $\hat{\alpha}^*$를 $\hat{\alpha}=\exp(\hat{\alpha}^*)$와 같이 역변환해야 한다.

<그림 6.3>에서 (A)의 경우는 X_i와 Y_i 사이가 비선형함수의 관계로 나타나 있다. (B)에서 $\ln X_i$와 $\ln Y_i$ 사이는 선형함수(직선)로 나타나 있는 것을 알 수 있다. 이 그림에서는 $\beta>0$이므로 우상향의 모양을 나타내고 있는데, $\beta<0$일 때는 우하향의 모양을 나타내게 된다.

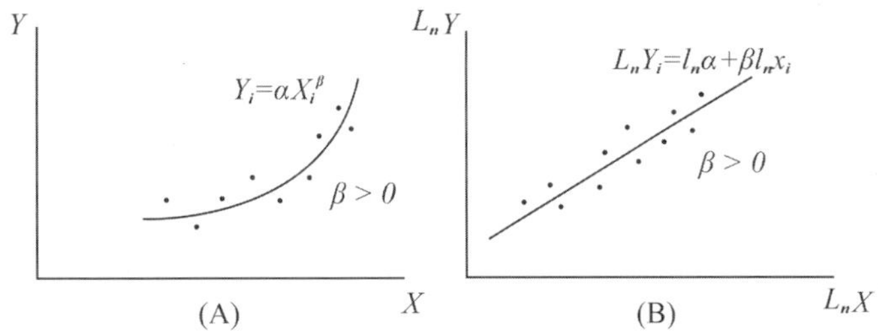

〈그림 6.3〉

로그-선형함수의 성질

로그-선형모형 (6.1.12)식의 기울기와 탄력성은 각각 다음과 같다.

$$\frac{dY}{dX}=\beta(\frac{Y}{X}),\ \ \frac{dY}{dX}\frac{X}{Y}=d(\frac{\ln Y}{\ln X})=\beta \qquad (6.1.15)$$

로그-선형모형의 장점은 기울기계수 β가 바로 X에 관한 Y의 탄력성을 나타낸다는 것이다. 탄력성은 독립변수가 1% 변할 때 종속변수가 몇 % 변하는가를 나타내는 지표이다. 일반적인 모형에서 탄력성의 값은 X가 변함에 따라서 변하는 것으로 정의되고 있다. 그러므로 어떤 X값에서 탄력성을 구해야 하는가는 중요한 문제가 될 수 있다. 그런데 로그–선형모형에서는 탄력성이 β이며 이것은 X변수가 변하는 모든 구간에서 일정하다. 그러므로 경제학적으로 탄력성을 구할 필요가 있을 때는 로그–선형모형을 설정하는 방법이 널리 이용되고 있다. 탄력성 값인 β가 불변이라는 성질은 다른 모형에 비해서 훨씬 편리한 성질이 아닐 수 없다.

경제이론에서 로그–선형모형을 많이 사용하고 있는 예로는 생산함수를 들 수 있다.

지금 생산량을 Q, 노동투입량을 L, 자본투입량을 K라 하면 더글라스형 생산함수(Douglas type production function)는 다음과 같이 나타낼 수 있다.

$$Q_i = AL_i^{\alpha} K_i^{\beta} e^{u_i} \tag{6.1.16}$$

여기서 A, α, β는 파라메터이다.

생산함수 (6.1.16)식은 모수에 관해서도 비선형이며, 변수에 관해서도 비선형이다. 그러므로 표준적 선형모형으로 변환하기 위해서 자연대수를 취하면 다음과 같은 모형이 된다.

$$\ln Q_i = \ln A + \alpha \ln L_i + \beta \ln K_i + u_i \tag{6.1.17}$$

여기서

$$Q_i^* = \ln Q_i,\ \ L_i^* = \ln L_i,\ \ K_i^* = \ln K_i \tag{6.1.18}$$

로 두면 (6.1.17)식은 (6.1.19)식이 된다.

$$Q_i^* = a + \alpha L_i^* + \beta K_i^* + u_i \qquad (6.1.19)$$

여기서 $a = \ln A$이다.

변환된 (6.1.19)식은 표준적 선형모형이므로 최소자승법을 적용하여 모수를 추정할 수 있다.

한편 콥–더글러스 생산함수(Cobb–Douglas Production function)에 관해서 다음의 성질이 있다.

(1) 생산함수 (6.1.16)식에서 $\alpha + \beta = 1$의 성질을 가지는 경우 콥–더글러스 생산함수라 한다. 이것을 수학적으로 생각하면 Q는 L과 K의 1차동차함수(homogeneous function of degree one)가 된다.

1차동차함수는 다음의 성질을 가진다. 즉 노동 L과 자본 K를 각각 m배 하면 생산량 Q도 m배가 되며, 이것을 규모변화에 대한 수확불변(constant returns of scale)이라 한다.

$$mQ = f(mL, mK) \qquad (6.1.20)$$

한편 $\alpha + \beta > 1$이면 규모변화에 대한 수확체증(increasing returns of scale)이라 하고, $\alpha + \beta < 1$이면 규모변화에 대한 수확체감(decreasing returns of scale)이라 한다.

(2) (6.1.17)식에서 α, β의 경제적 의미를 알기 위해서 각각 L, K에 대해서 편미분하면 다음 결과를 얻는다.

$$\alpha = \frac{L}{Q}\frac{\partial Q}{\partial L}, \quad \beta = \frac{K}{Q}\frac{\partial Q}{\partial K} \tag{6.1.21}$$

먼저 α는 노동투입량에 대한 생산량의 편탄력성(생산의 노동탄력성)을 나타낸다. 이것은 자본투입량을 일정하게 유지하면서 노동투입량이 1% 변할 때의 생산량이 변하는 %이다.

다음으로 β는 노동투입량에 대한 생산량의 편탄력성(생산의 자본탄력성)을 나타낸다. 이것은 노동투입량을 일정하게 유지하면서 자본투입량이 1% 변할 때의 생산량이 변하는 %이다.

6.1.4 다항식모형

다항식모형 중에서 2차곡선은 다음과 같이 나타낼 수 있다.

$$Y_i = \alpha + \beta X_i + \gamma X_i^2 + u_i \tag{6.1.22}$$

이 형식의 모형은 <그림 6.4>에서 알 수 있는 바와 같이 미시경제학에서 기업 또는 산업에서의 한계비용(MC)곡선 또는 평균비용(AC)곡선의 경우를 예로 들 수 있다.

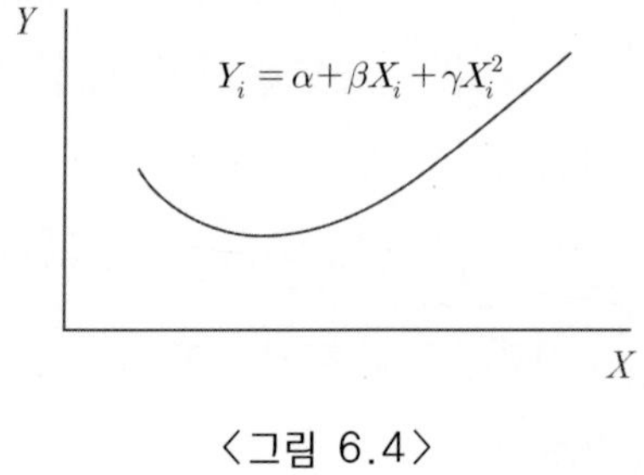

〈그림 6.4〉

(6.1.22)식을 한계비용곡선이라고 하면, Y는 한계비용(MC), X는 생산량(Q)을 의미하며, Y와 X는 선형관계가 아니다. 그러나 모수 α, β, γ는 선형관계를 나타내고 있다. 이 경우 표준적 선형모형으로 변환하기 위해서 다음과 같이 변수를 변환하기로 한다.

$$X_i^* = X_i^2 \tag{6.1.23}$$

그러면 (6.1.22)식은 다음과 같이 나타낼 수 있다.

$$Y_i = \alpha + \beta X_i + \gamma X_i^* + u_i \tag{6.1.24}$$

(6.1.24)모형은 Y_i를 X_i와 X_i^*에 회귀한 표준적 선형모형이므로 최소자승법을 적용하여 파라메터를 추정할 수 있다.

(6.1.24)식에서 Y_i는 2개의 설명변수 X_i와 X_i^*에 회귀하고 있다. 이때 X_i와 X_i^*는 $X_i^2 = X_i^*$라는 함수관계를 가진다. 그러므로 이 모형을 추정할 때 설명변수를 사이가 선형관계일 때 발생하는 다중공선성의 문제를 제기할 수 있다. 그러나 결론적으로 말하면 X_i와 X_i^*는 함수관계이지만 선형관계는 아니므로 다중공선성의 문제는 발생하지 않는다. 다중공선성에 관해서는 제7장에서 다룬다.

지금까지 비선형모형으로서 일반적으로 많이 이용되는 3가지 모형에 대해서 살펴보았다. 모형이 표준적인 선형모형이 아니라 하더라도 그것이 변수에 관해서 비선형인 경우에는 변수를 변환하여 표준형으로 변환이 가능하면 그때 최소자승법을 적용하는 방법을 검토하였다. 여기에서 다루지 못한 비선형모형에 대해서도 그러한 절차에 의해서 최소자승법을 적용할 수 있을 것이다.

6.2 F검정

일반적으로 F검정은 복수의 가설로 구성된 귀무가설을 검정하기 때문에 여러 유형의 결합가설을 만들어 검정할 수 있다. F검정의 기본적 발상은 제약된 모형과 제약되지 않는 모형의 잔차의 자승합을 비교함으로써 검정하는 방법에 있다. 여기서는 F검정에 대한 주요한 몇 가지 유형에 대해서 살펴보기로 한다.

6.2.1 일부의 편회귀계수가 0인 귀무가설의 검정

정수항과 k개의 설명변수로 구성된 다음과 같은 다중회귀모형을 생각하자.

$$Y_i = \beta_0 + \beta_1 X_{1i} + \beta_2 X_{2i} + \cdots + \beta_k X_{ki} + u_i \quad (i = 1,\ 2,\ \cdots,\ n) \tag{6.2.1}$$

(6.2.1)식에서 k개의 설명변수 중에서 최초의 $q(q < k)$개의 설명변수의 편회귀계수가 0이라는 제약을 부과하면, 귀무가설(H_0)과 대립가설(H_1)은 다음과 같이 주어진다.

$$H_0 : \beta_1 = \beta_2 = \cdots = \beta_q = 0 \qquad (q\text{개의 제약}) \tag{6.2.2}$$

$$H_1 : \text{모두는 0이 아니다.} \tag{6.2.3}$$

대립가설(H_1)의 '모두는 0이 아니다'는 q개의 $\beta_1, \beta_2, \cdots, \beta_q$의 모두가 0이 아니라는 의미가 아니고, 이들 중에서 0이 아닌 것이 적어도 하나 존재한다는 의미이다. 어떤 것이 0이 아닌지는 알 수 없다.

만약 귀무가설이 진이면 (6.2.1)식의 모형은 다음과 같이 정수항 β_0와 $(k-q)$개의 설명변수로 구성된 모형이 된다.

$$Y_i = \beta_0 + \beta_{q+1} X_{q+1,i} + \cdots + \beta_k X_{ki} + u_i \tag{6.2.4}$$

귀무가설의 제약이 부과된 (6.2.4)식을 제약된 모형(restricted model)이라 하고, 원래의 (6.2.1)식을 제약되지 않는 모형(unrestricted model)이라 한다. 이것은 대립가설을 의미한다.

F검정의 기본적인 방법은 제약된 모형과 제약되지 않는 모형을 각각 추정하여, 각각의 잔차의 자승합을 구하여 이들을 비교함으로써 검정하게 된다.

지금 제약된 모형의 잔차의 자승합을 RSS_R이라 하고 제약되지 않는 모형의 잔차의 자승합을 RSS_{UR}이라 하면 F통계량은 다음과 같이 정의된다.

$$F = \frac{(RSS_R - RSS_{UR})/q}{RSS_{UR}/(n-k-1)} \tag{6.2.5}$$

여기서

RSS_R : 제약된 모형 (6.2.4)의 잔차의 자승합

RSS_{UR} : 제약되지 않는 모형 (6.2.1)의 잔차의 자승합

q : 제약의 수

n : 표본수

k : 제약되지 않는 모형의 설명변수의 수(정수항은 제외)

이 F통계량은 자유도 q와 $(n-k-1)$의 F분포에 따른다. 유의수준을 5%라 하였을 때, F분포를 이용한 검정은 다음과 같이 실시한다.

(1) $F > F_{(q,\ n-k-1;\ 0.05)}$ 이면, 유의수준 5%에서 H_0를 기각한다.

(2) $F \leq F_{(q,\ n-k-1;\ 0.05)}$ 이면, 유의수준 5%에서 H_0를 기각할 수 없다. 즉 H_0를 채택하게 된다.

여기서 $F_{(q,\ n-k-1;\ 0.05)}$는 임계점으로 F분포로부터 구한 자유도 $(q,\ n-k-1)$의 F분포의 오른쪽 5% 점이다.

한편 F통계량의 정의식으로부터 F통계량의 값을 결정하는 요인에 대해서 다음과 같이 언급할 수 있다.

제약된 모형은 제약되지 않는 모형에 비하여 설명변수가 적다. 그러므로 항상 $RSS_R \geq RSS_{UR}$가 된다. 이런 관계로 F통계량은 양수가 된다. 만약 귀무가설이 진이면 제약을 부과한 것이 큰 영향을 미치지 못하므로 RSS_R과 RSS_{UR}의 차이는 크지 않으며, 그 결과 F값도 크지 않다. 그러나 귀무가설이 진이 아니면 제약이 부과된 모형은 잘못 설정된 모형이 되기 때문에 제외된 설명변수의 영향으로 RSS_R과 RSS_{UR}의 차이는 크며, F통계량도 큰 값을 갖는다. 결국 $RSS_R - RSS_{UR}$의 크기가 귀무가설이 진인지 아닌지를 판정하는 기준이 되는 것이다.

6.2.2 모든 편회귀계수가 0인 귀무가설의 검정

(6.2.1)식에서 k개의 설명변수의 모든 편회귀계수가 0이라는 제약을 부과한 귀무가설(H_0)은 다음과 같이 주어진다.

$$H_0: \beta_1 = \beta_2 = \cdots = \beta_k = 0 \qquad (k\text{개의 제약})$$
$$H_1: \text{모두는 } 0\text{이 아니다} \tag{6.2.6}$$

이 귀무가설은 k개의 모든 설명변수 X_i가 Y_i에 영향을 주지 못한다는 것을 의미한다. 만약 귀무가설이 진이면 (6.2.1)식은 다음과 같이 되어 회귀식은 통계적으로 의미가 없는 모형이 될 것이다.

$$Y_i = \beta_0 + u_i \tag{6.2.7}$$

그런데 (6.2.7)식에 최소자승법을 적용하면 $\hat{\beta}_0 = \overline{Y}$가 되는 것을 알 수 있다. 그러므로 제약식의 잔차를 $\hat{u}_{Ri}$이라 하면

$$\hat{u}_{Ri} = Y_i - \overline{Y} = y_i \tag{6.2.8}$$

가 되며, 제약식의 잔차의 자승합($\sum \hat{u}_{R_i}^2$)은 제약되지 않는 식의 전체변동($\sum y_{URi}^2$)과 같게 된다. 즉 $RSS_R = \sum \hat{u}_{Ri}^2 = \sum y_{URi}^2$가 된다.

그러므로

$$RSS_R - RSS_{UR} = \sum y_{URi}^2 - \left(\sum y_{URi}^2 - \sum \hat{y}_{URi}^2\right)$$

$$= \sum \hat{y}_{URi}^{2} = ESS_{UR} \tag{6.2.9}$$

로 나타낼 수 있다. ESS_{UR}은 제약되지 않는 식의 회귀변동이다. 따라서 검정통계량 F는 다중회귀분석의 분산분석에서 구한 바와 같이, 이 경우는 제약되지 않는 회귀식의 통계량만으로 나타낼 수 있다.

$$\begin{aligned} F &= \frac{(RSS_R - RSS_{UR})/k}{RSS_{UR}/(n-k-1)} \\ &= \frac{ESS_{UR}/k}{RSS_{UR}/(n-k-1)} \end{aligned} \tag{6.2.10}$$

이 F통계량은 자유도 $(k, n-k-1)$의 F분포에 따른다.

한편 모든 편회귀계수가 0인 귀무가설의 경우는, F통계량을 제약되지 않는 회귀식의 결정계수 R^2을 사용하여 나타낼 수도 있다.

$$F = \frac{R_{UR}^2/k}{(1-R_{UR}^2)/(n-k-1)} \tag{6.2.11}$$

여기서 R_{UR}^2은 제약되지 않는 회귀식의 결정계수 R^2이다.

6.2.3 선형제약의 검정

선형제약이 주어졌을 때의 검정을 위해서, 다음과 같은 $k=3$의 모형을 생각해 보자.

$$Y_i = \beta_0 + \beta_1 X_{1i} + \beta_2 X_{2i} + \beta_3 X_{3i} + u_i \qquad (i = 1,\ 2, \cdots,\ n) \tag{6.2.12}$$

여기서 다음과 같은 두 편회귀계수의 선형제약을 귀무가설(H_0)로 두기로 한다.

$$H_0 : \beta_1 + 2\beta_2 = 1 \qquad \text{(1개의 제약)} \tag{6.2.13}$$

H_1 : 그렇지 않다

대립가설(H_1)의 '그렇지 않다'는 $\beta_1 + 2\beta_2 \neq 1$이라는 의미이다.

H_0의 선형제약은 $\beta_1 = 1 - 2\beta_2$로 나타낼 수 있는데, 이것을 제약되지 않는 모형 (6.2.12)식에 대입하면 다음 식이 된다.

$$Y_i = \beta_0 + (1 - 2\beta_2) X_{1i} + \beta_2 X_{2i} + \beta_3 X_{3i} + u_i \tag{6.2.14}$$

이것을 정리하면 (6.2.15)식이 되고

$$Y_i - X_{1i} = \beta_0 + \beta_2 (X_{2i} - 2X_{1i}) + \beta_3 X_{3i} + u_i \tag{6.2.15}$$

최종적으로는 다음 식이 된다.

$$Y_i^* = \beta_0 + \beta_2 X_i^* + \beta_3 X_{3i} + u_i \tag{6.2.16}$$

(6.2.16)식에서

$$Y_i^* = Y_i - X_{1i}, \quad X_i^* = X_{2i} - 2X_{1i} \tag{6.2.17}$$

이다.

선형제약조건 $\beta_1 + 2\beta_2 = 1$이 성립할 수 있는지를 검정하기 위해서는 제약된 (6.2.16)식을 추정하여 RSS_R를 구하고, 제약되지 않는 (6.2.12)식을 추정하여 RSS_{UR}를 구한다. 여기서 제약은 1개이며 $k=3$이므로, 제약되지 않는 RSS_{UR}의 자유도는 $n-3-1=n-4$가 된다. 그러면 다음의 검정통계량이 계산된다.

$$F = \frac{(RSS_R - RSS_{UR})/1}{RSS_{UR}/(n-4)} \tag{6.2.18}$$

이 F통계량은 자유도 $(1,\ n-4)$의 F분포에 따른다.

이 검정 방법을 일반화하기 위해서, 제약되지 않는 식을 설명변수가 k인 (6.2.1)식이라 하고 제약의 수를 q라 하자. 그러면 통계량은 다음과 같다.

$$F = \frac{(RSS_R - RSS_{UR})/q}{RSS_{UR}/(n-k-1)} \tag{6.2.19}$$

이때의 F통계량은 자유도 $(q,\ n-k-1)$의 F분포에 따른다.

6.2.4 구조변화의 검정

두 기간 사이에 구조변화가 발생하였는지를 F검정으로 실시할 수 있다. 예를 들면 우리나라의 경제구조가 1997년의 외환위기를 기점으로 그 이전 기간과 그 이후 기간 간에 구조가 변하였는가를 검정해 볼 수 있다는 것이다.

지금 정수항과 설명변수가 k개인 모형을 설정하고, 기간이 다른 두 자료의 표본세트를 가지는 경우를 생각하자.

$$Y_i = \alpha_1 + \beta_{11}X_{1i} + \beta_{12}X_{2i} + \cdots + \beta_{1k}X_{ki} + u_i \quad (i = 1,\ 2, \cdots,\ n_1) \tag{6.2.20}$$

$$Y_i = \alpha_2 + \beta_{21}X_{1i} + \beta_{22}X_{2i} + \cdots + \beta_{2k}X_{ki} + u_i \quad (i = n_1 + 1, n+2, \cdots,\ n) \tag{6.2.21}$$

β_{ij}에서 i는 제1, 2표본을 나타내고 j는 변수를 나타낸다. 두 기간의 표본의 크기 n_1과 $n_2(=n-n_1)$는 반드시 같을 필요는 없다.

여기에서 문제는 두 기간(표본) 사이에 구조적인 변화(파라메터의 안정성)가 발생하였는지를 검정하려는 것이다. 두 표본기간 사이에 구조변화가 발생하지 않았다는 것을 귀무가설(H_0)로 설정하면 다음과 같이 나타낼 수 있다.

$$H_0 : \beta_{11} = \beta_{21,} \beta_{12} = \beta_{22}, \cdots, \beta_{1k} = \beta_{2k}, \alpha_1 = \alpha_2 \ \ ((k+1)\text{개의 제약}) \tag{6.2.22}$$

$$H_1 : \text{그렇지 않다} \tag{6.2.23}$$

만약 귀무가설이 진이면 두 표본기간을 하나의 표본기간으로 합하여 회귀식을 추정할 수 있다.

$$Y_i = \alpha + \beta_1 X_{1i} + \beta_2 X_{2i} + \cdots + \beta_k X_{ki} + u_i \quad (i = 1,\ 2, \cdots,\ n) \tag{6.2.24}$$

이 회귀식 (6.2.24)을 추정한 잔차의 자승합은 H_0의 제약하에 구한 것이므로 RSS_R이며, 이때의 자유도는 $(n-k-1)$이다.

한편 (6.2.20)식과 (6.2.21)식 각각을 추정하여 구한 잔차의 자승합을 각각 RSS_1, RSS_2라 하면, 자유도는 각각 (n_1-k-1), (n_2-k-1)이 될 것이다. 이 RSS_1, RSS_2는 제약을 부과하지 않는 회귀식의 잔차의 자승합이므로 $RSS_1+RSS_2=RSS_{UR}$은 제약되지 않는 잔차의 자승합이 되는 것이 알려져 있다. 그리고 그때의 자유도는 $(n-2k-2)$가 된다.

이 경우의 F통계량은 다음과 같으며, 자유도 $(k+1,\ (n-2k-2))$의 F분포에 따른다.

$$
\begin{aligned}
F &= \frac{(RSS_R - RSS_{UR})/(k+1)}{RSS_{UR}/(n-2k-2)} \\
&= \frac{[RSS_R-(RSS_1+RSS_2)]/(k+1)}{(RSS_1+RSS_2)/(n-2k-2)} \qquad (6.2.25)
\end{aligned}
$$

만약 (6.2.25)의 F값이 선정된 유의수준에서의 F임계치보다 크다면, 귀무가설을 기각하게 된다. 즉 (6.2.20)식과 (6.2.21)식이 같지 않으며, 두 기간 사이에 구조적 변화가 발생하였다는 것이다. 이 검정은 구조적 안정성에 대한 초우(*Chow*)검정으로 알려져 있다.

6.3 최우추정법

회귀모형의 모수를 추정하는 방법에는 최소자승법 이외에도 많은 추정 방법이 있다. 그중에서 가장 잘 알려진 최우추정법에 대해서 살펴보기로 한다.

6.3.1 최우추정법의 원리

(6.3.1)식의 단순회귀모형에서 파라메터 α, β, σ^2의 최우추정량을 구하는 방법을 생각해 보기로 한다.

$$Y_i = \alpha + \beta X_i + u_i \qquad (i = 1,\ 2,\ \ldots,\ n) \tag{6.3.1}$$

여기서 각각의 Y_i는 평균 $\alpha + \beta X_i$와 분산 σ^2을 가지며 정규분포를 한다고 가정하면, 즉 $Y_i \sim N(\alpha + \beta X_i,\ \sigma^2)$이면, 각각의 밀도함수(density function)는 다음과 같다.

$$P(Y_i \mid \alpha, \beta, \sigma^2) = \frac{1}{\sqrt{2\pi\sigma^2}} exp\left[-\frac{1}{2\sigma^2}(Y_i - \alpha - \beta X_i)^2\right] \tag{6.3.2}$$

그러므로 주어진 α, β, σ^2에서, 이들의 n개의 표본인 $Y_1, Y_2, \cdots, Y_n$가 동시에 추출되는 결합밀도함수(joint density function)는, Y_i가 서로 독립이라는 가정하에 각각의 밀도함수의 곱으로 나타낼 수 있다.

$$\begin{aligned} P(Y_1, Y_2, \cdots, Y_n \mid \alpha, \beta, \sigma^2) &= P(Y_1)P(Y_2)\cdots P(Y_n) \\ &= \left[\frac{1}{\sqrt{2\pi\sigma^2}}\right]^n \exp\left[-\frac{1}{2\sigma^2}\sum_{i=1}^{n}(Y_i - \alpha - \beta X_i)^2\right] \end{aligned} \tag{6.3.3}$$

관점을 바꾸어, (6.3.3)식에서 표본관측치 $Y_1, Y_2, \cdots, Y_n$가 주어졌을 때, 파라메터 α, β, σ^2을 변수로 생각하는 우도함수(likelihood function)로 변환하면

$$L(\alpha, \beta, \sigma^2 \mid Y_1, Y_2, \cdots, Y_n) = \left[\frac{1}{\sqrt{2\pi\sigma^2}}\right]^n \exp\left[-\frac{1}{2\sigma^2}\sum_{i=1}^{n}(Y_i - \alpha - \beta X_i)^2\right] \qquad (6.3.4)$$

로 나타낼 수 있다. 즉, 우도함수 L은 미지의 파라메터 α, β, σ^2의 함수가 되며, $(\alpha, \beta, \sigma^2)$의 한 쌍의 조합에 따라서 우도의 크기 L이 결정된다.

여기서 α, β, σ^2을 구하는 최우추정법이란, 우도함수 L을 최대로 하는 α, β, σ^2을 구하는 문제가 된다. 이를 위해서는 미지의 세 파라메터 각각에 대해서 우도함수를 편미분하여 0으로 두고 연립방정식을 푼다. 그런데 최우추정량을 구하는 통상의 방법은, 우도함수에 자연대수를 취한 대수우도함수 $\ln L$을 각각의 파라메터로 편미분하여 0으로 둔다. 즉, 우도함수 (6.3.4)식에 자연대수를 취하면

$$\ln L(\alpha, \beta, \sigma^2 \mid Y_1, Y_2, \cdots, Y_n) = -\frac{n}{2}\ln 2\pi - \frac{n}{2}\ln\sigma^2 - \frac{1}{2\sigma^2}\sum_{i=1}^{n}(Y_i - \alpha - \beta X_i)^2 \qquad (6.3.5)$$

이 되고, 이 식에서 각각의 파라메터에 대해서 (6.3.6)식과 같이 편미분하여 0으로 두어서 최우추정량을 얻는다.

$$\frac{\partial\,(\ln L)}{\partial\,\alpha}=0, \quad \frac{\partial\,(\ln L)}{\partial\,\beta}=0, \quad \frac{\partial\,(\ln L)}{\partial\,\sigma^2}=0 \qquad (6.3.6)$$

6.3.2 최우추정량

최우추정량을 얻기 위해서 (6.3.6)식을 구체적으로 나타내면 다음과 같다.

$$\frac{\partial(\ln L)}{\partial\alpha}=-\frac{1}{\sigma^2}\sum_{i=1}^{n}(Y_i-\alpha-\beta X_i)(-1)=0 \qquad (6.3.7)$$

$$\frac{\partial(\ln L)}{\partial\beta}=-\frac{1}{\sigma^2}\sum_{i=1}^{n}(Y_i-\alpha-\beta X_i)(-X_i)=0 \qquad (6.3.8)$$

$$\frac{\partial(\ln L)}{\partial\sigma^2}=-\frac{n}{2\sigma^2}+\frac{1}{2\sigma^4}\sum_{i=1}^{n}(Y_i-\alpha-\beta X_i)^2=0 \qquad (6.3.9)$$

한편 최우추정량을 α^*, β^*, σ^{*2}로 나타내면, (6.3.7), (6.3.8), (6.3.9)식의 결과는

$$\frac{1}{\sigma^{*2}}\sum_{i=1}^{n}(Y_i-\alpha^*-\beta^* X_i)=0 \qquad (6.3.10)$$

$$\frac{1}{\sigma^{*2}}\sum_{i=1}^{n}(Y_i-\alpha^*-\beta^* X_i)(X_i)=0 \qquad (6.3.11)$$

$$-\frac{n}{2\sigma^{*2}}+\frac{1}{2\sigma^{*4}}\sum_{i=1}^{n}(Y_i-\alpha^*-\beta^* X_i)^2=0 \qquad (6.3.12)$$

이다. (6.3.10), (6.3.11)식을 다시 정리하면

$$\sum_{i=1}^{n} Y_i = n\alpha^* + \beta^* \sum_{i=1}^{n} X_i \qquad (6.3.13)$$

$$\sum_{i=1}^{n} X_i Y_i = \alpha^* \sum_{i=1}^{n} X_i + \beta^* \sum_{i=1}^{n} X_i^2 \qquad (6.3.14)$$

을 얻을 수 있는데, 이것은 제3장의 단순회귀모형에서 구한 최소자승추정법의 정규방정식임을 알 수 있다. 그러므로 최우추정량 α^*, β^*는 최소자승추정량 $\hat{\alpha}$, $\hat{\beta}$와 같다. 따라서 (6.3.12)식은, 최소자승추정량 $\hat{\alpha}$, $\hat{\beta}$를 이용하면, 최소자승추정법의 잔차를 사용하여 나타낼 수 있다.

$$\begin{aligned} \sigma^{*2} &= \frac{1}{n}\sum_{i=1}^{n}(Y_i - \alpha^* - \beta^* X_i)^2 = 0 \\ &= \frac{1}{n}\sum_{i=1}^{n}(Y_i - \hat{\alpha} - \hat{\beta} X_i)^2 = 0 \\ &= \frac{1}{n}\sum_{i=1}^{n}\hat{u}_i^2 \end{aligned} \qquad (6.3.15)$$

(6.3.15)식을 보면 최우추정량 σ^{*2}은 최소자승추정량 $\hat{\sigma}^2$

$$\hat{\sigma}^2 = \frac{1}{n-2}\sum_{i=1}^{n}\hat{u}_i^2 \qquad (6.3.15)$$

과는 다르다는 것을 알 수 있다. 그러므로 $\hat{\sigma}^2$이 모분산 σ^2의 불편추정량이기 때문에, σ^{*2}은 모분산 σ^2의 불편추정량이 아니다. 그러나 최우추정량 σ^{*2}은 표본의 크기가 점점 커져서 무한대에 접근하면 점근적으

로 불편추정량이 되며, 또한 일치추정량이 된다.

6.4 예제 6

6.4.1 비선형회귀모형

회귀모형이 비선형일 때에는 적절한 방법으로 선형회귀모형으로 변환시키고 최소자승법을 적용한다. 여기에서는 다음과 같은 생산함수를 예로 들기로 한다.

$$Q_i = AL_i^{\alpha} K_i^{\beta} e^{u_i} \qquad (6.4.1)$$

여기서 Q=생산량,
L=노동투입,
K=자본투입,
u=오차항,
e=자연대수의 밑수이다.

그리고 A, α, β는 파라메터이다.

(6.4.1)식의 콥-더글러스 생산함수는 변수에 관해서도, 파라메터(모수)에 관해서도 비선형이다. 이런 경우에는 변수에 자연대수를 취하여 변환한다. 그러면 변수들의 곱은 합의 형태가, 지수로 되어 있는 파라메터는 변수에 곱한 형태가 된다. (6.4.2)식은 (6.4.1)식을 대수 변환한 것이다.

$$\ln Q_i = \ln A + \alpha \ln L_i + \beta \ln K_i + u_i \qquad (6.4.2)$$

(6.4.2)식에서 A는 상수이므로 $\ln A$도 상수이다. 그러므로 $a=\ln A$로 두면

$$\ln Q_i = a + \alpha \ln L_i + \beta \ln K_i + u_i \qquad (6.4.3)$$

이 된다. 이 식은 $\ln Q_i$를 $\ln L_i$과 $\ln K_i$에 회귀하여 추정할 수 있다. <표 6.1>은 이 생산함수를 추정하기 위해서 나타낸 가상적인 자료이다. 생산량, 노동투입, 자본투입은 2005년을 기준으로 지수화되어 있다. 이 자료를 이용하여 추정한 결과는 다음과 같다.

$$\begin{aligned} \widehat{\ln Q_i} &= -2.7358 + 0.9377\ln L_i + 0.6611\ln K_i \quad \overline{R^2} = 0.9906 \quad (6.4.4) \\ se &= (2.8783) \quad (0.9102) \quad (0.2904) \quad df = 7 \\ t &= (-0.9505) \quad (1.0302) \quad (2.2767) \end{aligned}$$

여기서 se는 표본표준오차, t는 t통계량이다.

대수변환된 로그-선형회귀모형에서 각 설명변수의 계수는 해당변수에 관한 종속변수의 편탄력성을 나타낸다. 추정결과를 보면 노동과 자본의 편생산탄력성이 각각 0.9377과 0.6611인 것을 알 수 있다. 이것은 자본을 일정하게 유지하면서 노동투입을 1% 증가시켰을 때, 생산이 평균적으로 약 0.94% 증가하는 것을 의미하고, 노동을 일정하게 유지하면서 자본투입을 1% 증가시켰을 때 생산이 약 0.66% 증가하는 것을 의미한다. 그리고 두 탄력성을 합하면 1.5988이다. 이것은 규모에 대한 수익체증의 생산구조를 가지고 있음을 나타낸다.

추정결과를 통계적 측면에서 보면, 결정계수가 높은데도 불구하고 개별 계수의 t값이 작게 나타나 있다. 이것은 제7장에서 배우게 될 다중공선성의 가능성을 나타낸다고 하겠다.

연도	Q	L	K
2001	71.4	87.9	64.5
2002	76.0	92.7	74.3
2003	84.0	96.4	83.4
2004	95.5	98.2	91.3
2005	100.0	100.0	100.0
2006	110.1	102.4	106.9
2007	125.0	108.9	119.9
2008	143.0	113.5	135.0
2009	160.0	117.0	155.5
2010	176.7	120.1	177.8

〈표 6.1〉

6.4.2 F검정

6.2.2에서 살펴본 '모든 편회귀계수가 0인 귀무가설의 검정'에 대해서 생각해 보기로 한다. 제5장의 예제 5에서 검토한 (5.5.1)모형을 다시 나타내면 다음과 같다.

$$Y_i = \alpha + \beta X_i + \gamma Z_i + u_i \tag{6.4.5}$$

여기서 Y_i =곡물생산량, X=비료투입량, Z=농약투입량이다. (6.4.5)식에서 모든 편회귀계수가 0인 귀무가설(H_0)

$$H_0 : \beta = \gamma = 0 \tag{6.4.6}$$

이 진일 때, 제약된 회귀모형은 다음 식이 된다.

$$Y_i = \alpha + u_i \tag{6.4.7}$$

그리고 제약되지 않는 회귀식은 (6.4.5)식이 된다. 두 식에 OLS를 적용하면 각각 다음과 같다.

제약되지 않는 식 :

$$\hat{Y}_i = 33.5899 + 0.6421X_i + 0.6367Z_i \quad R^2_{UR} = 0.9946 \tag{6.4.8}$$

$$se = (0.7898) \quad (0.1847) \quad (0.2271) \quad RSS_{UR} = 17.6625$$

$$t = (42.5254) \quad (3.4760) \quad (2.8032) \quad df = 12$$

제약된 식 :

$$\hat{Y}_i = 61.4 \qquad R^2_R = 0.0 \tag{6.4.9}$$

$$se = (3.9410) \qquad RSS_R = 3261.6$$

$$t = (15.5798) \qquad df = 14$$

귀무가설을 검정하기 위한 F통계량은 (6.2.10)식으로 다음과 같다.

$$F = \frac{(RSS_R - RSS_{UR})/k}{RSS_{UR}/(n-k-1)} \tag{6.4.10}$$

여기서 $\beta=0$, $\gamma=0$의 두 제약을 포함하므로 $k=2$이다. 그리고 $n=15$이므로 분모의 자유도는 $df=n-k-1=12$이다. 여기에 $RSS_R=3261.6$, $RSS_{UR}=17.6625$를 (6.4.10)에 대입하면

$$F_0 = \frac{(3261.6 - 17.6625)/2}{17.6625/12} = 1101.9742 \qquad (6.4.11)$$

이다. 여기서 계산된 F_0값은 1% 유의수준에서도 귀무가설을 기각한다. 즉 곡물생산량은 비료투입량과 농약투입량에 의존한다는 것이다. 그런데 정수항을 제외한 모든 회귀계수가 0인 귀무가설의 검정은, 제5장의 예에서 보았듯이, 제약되지 않는 식만으로 F통계량을 작성할 수 있으며, 그 과정이 분산분석표를 작성하여 검정하는 방법이다. 한편 이런 경우는 제약되지 않는 회귀식의 결정계수 R_{UR}^2 만으로도 F통계량을 작성하여 검정할 수 있다.

$$F = \frac{R_{UR}^2/k}{(1 - R_{UR}^2)/(n-k-1)} \qquad (6.4.12)$$

(6.4.8)식의 $R_{UR}^2 = 0.9946$을 (6.4.12)에 대입하면,

$$F_0 = \frac{0.9946/2}{(1 - 0.9946)/12} = 1101.9742 \qquad (6.4.13)$$

제약되지 않는 회귀식의 결정계수만으로 작성한 (6.4.12)식의 F통계량 값은 (6.4.11)의 F통계량과 같은 것을 알 수 있다. 그러므로 검정결과도 같다.

연습문제 6 Exercise

[1] (6.4.1)식의 생산함수

$$Q_i = AL_i^{\alpha} K_i^{\beta} e^{u_i} \tag{6.5.1}$$

와 <표 6.1>의 자료를 이용하여 H_0 : $\alpha+\beta=1$의 가설을 검정하려고 한다. 여기서 Q=생산량, L=노동투입, K=자본투입이다.

(1) 다음의 제약되지 않는 식

$$\ln Q_i = a + \alpha \ln L_i + \beta \ln K_i + u_i \tag{6.5.2}$$

을 추정하여 잔차의 자승합(RSS_{UR})과 자유도(df_{UR})를 구하라.

(2) 다음의 제약식

$$\ln(Q_i/L_i) = a + \beta(\ln K_i/L_i) + u_i \tag{6.5.3}$$

을 추정하여 잔차의 자승합(RSS_R)과 자유도(df_R)를 구하라.

(3) (6.2.19)의 F통계량

$$F = \frac{(RSS_R - RSS_{UR})/q}{RSS_{UR}/(n-k-1)} \tag{6.2.19}$$

을 구하여 다음의 귀무가설을 검정하라.

$$H_0 : \alpha+\beta=1 \tag{6.5.4}$$
H_1 : 그렇지 않다

[2] 제9장의 (9.5.1)식의 소비함수

$$C_t=\alpha+\beta Y_t+u_t \tag{6.5.5}$$

와 <표 9.1>을 사용하여 다음의 두 기간 사이의 구조변화를 검정하려고 한다. 여기서 C_t는 소비지출, Y_t는 가처분소득이다.

제1기 : 1995년 1사분기 ~ 2004년 4사분기
제2기 : 2005년 1사분기 ~ 2008년 4사분기

(1) 제약된 회귀식(전체기간)을 추정하여 잔차의 자승합(RSS_R)을 구하라.

(2) 제1기의 기간을 추정하여 잔차의 자승합(RSS_1)과 자유도(df_1)를 구하라.

(3) 제2기의 기간을 추정하여 잔차의 자승합(RSS_2)과 자유도(df_2)를 구하라.

(4) 제1기와 제2기 사이에 경제(소비)구조가 변하였는지를 (6.2.25)식의 F통계량

$$F=\frac{[RSS_R-(RSS_1+RSS_2)]/(k+1)}{(RSS_1+RSS_2)/(n-2k-2)} \tag{6.2.25}$$

을 구하여 검정하라.

제7장 다중공선성

다중회귀모형은 복수의 설명변수를 가진다. 일반적으로 설명변수가 추가되면 모형의 적합도는 개선될 가능성이 높다. 그러나 문제도 발생하는데, 그것은 설명변수들 사이에 높은 상관이 있을 때 다중공선성(multicollinearity)의 문제가 발생하기 때문이다.

제5장에서 3변수의 다중회귀모형 (5.1.1)식을 설정할 때, 두 설명변수 X와 Z는 공선성이 존재하지 않는다는 가정을 두었다. 다중공선성은 이 가정이 성립하지 않는 경우이다.

이 장에서는 다음의 문제들을 순차적으로 살펴본다.

(1) 다중공선성은 어떤 성질인가?

(2) 다중공선성이 있을 때 어떤 결과가 발생하는가?

(3) 다중공선성을 어떻게 탐지하는가?

(4) 다중공선성이 있을 때 어떻게 개선할 것인가?

7.1 다중공선성이란

7.1.1 다중공선성의 정의 및 문제의 본질

다중공선성은 설명변수들 사이에 선형관계가 존재한다는 것을 의미한다.

지금 k개의 설명변수(정수항을 포함) $X_1, X_2, \cdots, X_k$를 n개의 표본관측치를 성분으로 가지는 벡터로 나타내었을 때, 이들의 1차결합이 영벡터(0)가 되는 관계를 다음과 같이 나타내기로 한다.

$$\lambda_1 X_1 + \lambda_2 X_2 + \cdots + \lambda_k X_k = 0 \tag{7.1.1}$$

여기서 λ_i는 임의의 실수이며 X_1는 모든 성분이 1로 구성된 벡터로서 정수항을 나타낸다.

(7.1.1)식이 성립하는 데 있어서 만약 k개의 λ_i 중에서 0이 아닌 것이 적어도 하나 존재한다면, k개의 벡터들은 1차종속이 되며 이들 사이에 선형관계가 존재하게 된다. 이 경우 (7.1.1)식을 0이 아닌 λ_i로 양변을 나누면 X_i벡터는 다른 벡터들의 1차결합이 된다.

지금 만약 $\lambda_2 \neq 0$이라 하여 양변을 λ_2로 나누어 재정리하면

$$X_2 = -\frac{\lambda_1}{\lambda_2} X_1 - \frac{\lambda_3}{\lambda_2} X_3 - \cdots - \frac{\lambda_k}{\lambda_2} X_k \tag{7.1.2}$$

가 되어 X_2를 다른 벡터들의 1차결합으로 나타낼 수 있으므로, 완전한

선형관계가 성립하게 된다. 이러한 현상은 두 벡터가 같거나(예를 들어 $X_2 = X_5$), 벡터 사이에 비율관계가 존재하거나(예를 들어 $X_3 = 2X_2$), 또는 한 벡터가 다른 벡터들의 1차결합(예를 들어 $X_4 = 2X_1 + X_2$)으로 나타낼 수 있을 때 발생한다.

설명변수들이 이와 같이 1차종속으로 선형관계를 가질 때 다중회귀모형은 완전한 다중공선성(perfect multicollinearity)이 존재하게 된다. 이 경우에 파라메터의 추정치는 정하여지지 않으며, 추정치의 분산은 무한대가 된다. 실제로는 이와 같은 완전한 다중공선성은 존재하기 어려우며, 완전한 다중공선성에 접근하는 경우가 대부분이다. 이것을 근사적 다중공선성 또는 그냥 다중공선성이라 한다.

(근사적) 다중공선성을 (7.1.1)식에서 설명하자면, 0이 아닌 λ_i가 존재하지는 않지만 영벡터에 가까운 새로운 벡터 X_0를 (7.1.1)식에 추가하면,

$$\lambda_1 X_1 + \lambda_2 X_2 + \cdots + \lambda_k X_k + \lambda_0 X_0 = 0 \qquad (7.1.3)$$

에서 0이 아닌 λ_i가 존재하는 경우가 된다. 이때는 파라메터의 추정치가 정해지기는 하지만 매우 불안정하며, 추정치의 분산도 매우 큰 값을 갖게 되어 통계적으로 유의한 추정치를 구하지 못할 가능성이 높아지는 등 여러 문제가 발생한다.

이상과 같이 다중공선성이란 회귀모형의 설명변수들 사이에 일부 또는 전부가 대단히 높은 상관관계에 있어서 공선관계가 발생하기 때문에, 각각의 변수의 영향력을 분리하여 계측하는 것이 불가능하거나(완전한 다중공선성의 경우) 또는 대단히 어렵워지는 문제라고 할 수 있다.

7.1.2 다중공선성의 기하학적 해석

설명변수들 간의 상관이 있는 다중공선성의 문제에 관해서, 3변수모형

$$Y_i = \alpha + \beta X_i + \gamma Z_i + u_i \qquad (i = 1, 2, \cdots, n) \tag{7.1.4}$$

에서 그림을 사용하여 설명하기로 한다.

<그림 7.1>의 (A)는 설명변수 X와 Z 사이에 $X_i = a + bZ_i$와 같이 1차식의 관계가 있는 경우를 나타낸 것이다. 여기서 a, b는 상수이며, b는 0이 아니다. 이 경우는 X와 Z의 상관계수가 1이 되며 완전한 다중공선성의 경우가 된다.

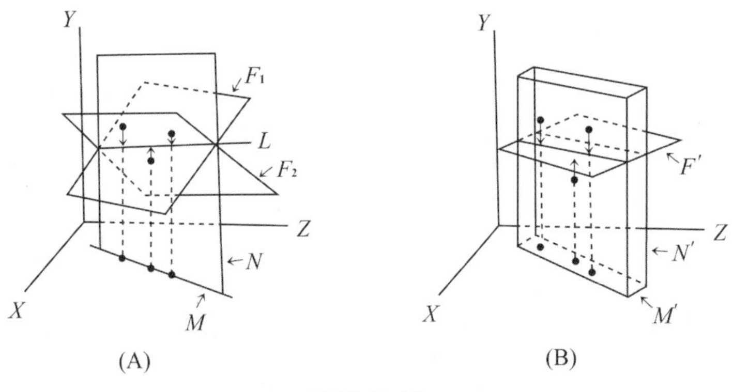

〈그림 7.1〉

이 경우의 X와 Z의 값은 XZ평면상에 있는 직선 M($X_i = a + bZ_i$의 관계를 나타낸다)의 위에 놓이게 된다. 이 X와 Z의 쌍인 $(X_i,\ Z_i)$에 대한 종속변수 Y_i의 값은 XZ평면과 수직인 폭이 없는 N평면에 놓인다.

(7.1.4)식에서 최소자승추정은 잔차의 자승합이 최소가 되는 평면을

구하는 문제가 된다. 그런데 <그림 7.1>의 (A)와 같은 완전한 다중공선성의 경우는 평면이 아니라 차원이 하나 낮은 직선 L을 구하는 문제가 된다. 즉 그림에서는 직선 L을 포함하는 평면 F_1이나 F_2는 모두 최량의 평면이 되는 것이다. 다른 말로 표현하면, 직선 L을 포함하는 모든 평면은 잔차의 자승합을 최소로 하는 최량의 평면이 되고, 이것은 추정치 $\hat{\beta}$와 $\hat{\gamma}$이 정하여지지 않는 것을 의미한다. 그러므로 추정치의 분산은 무한대가 되는 것이다.

<그림 7.1>의 (B)는 설명변수 X와 Z가 매우 높은 상관을 가지는 경우이다. 이때 (X_i, Z_i)의 값이 XZ평면상에 넓게 퍼져 있지 않고 상당히 좁은 직사각형 M'에 놓이게 된다. 또한 설명변수의 쌍 (X_i, Z_i)에 대한 종속변수 Y_i의 값도 좁은 폭을 가진 6면체 N' 속에 놓이게 된다. 그러므로 잔차의 자승합을 최소로 하는 평면 F'을 구할 수 있다. 그러나 설명변수들이 좁은 공간 속에 놓여 있기 때문에 평면 F'는 표본이 약간만 변하여도 기울기가 급격히 변하게 된다. 즉 구조적으로 불안정한 경우인 것을 알 수 있다. 다른 말로 표현하면, 파라메터의 추정치는 계측이 되지만 추정치의 분산은 매우 큰 값을 가지게 될 것이다.

이것을 단순회귀모형

$$Y_i = \alpha + \beta X_i + u_i \qquad (i = 1,\ 2,\ \cdots,\ n) \qquad (7.1.4)$$

에서 예를 들어 보면 보다 명확히 알 수 있다.

단순회귀모형에서 완전한 다중공선성이 존재하는 경우는, 설명변수 X가 변동하지 않고 n개의 표본관측치가 모두 같은 값을 가질 때이다. 이때 정수항 1을 변수로 생각하면 X와 완전한 상관관계를 가지게 된다. <그림 7.2>의 (A)는 이 경우를 나타내고 있다.

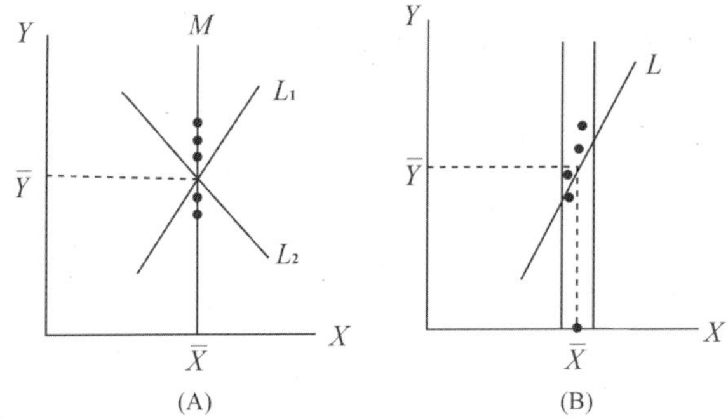

〈그림 7.2〉

이 경우는 모든 X_i가 같은 값을 가지기 때문에 그 평균도 X_i이다. 즉 $\overline{X}=X_i$가 된다. 그러므로 X축과 수직으로 만나는 $M=\overline{X}$의 직선 위에 모든 Y_i값이 놓이게 된다. 따라서 잔차의 자승합이 최소가 되는 최량의 추정은 X와 Y의 평균인 $(\overline{X}, \overline{Y})$점을 통과하는 모든 직선이 된다. <그림 7.2>의 (A)에서는 직선 L_1과 L_2는 모두 잔차의 자승합이 최소가 되는 추정된 회귀식이 되기 때문에 추정치 $\hat{\beta}$는 정할 수 없다. 그리고 추정치 $\hat{\beta}$의 분산은 무한대가 된다.

<그림 7.2>의 (B)는 설명변수 X의 표본관측치들이 매우 가까운 값을 가지는 경우로, 다중공선성의 정도가 높다. 이때에는 잔차의 자승합을 최소로 하는 추정치 $\hat{\beta}$는 하나의 값으로 추정된다. 즉 직선 L이 정하여진다. 그러나 이 경우도 다중회귀모형에서와 마찬가지로 표본의 약간의 변동에 의해서도 추정치의 변동이 급격히 발생하게 되며, 그에 따라서 추정치의 분산도 매우 큰 값이 된다.

7.2 다중공선성의 결과

7.2.1 추정량과 추정량의 분산

먼저 설명변수가 X와 Z의 2개로 구성된 (7.1.4)식을 예로 들기로 한다. 이 식에서 X와 Z 사이에 다음과 같은 관계가 성립한다고 하자.

$$X_i = a + bZ_i \tag{7.2.1}$$

여기서 a와 b는 임의의 상수이며 b는 0이 아니다.
그러면 X와 Z의 상관계수는 1이 되고 완전한 다중공선성이 존재하는 경우가 된다.

각 변수를 평균에 대한 편차로 나타내고 조건 (7.2.1)식을 대입하면 정규방정식은 (5.2.15)식과 (5.2.16)식으로부터 다음과 같다.

$$\sum bz_iy_i = \hat{\beta}\sum b^2z_i^2 + \hat{\gamma}\sum bz_i^2 \tag{7.2.2}$$

$$\sum z_iy_i = \hat{\beta}\sum bz_i^2 + \hat{\gamma}\sum z_i^2 \tag{7.2.3}$$

이 두 식에서 첫 번째 식 (7.2.2)는 두 번째 식 (7.2.3)을 b배 한 것임을 알 수 있다. 즉 하나의 방정식이다. 그러므로 추정할 파라메터는 $\hat{\beta}$와 $\hat{\gamma}$ 2개인 데 대해서 방정식은 하나이므로, $\hat{\beta}$와 $\hat{\gamma}$는 확정된 값으로 정할 수 없다. 즉 $\hat{\beta}$와 $\hat{\gamma}$에 대한 수많은 조합으로 해가 구해지는 것이다.

이 경우 (7.2.2)식과 (7.2.3)식으로부터 크레머의 공식을 이용하여 $\hat{\beta}$를 구해 보면 다음과 같다.

$$\hat{\beta} = \frac{(\sum bz_i y_i)(\sum z_i^2) - (\sum bz_i^2)(\sum z_i y_i)}{(\sum b^2 z_i^2)(\sum z_i^2) - (\sum bz_i^2)(\sum bz_i^2)} = \frac{0}{0} \tag{7.2.4}$$

즉 $\hat{\beta}$는 분모와 분자가 모두 0이므로 하나의 값으로 정해지지 않는다. $\hat{\gamma}$도 마찬가지이다.

다음으로 추정량의 분산에 대해서 살펴보기로 하자.

추정량 $\hat{\beta}$와 $\hat{\gamma}$의 분산은 각각 (5.2.23)식과 (5.2.24)식으로 도출되었다. 이 식들을 X와 Z의 상관계수 r_{XZ}를 사용하여 다시 나타내면 다음과 같다.

$$Var(\hat{\beta}) = \sigma_{\hat{\beta}}^2 = \frac{\sigma^2}{\sum x_i^2 (1 - r_{XZ}^2)} \tag{7.2.5}$$

$$Var(\hat{\gamma}) = \sigma_{\hat{\gamma}}^2 = \frac{\sigma^2}{\sum z_i^2 (1 - r_{XZ}^2)} \tag{7.2.6}$$

두 식에서 알 수 있듯이, 상관계수 $r_{XZ} = 1$일 때 분모가 0이 되어서 무한대가 되고, $r_{XZ} = 0$이면 $(1 - r_{XZ}^2)$의 부분이 0이 되어 원래의 분산이 되는 것을 알 수 있다. 그리고 상관이 높으면 분모가 작아져 추정량의 분산은 커진다. 즉 $(\frac{1}{1 - r_{XZ}^2})$이 상관계수의 크기에 따라서 원래의 분산을 팽창시키는 요인이 된다는 것을 알 수 있다.

7.2.2 다중공선성이 존재할 때의 결과

완전한 다중공선성이 발생할 경우는 현실적으로 극히 드물기 때문에, 변수 간에 높은 상관이 존재하는 경우에 대해서 다중공선성의 영향을 알아보기로 한다.

(1) 회귀계수의 분산이 매우 크게 나타나기 때문에 회귀계수는 유의하게 추정하기 어렵다. 즉 회귀계수의 유의성 검정에서 유의한 결과를 얻지 못하는 경우가 발생할 수 있다.

$\hat{\beta}$를 예로 들면, $H_0 : \beta = 0$라는 귀무가설을 설정하였을 때 검정통계량 $t = \dfrac{\hat{\beta}}{\widehat{\sigma_{\hat{\beta}}}}$는 추정된 분모의 표준편차 $\widehat{\sigma_{\hat{\beta}}}$가 큰 값을 갖게 되므로 결과적으로 t값이 작아진다. 따라서 원래의 귀무가설이 기각되어야 함에도 불구하고(그렇게 되기를 기대하고 있다) 기각되지 않을 경우가 발생할 가능성이 높아진다는 것이다. 이것은 원래 설명변수 X가 종속변수 Y에 영향을 주고 있는데도 불구하고, 통계적으로 유의하지 못한 검정결과를 얻게 되어, 결과적으로 X가 Y에 아무런 영향을 주지 못한다는 결과를 얻는 경우가 된다.

(2) 회귀계수의 분산이 커서 회귀계수의 표준오차가 큰 경우, 회귀계수의 신뢰구간의 추정(구간추정)에서도 좋지 않은 결과를 초래하게 된다.

예를 들어 β의 95% 신뢰구간을 구하는 경우, 그 식은

$$|\beta| \le \hat{\beta} \pm t_{(0.025)} \cdot \widehat{\sigma_{\hat{\beta}}} \qquad (7.2.7)$$

으로 주어지는데 $\widehat{\sigma_{\hat{\beta}}}$의 값이 큰 경우 신뢰구간이 넓어져 구간추정의 신뢰성이 떨어지게 된다.

(3) 추정량과 추정량의 분산이 계산되어도 이 두 값이 상당히 민감한 영향을 받게 될 가능성이 크다. 즉 표본관측치를 추가하거나 설명변수를 추가하는 경우, 추정치가 크게 변하거나 추정치의 부호가 이론에 합치하지 않는 경우가 발생한다. 회귀분석의 중요한 목적 중 하나가 안정된 구조의 추정에 있다면, 구조의 불안정성을 초래하는 다중공선성은 중요한 문제가 아닐 수 없다.

(4) 완전한 다중공선성이 아닌 경우, 최소자승추정량은 최량선형불편추정량(BLUE)이다. 즉 높은 다중공선성이 존재하더라도 최소자승추정량은 불편성, 선형성, 최소분산의 성질을 가진다는 것이다.

불편성은 표본을 반복 추출할 때 그 평균이 모집단의 모수와 같다는 성질이므로 다중공선성에 의하여 손상을 받지 않는다. 선형성도 정의에 의하여 항상 성립하는 성질이다. 최소분산에 대해서는 다중공선성의 정도가 높을 때 최소자승추정량의 분산은 절대치로는 큰 값이 되지만 다른 추정법으로 구한 추정량의 분산보다는 상대적으로 작기 때문에 이 성질도 성립한다. 그러므로 다중공선성이 존재하더라도 BLUE의 성질을 유지할 수 있다.

7.3 다중공선성의 탐지

다중공선성을 탐지하는 유일한 방법은 없다. 다중공선성으로부터 발생하는 여러 성질을 역으로 이용하여 탐지하는 것이 일반적이다. 그중에서 몇 가지 방법을 설명하기로 한다.

1. 설명변수들 간의 높은 상관계수

설명변수들 간의 상관계수가 높으면 다중공선성이 존재할 가능성이 높다. 그러나 상관계수가 높다는 그 자체로 반드시 다중공선성이 존재한다고 단정할 수는 없다. 왜냐하면 다중공선성의 징후로서 회귀계수의 표준오차(분산)가 매우 높은 것을 들 수 있는데, 상관계수가 높다고 해서 표준오차가 반드시 높은 것도 아니며, 반대로 상관계수가 낮다고 해서 표준오차가 낮은 것도 아니기 때문이다.

3변수 모형에서 회귀계수 $\hat{\beta}$와 $\hat{\gamma}$의 분산을 X와 Z의 상관계수 r_{XZ}를 이용하여 나타낸 식이 (7.2.5), (7.2.6)이었다. 이 식에서 $\hat{\beta}$와 $\hat{\gamma}$의 분산은 모분산 σ^2, X와 Z의 상관계수 r_{XZ}, 그리고 각각 $\sum x_i^2$, $\sum z_i^2$에 의해서 계측된다. 그러므로 만약 r_{XZ}^2가 높아도 σ^2가 작고 $\sum x_i^2$와 $\sum z_i^2$가 크면 분산이 작을 수 있고, 반대로 r_{XZ}^2가 낮아도 σ^2가 크고 $\sum x_i^2$, $\sum z_i^2$가 작으면 분산은 클 수 있다. 따라서 r_{XZ}^2가 크다고 해서 다중공선성의 존재를 판정하기는 쉽지 않다.

설명변수가 2개 이상인 경우는 단순한 두 변수 간의 상관계수 이외에, 각 설명변수와 나머지 설명변수 사이의 중상관계수 R^2를 구하여 검토하는 것도 중요하다.

2. 높은 R^2와 F, 낮은 개별 t값

다중공선성의 정도가 높으면 상관이 높은 설명변수 사이에서 종속변수를 설명하는 영향력을 구분하기 어렵다는 문제가 발생한다. 그러나 전체 설명변수들의 종속변수에 미치는 결정력은 영향을 받지 않는다. 그러므로 결정계수 R^2는 높아진다. 아울러 모든 편회귀계수가 동시에 0이라는 귀무가설을 검정하기 위한 F통계량도 커져서 귀무가설이 기각될 가능성이 높아진다.

그러나 개별회귀계수의 유의성검정에서 t통계량이 작아져서, 개별 회귀계수가 0이라는 귀무가설을 기각하지 못하는 경우가 발생할 수 있다는 것을 7.2에서 검토하였다.

이상의 결과를 종합하면, 종속변수를 상관계수가 높은 설명변수에 개별적으로 회귀시켰을 때, 각각의 R^2와 개별 t값이 유의한데도 불구하고 이들 설명변수들을 동시에 포함하는 모형에 회귀시켰을 때, R^2와 F값이 크면서 개별 t값이 작은 경우가 발생하면 다중공선성이 존재할 가능성이 높다고 판정할 수 있다.

3. 파라메터 추정치의 불안정성

표본 관측 기간을 조금씩 변경하여 추정하였을 때 파라메터의 추정치가 민감하게 변화하는 경우나, 추정된 회귀계수의 부호가 이론과 합치하지 않는 경우 등이 발생한다면 다중공선성이 존재할 가능성이 높다고 할 수 있다.

4. VIF와 같은 척도의 사용

3변수 모형의 $\hat{\beta}$와 $\hat{\gamma}$의 분산을 상관계수 r_{XZ}을 이용하여 (7.2.5)식과 (7.2.6)식으로 나타내었는데, 이 식에서 공통으로 포함되어 있는 부분

$$VIF = \frac{1}{1-R_j^2} \tag{7.3.1}$$

은 이론적으로 상관계수가 $0(r_{XZ}=0)$일 때에 비해서 상관계수의 크기가 분산에 얼마만큼 영향을 미치는가를 측정하는 척도가 된다. 이것을

분산팽창요소(variance inflating factor : VIF)라 한다. (7.3.1)식에서 r_{XZ}^2 대신에 R_j^2가 들어 있는데, 이것은 설명변수가 3개 이상일 때 j번째 설명변수와 나머지 설명변수들 간의 중상관계수를 의미한다.

상관계수 r와 VIF의 관계를 살펴보면, $r=0.9$일 때 $VIF=5.76$이 되고, $r=0.95$이면 $VIF=10.26$이 되어 상관계수 r이 1에 접근해 감에 따라 VIF가 얼마나 민감히 반응하는가를 알 수 있다. 그러나 VIF가 크다고 하여 반드시 다중공선성이 존재한다고 단정할 수 없다는 점도 고려해야 한다.

7.4 다중공선성의 해결 방안

다중공선성을 탐지하기 위해서 여러 방법을 검토하였듯이, 다중공선성을 개선하는 데도 유일한 방법이 있지 않으며, 여러 경험적인 방법을 시도해야 한다. 몇 가지 방법에 관해서 예를 들면 다음과 같다.

1. 변수의 제외

다중공선성이 존재하는 경우 가장 흔히 사용할 수 있는 방법으로는, 공선관계가 있는 변수 중에서 하나의 변수를 모형으로부터 제외하는 방법이다. 그러나 이 방법은 어떤 변수를 제외할지에 관한 기준이 없으며, 또한 원래 설정했던 모형이 이론적 타당성을 가진다고 한다면 한 변수가 제외된 모형은 정식화오차(specification error)를 발생시키므로, 완전한 해결책이라고 할 수 없다. 왜냐하면 다중공선성은 모집단에서 발생하는 문제가 아니라 표본자료에서 발생하는 문제이기 때문이다.

따라서 변수를 제외하는 방법은 다중공선성의 문제를 해결할 수는 있지만 보다 근본적인 새로운 문제를 유발할 수도 있다는 것을 고려해야 한다.

예를 들면, 3변수모형에서 X와 Z 사이에 다음과 같은 선형관계가 존재한다고 하자.

$$X_i = a + bZ_i \tag{7.4.1}$$

여기서 a와 b는 상수이며 b는 0이 아니다.

이 조건식을 3변수모형에 대입하면 다음과 같다.

$$\begin{aligned} Y_i &= \alpha + \beta X_i + \gamma Z_i + u_i \\ &= \alpha + \beta(a + bZ_i) + \gamma Z_i + u_i \\ &= (\alpha + \beta a) + (\beta b + \gamma) Z_i + u_i \end{aligned} \tag{7.4.2}$$

여기서 $\alpha^* = \alpha + \beta a$, $\beta^* = \beta b + \gamma$로 두면, Y를 Z에 회귀하는 단순회귀모형

$$Y_i = \alpha^* + \beta^* Z_i + u_i \tag{7.4.3}$$

이 된다.

이 단순회귀모형에서 최소자승추정량 $\widehat{\alpha^*}$, $\widehat{\beta^*}$는 구할 수 있다. 그러나 이것으로부터 최초에 설정된 모형에서의 β와 γ의 추정치 $\hat{\beta}$와 $\hat{\gamma}$는 구할 수 없다. 이것으로 공선관계에 있는 변수를 제외하여 다중공선성의 문제는 해결하였지만 처음에 설정되었던 모형을 추정한 것은 아니

라는 것을 알 수 있다.

2. 표본관측치의 추가

다중공선성의 문제를 개선하는 가장 유효한 방법 중의 하나는 표본자료를 추가하여 회귀분석의 정도를 높이는 것이다. 표본자료를 추가하게 되면 회귀계수의 분산과 표준오차는 작아진다.

3변수 모형을 예로 들면, $\hat{\beta}$와 $\hat{\gamma}$의 분산은 다음과 같았다.

$$Var(\hat{\beta}) = \frac{\sigma^2}{\sum x_i^2 (1 - r_{XZ}^2)} \tag{7.4.4}$$

$$Var(\hat{\gamma}) = \frac{\sigma^2}{\sum z_i^2 (1 - r_{XZ}^2)} \tag{7.4.5}$$

(7.4.4)식과 (7.4.5)식에서 표본자료가 증가하면 $\sum x_i^2$와 $\sum z_i^2$은 반드시 증가한다. 만약 상관계수 r_{XZ}가 상승하지 않는다면 회귀계수의 분산 $\widehat{\sigma_{\hat{\beta}}}^2$, $\widehat{\sigma_{\hat{\gamma}}}^2$와 표준오차 $\widehat{\sigma_{\hat{\beta}}}$, $\widehat{\sigma_{\hat{\gamma}}}$는 작아지기 때문에 추정치의 정도를 높이게 되고 유의성 검정에서도 유의한 결과를 얻게 될 가능성이 높아진다.

그런데 회귀분석에 있어서 추가적인 표본관측치를 항상 얻을 수 있는 것이 아니기 때문에 이 방법을 사용하는 데는 제약이 따른다고 하겠다.

3. 선험적 정보의 이용

선험적인 정보를 적극 활용하는 것도 다중공선성의 문제를 회피하는 유효한 방법이다.

예를 들면, 다음과 같은 콥-더글러스형 생산함수를 추정한다고 하자.

$$Q_i = AL_i^{\alpha}K_i^{\beta}e^{u_i} \tag{7.4.6}$$

여기서 A, α, β는 파라메터이고 u는 확률변수, e는 자연대수의 밑수이다. 그리고 Q는 생산량, L는 노동투입량, K는 자본투입량이다.

양변에 자연대수를 취하면

$$\ln Q_i = \ln A + \alpha \ln L_i + \beta \ln K_i + u_i \tag{7.4.7}$$

선형회귀모형이 되어 최소자승추정량 $\hat{\alpha}, \hat{\beta}, \hat{A}$를 얻을 수 있다. 그런데 대개의 경우 경제가 성장함에 따라 노동(L)과 자본(K)은 거의 일직선적인 추세에 맞추어 같이 성장한다. 이럴 경우 $\ln L_i$과 $\ln K_i$ 사이에 강한 공선관계가 존재하며 다중공선성의 문제가 발생하게 된다.

이 문제를 해결하기 위한 하나의 대책으로 '규모에 관한 수확불변'이라는 가정을 도입하면, 이것은 $\alpha + \beta = 1$의 선험적 제약조건하에서 파라메터를 추정하는 것을 의미한다. 선험적 제약조건에서 $\alpha = 1 - \beta$를 (7.4.7)식에 대입하면 다음과 같이 변형된다.

$$\ln Y_i - \ln K_i = \ln A + \beta(\ln K_i - \ln L_i) + u_i$$
$$\ln(Y_i/K_i) = \ln A + \beta \ln(K_i/L_i) + u_i \tag{7.4.8}$$

이 식은 $\ln(Y_i/K_i)$을 $\ln(K_i/L_i)$에 회귀하는 모형이 된다. 즉 $\alpha + \beta = 1$이라는 선험적 정보(제약조건)를 이용함으로써 추정할 파라메터가 하나 감소하였기 때문에 다중공선성의 문제를 회피한 것이 된다.

그러나 이 경우 규모에 관한 수확불변이라는 선험적 정보가 이 생산함수에 성립하는지를 알 수 없고, 경우에 따라서는 이 선험적 정보 자체가 가설검정의 대상이 될 수도 있다. 결론적으로 이야기 한다면 선험적 정보의 이용은 다중공선성의 문제를 해결하는 하나의 방법이지만 사용하는 데 제약이 따를 수 있다는 것을 고려해야 한다.

4. 변수의 변환

변수를 변환하는 방법으로는 1계의 차분을 취한 변수를 사용하는 경우가 있다. 다중공선성의 문제는 특히 시계열자료를 사용하는 경우, 모든 변수가 강한 추세에 따라서 동시에 변동하는 경향이 있기 때문에, 회귀분석의 설명변수들 사이에 강한 공선성이 발생하는 것이다. 이런 경우는 차분변수의 사용은 동일의 추세를 제거해 준다는 측면에서 좋은 방법이 될 수 있다.

지금 3변수모형에서 시점 t와 $t-1$에서 다음의 관계가 성립한다고 하자.

$$Y_t = \alpha + \beta X_t + \gamma Z_t + u_t \tag{7.4.9}$$

$$Y_{t-1} = \alpha + \beta X_{t-1} + \gamma Z_{t-1} + u_{t-1} \tag{7.4.10}$$

여기서 (7.4.9)식에서 (7.4.10)식을 빼면

$$Y_t - Y_{t-1} = \beta(X_t - X_{t-1}) + \gamma(Z_t - Z_{t-1}) + (u_t - u_{t-1}) \tag{7.4.11}$$

1차 차분된 모형이 된다. 여기서 (7.4.11)식을 차분기호 Δ를 사용하여 나타내면 다음과 같다.

$$\Delta Y_t = \beta \Delta X_t + \gamma \Delta Z_t + v_t \tag{7.4.12}$$

여기서

$$\begin{aligned} \Delta Y_t &= Y_t - Y_{t-1} \\ \Delta X_t &= X_t - X_{t-1} \\ \Delta Z_t &= Z_t - Z_{t-1} \end{aligned} \tag{7.4.13}$$

이며, $v_t = u_t - u_{t-1}$이다.

(7.4.12)식에 최소자승법을 적용하면 최소자승추정량 $\hat{\beta}$, $\hat{\gamma}$를 얻을 수 있다.

(7.4.12)식과 같은 1차 차분의 회귀모형은 공통의 추세를 가진 변수들 간의 공선성을 제거해 주는 방법이지만 몇 가지 문제점을 가지고 있다.

(1) 차분을 취함으로써 장기적 정보가 상실된다는 점

(2) 정수항 α가 생략되어 추정이 불가능하다는 점

(3) 표본수가 하나 감소하여 자유도가 감소한다는 점

(4) 선형회귀모형에서 u_t는 자기상관이 없다고 가정되어 있으나, 오차항 $v_t(=u_t - u_{t-1})$는 자기상관이 존재할 수도 있다는 점

7.5 예제 7

다중공선성을 검정하기 위해서 다음 모형을 설정하였다.

$$Y_i = \alpha + \beta X_i + \gamma Z_i + u_i \tag{7.5.1}$$

여기서

Y_i =소비지출

X_i =소득

Z_i =보너스이다.

<표 7.1>은 (7.5.1)식을 추정하기 위해서 15가구에 대한 횡단면자료를 나타낸다.

	Y	X	Z
1	80	100	50
2	170	250	124
3	250	365	200
4	85	110	57
5	115	155	80
6	120	165	85
7	225	280	150
8	135	200	105
9	140	220	108
10	90	120	62
11	220	330	165
12	110	140	68
13	145	230	119
14	150	240	122
15	210	280	150

〈표 7.1〉

(7.5.2)식은 <표 7.1>을 사용하여 (7.5.1)식을 추정한 회귀식의 결과이다.

$$\hat{Y}_i = 17.6327 - 0.1327 X_i + 1.4609 Z_i \qquad R^2 = 0.9599 \tag{7.5.2}$$

$$se = (9.4342) \quad (0.3939) \qquad (0.7278) \qquad \overline{R^2}=0.9532$$
$$t = (1.8690) \quad (-0.3369) \qquad (2.0074) \qquad F_{(2,12)}=143.6782$$

여기서 se는 표본표준오차, t는 t통계량이다.

추정결과에 의하면, 결정계수 R^2=0.9599는 매우 높은 값이며 이것은 소득과 보너스가 소비지출의 약 96%를 설명한다는 것을 알 수 있다. 또한 두 회귀계수 β와 γ가 동시에 0이라는 귀무가설(H_0)

$$H_0 : \beta = \gamma = 0 \tag{7.5.3}$$

을 기각하고 있는 것을 알 수 있다. 왜냐하면 계산치 F=143.6782는 5% 유의수준에서 자유도 (2,12)에 해당하는 F임계치 $F_{(0.05,\ 2,12)}$=3.89보다 분명히 크기 때문에 귀무가설을 기각할 수 있다. 기준을 엄격히 하여 1% 유의수준에서도 $F_{(0.01,\ 2,\ 12)}$=6.93이므로, 이 경우에도 여전히 귀무가설은 기각된다. 그러므로 두 설명변수가 종속변수에 미치는 전체적인 영향력은 매우 크다고 하겠다.

그런데 개별 회귀계수의 t값은 모두 5% 유의수준에서 유의하지 못하다는 것을 알 수 있다. 즉 개별 회귀계수의 귀무가설(H_0)

$$H_0 : \beta = 0 \tag{7.5.4}$$
$$H_0 : \gamma = 0 \tag{7.5.5}$$

은 5% 유의수준에서 기각되지 않는다. 왜냐하면 X와 Z의 개별변수에 대한 t=−0.3369, t=2.0074는 자유도 12의 t임계치 $t_{(12,\ 0.025)}$=2.179보다 크지 않고, $-t_{(12,\ 0.025)}$=−2.179보다 작지 않기 때문이다.

종합적으로 판단할 때, 결정계수도 높고 F검정도 유의하지만 X와 Z의 개별변수에 대한 t값이 통계적으로 유의하지 못하다는 사실은, 소비지출에 대한 소득과 보너스의 개별효과가 분리되지 않는다는 것을 의미한다. 그리고 소득변수 X의 부호가 마이너스를 나타내는 것은 이론에도 부합되지 않는다. 이런 결과는 다중공선성의 전형적인 결과라고 할 수 있다.

다중공선성이 존재하는지를 보다 명확히 하기 위해서 다음의 회귀식을 추정하였다.

$$\begin{aligned} \hat{Y}_i &= 10.7648 + 0.6542X_i \qquad R^2=0.9465 \qquad (7.5.6) \\ se &= (9.7630) \quad (0.0432) \\ t &= (1.1026) \quad (15.1583) \end{aligned}$$

$$\begin{aligned} \hat{Y}_i &= 16.2115 + 1.2169Z_i \qquad R^2=0.9595 \qquad (7.5.7) \\ se &= (8.1456) \quad (0.0693) \\ t &= (1.9902) \quad (17.5574) \end{aligned}$$

(7.5.6)식에서는 설명변수인 소득(X)의 t값이 높아서 1% 유의수준에서도 귀무가설을 기각하므로, 통계적으로 유의한 결과를 나타내고 있다. 뿐만 아니라 부호도 이론과 일치하고 있다.

(7.5.7)식에서도 마찬가지로 설명변수인 보너스(Z)의 t값이 높아서 1%의 유의수준에서도 귀무가설을 기각하고 있으므로, 통계적으로 유의한 결과를 나타내고 있다.

한편 X를 Z에 회귀한 결과는 다음과 같다.

$$\hat{X}_i = 10.7103 + 1.8385 Z_i \qquad R^2 = 0.9903 \qquad (7.5.8)$$

$$se = (5.9417) \quad (0.0506)$$

$$t = (1.8026) \quad (36.3648)$$

X와 Z의 결정계수가 $R^2=0.9903$으로 매우 높고, 회귀계수도 유의하므로 X와 Z는 높은 상관관계를 나타낸다고 할 수 있다.

이러한 결과는 <표 7.1>에서 보너스의 결정방식이 소득의 일정한 비율(약 0.5배)로 정해져 있기 때문이다. 결국 같은 성질의 변수가 동시에 모형에 들어 있는 경우가 된다.

한편 다중공선성이 존재하는지를 탐지하는 척도로 사용되는 (7.3.1)식으로 주어진 분산팽창요소도 $VIF=102.7227$로 매우 높게 나타나고 있다.

이러한 모든 결과를 종합할 때, X와 Z 사이에 높은 다중공선성의 관계가 존재한다고 판정할 수 있다.

연습문제 7 Exercise

[1] <표 7.2>는 15가구에 대한 소비지출(Y), 소득(X), 자산(Z)에 관한 횡단면 자료이다. 다음 모형을 생각해 보자.

$$Y_i = \alpha + \beta X_i + \gamma Z_i + \mu_i \qquad (7.6.1)$$

(1) <표 7.2>에 주어진 자료를 이용하여 이 모형의 모수를 추정하라.

(2) 다음 모형을 추정하라.

(a) $Y_i = \alpha + \beta X_i$ (7.6.2)

(b) $Y_i = \alpha + \beta Z_i$ (7.6.3)

(c) $X_i = \alpha + \beta Z_i$ (7.6.4)

(3) (c)에서의 R^2는 얼마인가? 그리고 그것을 이용하여 (7.3.1)식의 분산팽창요소(VIF)를 구하라.

(4) 위의 추정결과를 종합적으로 판단할 때 (7.6.1)모형에 다중공선성이 존재하는가?

Y	X	Z
110	161	810
116	184	960
80	95	360
182	315	1550
98	142	620
252	355	1790
140	228	1100
152	246	1200
85	110	460
160	260	1420
121	205	950
216	340	1700
92	125	520
173	293	1450
195	330	1700

〈표 7.2〉

[2] [1]의 모형 (7.6.1)에 대해서 <표 7.3>과 같이 자료를 추가하여 추정하면 다중공선성의 문제가 개선되는지를 검토하라.

Y	X	Z
150	180	1296
85	98	703
68	110	340
99	135	920
155	293	1150
145	194	1302
82	102	698
155	274	1220
112	194	820
212	320	1518

〈표 7.3〉

[3] (예제 7)의 모형은 다음과 같다.

$$Y_i = \alpha + \beta X_i + \gamma Z_i + \mu_i \qquad (7.6.5)$$

이 모형에 <표 7.1>의 자료를 이용하여 추정한 결과 X와 Z 사이에 다중공선성이 존재한다고 판단되었다. 이 문제를 해결하기 위해서 다른 분석을 통하여 β와 γ 사이에 $\gamma = 0.5\beta$의 관계가 예상되는 결과를 얻었다. 이 결과를 이용하여 회귀식을 다음과 같이 재구성하였다.

$$\begin{aligned} Y_i &= \alpha + \beta X_i + 0.5\beta Z_i + \mu_i \\ &= \alpha + \beta X_i^* + \mu_i \qquad (7.6.6) \end{aligned}$$

여기서 $X_i^* = X_i + 0.5Z_i$

(1) <표 7.1>의 자료를 사용하여 수정된 (7.6.6)모형을 추정하라.

(2) 이때 γ는 어떻게 구하는가?

제8장 이분산

고전적 선형회귀모형에서는 오차항 u_i의 분산은 일정하다고 가정하였다. 이 성질을 동분산(Homoscedasticity)이라 한다. 만약 오차항이 일정한 분산을 가지지 못하면 이것을 이분산(Heteroscedasticity)이라 한다. 오차항의 분산이 일정하지 않으면 최소자승추정량은 최량선형불편추정량(BLUE)이 아니게 되며, t검정이나 F검정을 적용할 수 없게 되는 등 많은 문제가 발생한다.

이 장에서는 다음의 문제들을 순차적으로 살펴보게 본다.

(1) 이분산이란 어떤 성질인가?

(2) 이분산이 있을 때 어떤 결과가 발생하는가?

(3) 이분산을 어떻게 탐지하는가?

(4) 이분산이 있을 때 어떻게 개선할 것인가?

8.1 이분산이란

이분산의 문제를 검토하기 위해서 단순회귀모형

$$Y_i = \alpha + \beta X_i + u_i \qquad (i = 1,\ 2,\ \cdots,\ n) \qquad (8.1.1)$$

을 예로 들기로 한다.

(8.1.1)식에서 동분산은 다음과 같은 가정이다.

$$Var(u_i) = \sigma^2 \qquad (i = 1,\ 2,\ \cdots,\ n) \qquad (8.1.2)$$

<그림 8.1>은 동분산을 나타낸 것이다. 이 그림에서 Y_i의 분산(u_i의 분산)은 X_i의 값에 관계없이 일정하다.

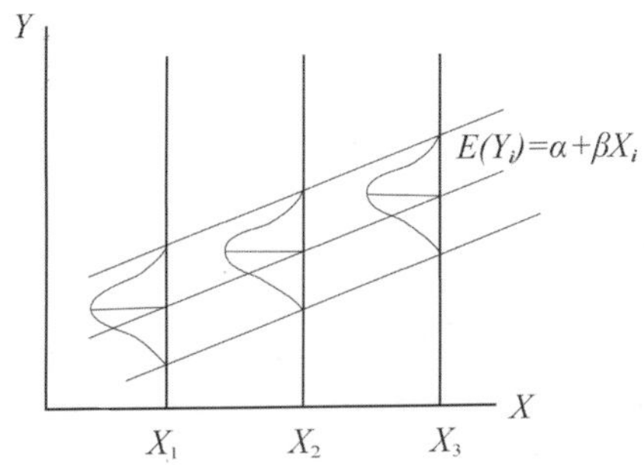

〈그림 8.1〉

이 가정이 성립하지 않고 이분산일 경우는 다음과 같이 나타낸다.

$$Var(u_i) = \sigma_i^2 \qquad (i = 1,\ 2,\ \cdots,\ n) \qquad (8.1.3)$$

즉 각 표본 i에서 분산이 $\sigma_1^2, \sigma_2^2, \cdots, \sigma_n^2$과 같이 다르게 된다.

<그림 8.2>는 이분산을 나타내고 있는데, 이 경우는 X_i가 증가함에 따라서 Y_i의 분산도 증가하는 것을 보여 주고 있다.

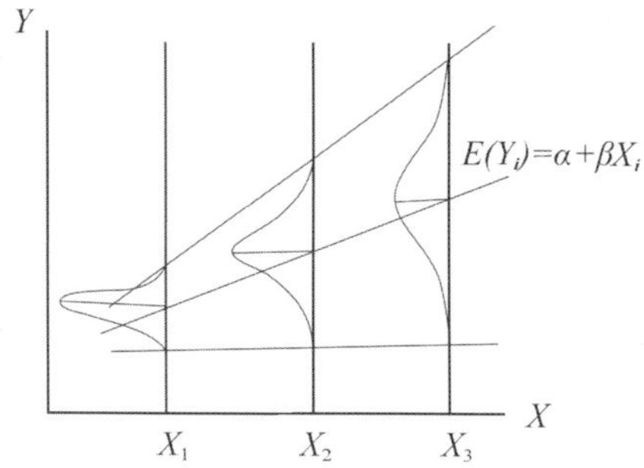

〈그림 8.2〉

이분산이 발생하는 이유에 대해서 생각해 보기로 한다. 지금 n개의 가계로부터 소비지출과 가처분소득에 관한 자료를 수집하였다고 하자. (8.1.1)식에서 Y_i는 소비지출, X_i는 가처분소득이다.

이 경우 동분산($Var(u_i)=\sigma^2$)이란, 소득이 낮은 가계나 소득이 높은 가계나 소득에 대한 소비지출의 범위가 각각의 평균소득에 대해서 일정하다고 하는 가정이다. 그러나 일반적으로 소득이 낮은 가계보다 소득이 높은 가계일수록 소비의 폭이 넓다. 왜냐하면 소득이 높은 가계는 소득에 비례하여 소비를 하려고 하기 때문이다. 즉 소득이 상승하면 필요한 최소한의 소비를 제외한 자유스럽게 사용할 수 있는 소득은 증가하며, 그에 따라 소비의 평균뿐만 아니라 분산도 증가한다.

동분산의 가정하에서는 소득이 낮은 가계나 소득이 높은 가계나 모두 필요 최소한의 소비는 동일하다는 의미이므로, 이 경우는 현실적으로 성립하기 어려운 가정이 된다. 이 현상을 받아들인다면 (8.1.1)식에서 이분산($Var(u_i)=\sigma_i^2$)의 가정이 성립한다는 것이 자연스럽다.

이분산은 집계된 자료를 사용할 때에도 발생할 수 있다. 예를 들어 시도별 소비지출과 소득 자료의 관계를 검토한다고 하자. 그런데 시도별 자료가 하위의 행정단위, 예를 들어 시, 군, 구 등의 자료의 평균치라고 한다면 평균치로 표현된 모형 (8.1.1)식은 동분산이 성립하지 않고 이분산이 발생한다.

이상과 같은 사실에 근거하여 보면, 이분산은 시계열자료(time series data)보다 횡단면자료(cross section data)에서 흔히 발생할 수 있는 현상이라고 할 수 있다.

8.2 이분산의 결과

8.2.1 이분산이 존재할 때의 추정량과 분산

이분산이 성립할 때와 동분산일 때의 최소자승추정량을 비교 검토해 보기로 한다.

(8.1.1)식의 단순회귀모형에서 모든 기본가정이 성립할 때, 즉 동분산일 때의 최소자승추정량을 얻기 위한 절차는 다음과 같은 잔차의 자승합

$$\sum \hat{u}_i^2 = \sum (Y_i - \hat{\alpha} - \hat{\beta} X_i)^2 \tag{8.2.1}$$

이 최소가 되도록 회귀계수 $\hat{\alpha}$, $\hat{\beta}$을 정하는 방법이된다.

이 절차에 따라 구한 최소자승추정량 $\hat{\beta}$와 $Var(\hat{\beta})$은 각각 다음과 같다.

$$\hat{\beta} = \frac{n(\sum X_i Y_i) - (\sum X_i)(\sum Y_i)}{n(\sum X_i^2) - (\sum X_i)^2} = \frac{\sum x_i y_i}{\sum x_i^2} \tag{8.2.2}$$

$$Var(\hat{\beta}) = \sigma_{\hat{\beta}}^2 = \frac{\sigma^2}{\sum x_i} \tag{8.2.3}$$

이때의 최소자승추정량 $\hat{\beta}$는 불편성과 선형성, 그리고 최소분산성을 가지는 최량선형불편추정량(BLUE)이다.

한편, 고전적 선형회귀모형의 다른 모든 기본가정은 성립하면서 동분산의 가정만 성립하지 않는 경우, 즉 이분산일 때 그 사실을 알지 못하고 최소자승법을 적용한 추정량을 $\hat{\beta}^H$라 하자. 그러면 $\hat{\beta}^H$와 그의 분산 $Var(\hat{\beta}^H)$은 각각 다음과 같다.

$$\hat{\beta}^H = \frac{\sum x_i y_i}{\sum x_i^2} = \beta + \frac{\sum x_i y_i}{\sum x_i^2} \tag{8.2.4}$$

$$Var(\hat{\beta}^H) = \frac{\sum x_i^2 \sigma_i^2}{(\sum x_i^2)^2} \tag{8.2.5}$$

(8.2.4)식에서 X_i와 u_i가 독립이고 $E(u_i) = 0$이면, $\hat{\beta}^H$의 기대치는 $E(\hat{\beta}^H) = \beta$가 되어서 불편추정량이 된다. 그리고 정의상 $\hat{\beta}^H$는 선형추정량이다.

한편 이분산일 때 $\hat{\beta}^H$의 분산은 (8.2.5)식으로 주어지며 동분산일 때의 분산인 (8.2.3)식과 다르다. 단지 $\sigma_i^2 = \sigma^2$이면 $\hat{\beta}^H$의 분산은 $\hat{\beta}$의 분산과 같다.

이상의 결과로부터 이분산이 성립하였을 때의 최소자승추정량 $\hat{\beta}^H$에 대해서 다음과 같이 정리할 수 있다.

(1) $\hat{\beta}^H$의 분산 $Var(\hat{\beta}^H)$는 최소분산이 아니다.

(2) 그러므로 $\hat{\beta}^H$는 불편추정량이며 선형추정량이나 최량선형불편추정량(BLUE)은 아니다.

(3) $\hat{\beta}^H$의 분산이 (8.2.5)식으로 주어지면 $Var(\hat{\beta}^H)$에 대한 올바른 추정치를 구할 수 없으므로, $H_0 : \beta = 0$를 결정하기 위해서 사용되는 검정통계량 $t = \dfrac{\hat{\beta}^H}{\widehat{\sigma_{\hat{\beta}^H}}}$는 자유도 $n-2$의 t분포에 따르지 않는다. 그러므로 가설검정을 할 수 없다.

8.2.2 가중최소추정량과 그의 분산

이분산이 성립한다는 것은 σ_1^2, σ_2^2, $\cdots$, σ_n^2과 같이 표본 i에 따라 분산의 크기가 다르다는 의미이다. 분산이 크면 Y_i에 대한 X_i의 자료가 가지는 정보의 정밀도가 낮다는 것을, 분산이 작으면 정보의 정밀도가 높다는 것을 의미한다. 그러므로 만약 이분산이 성립하고 오차항의 분산 σ_1^2, σ_2^2, $\cdots$, σ_n^2을 알고 있으면 이분산을 이용하여 정보의 정밀도를 높일 수 있다.

동분산일 때의 최소자승추정량은 (8.2.1)식의 잔차의 자승합을 최소로 하는 추정량이다. 그런데 이분산의 경우 정보의 정밀도를 높이는 관점에서 다음과 같은 잔차의 자승합

$$\sum \frac{1}{\sigma_i^2} \hat{u}^2 = \sum \frac{1}{\sigma_i^2} (Y_i - \hat{\alpha} - \hat{\beta} X_i)^2 \qquad (8.2.6)$$

을 최소화하는 방법을 생각해 보자.

(8.2.6)식은 잔차의 자승합을 최소화하는데 있어서 각 관측치에 부여되는 가중치가 분산에 반비례($1/\sigma_i^2$)한다. 즉 σ_i^2이 큰 경우에는 작게 가중치를 부여하고 σ_i^2이 작은 경우에는 크게 가중치를 부여하게 된다.

통상의 최소자승법에서는 가중치가 1로 모두 같은 것과 비교하면, 파라메터를 추정하는 데 있어서 이분산의 문제점을 제거하면서 통계적 신뢰성을 높이는 방법이라고 할 수 있다.

이와 같이 분산의 역수를 가중치로 하여 잔차의 자승합을 최소로 하는 추정량을 구하는 방법을 가중최소자승법(Weighted least squares : WLS)이라 한다.

(8.1.1)식에서 각 변수를 표준오차의 역수로 나누면 (8.2.7)식이 된다.

$$\left(\frac{Y_i}{\sigma_i}\right) = \alpha\left(\frac{1}{\sigma_i}\right) + \beta\left(\frac{X_i}{\sigma_i}\right) + \left(\frac{u_i}{\sigma_i}\right) \qquad (8.2.7)$$

이 식에서 오차항 (u_i/σ_i)의 분산은 다음과 같다.

$$\begin{aligned} Var\left(\frac{u_i}{\sigma_i}\right) &= \frac{1}{\sigma_i^2} Var(u_i) \\ &= \frac{1}{\sigma_i^2}\sigma_i^2 \\ &= 1 \end{aligned} \qquad (8.2.8)$$

즉 분산이 모든 표본 i에서 1이 되어 동분산이 되는 것을 알 수 있다. 따라서 (8.2.7)식으로 변환된(가중된) 모형에 최소자승추정법을 적용한 것이 가중최소자승법이며, 그때의 추정량은 통상의 최소자승법(동분산일 때의)이 갖는 성질을 가지게 된다.

(8.2.7)식에 최소자승법을 적용하여 β에 대해서 구한 가중최소자승 추정량(Weighted least square estimator)을 $\hat{\beta}^w$라 하고, 그의 분산을 $Var(\hat{\beta}^w)$라 하면 각각 다음과 같다

$$\hat{\beta}^w = \frac{(\sum k_i)(\sum k_i X_i Y_i) - (\sum k_i X_i)(\sum k_i Y_i)}{(\sum k_i)(\sum k_i X_i^2) - (\sum k_i X_i)^2} \tag{8.2.9}$$

$$Var(\hat{\beta}^w) = \frac{\sum k_i}{(\sum k_i)(\sum k_i X_i^2) - (\sum k_i X_i)^2} \tag{8.2.10}$$

여기서 $k_i = \frac{1}{\sigma_i^2}$이다.

가중최소자승추정량 $\hat{\beta}^w$와 이분산이 존재할 때의 최소자승추정량 $\hat{\beta}^H$을 비교하면 다음과 같이 정리할 수 있다.

(1) $\hat{\beta}^w$의 분산은 $\hat{\beta}^H$의 분산보다 작다. 즉 다음이 성립한다.

$$Var(\hat{\beta}^w) \leq Var(\hat{\beta}^H) \tag{8.2.11}$$

등식이 성립하는 경우는 분산이 같을 때이다.

(2) $\hat{\beta}^w$는 불편추정량이며 선형추정량이다. 그리고 일치추정량이기도 하다. 또한 최소분산성도 가지므로 최량선형불편추정량(BLUE)이다.

8.3 이분산의 탐지

이분산을 탐지하기 위한 많은 방법이 고안되어 있지만, 어느 방법을 사용할 것인가는 사전에 분산의 구조를 어느 정도 알고 있느냐에 달렸다. 이하에서는 대표적인 몇 가지 탐지 방법을 소개하기로 한다.

8.3.1 그림에 의한 방법

분산의 구조가 미지일 때 가장 간단한 검출 방법은 OLS의 잔차가 규칙적인 형태를 나타내는지를 그림에 의해서 검토하는 방법이다.

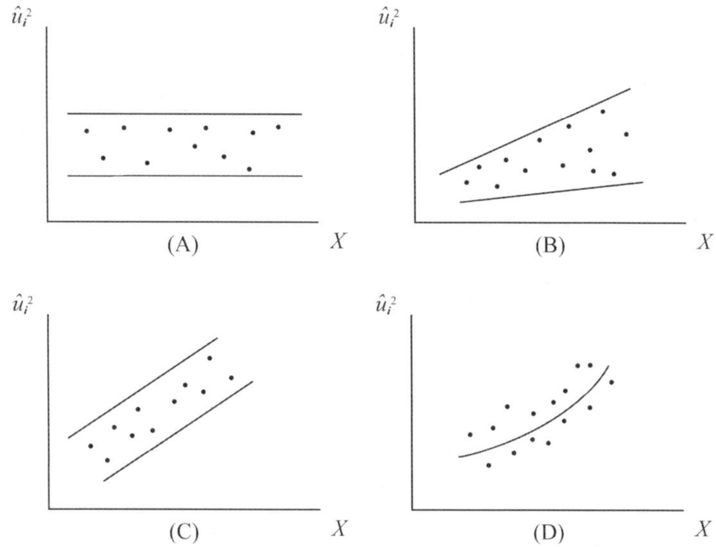

〈그림 8.3〉

<그림 8.3>에는 단순회귀모형을 가정하였을 때 수평축에 설명변수

X를, 수직축에 잔차의 자승인 $\hat{u}_i^2$를 취한 4가지 가상적인 예가 나타나 있다. 이 중에서 만약 동분산이 성립한다면 X_i와 $\hat{u}_i^2$의 관계는 (A)와 같은 형태가 될 것이다.

(B), (C), (D)는 이분산을 나타내는데 X_i와 $\hat{u}_i^2$사이에 어떤 규칙적인 관계가 존재하고 있는 것을 알 수 있다. (B)는 분산이 점점 커지는 관계를 나타내고, (C)는 선형관계를 나타내고 있다. 그리고 (D)는 2차식의 관계를 나타내고 있다.

한편 다중회귀모형의 경우에는 각 설명변수 또는 Y_i의 추정치인 $\hat{Y}_i$를 수평축에 사용하여 분산과의 관계를 검토할 수 있다.

8.3.2 Park 검정

Park은 이분산 σ_i^2이 다음과 같이 설명변수 X_i와 함수관계를 가진다고 가정한다.

$$\sigma_i^2 = \sigma^2 X_i^{\beta} e^{v_i} \tag{8.3.1}$$

이 식에 자연대수를 취하면 다음 식이 된다.

$$\ln\sigma_i^2 = \ln\sigma^2 + \beta\ln X_i + v_i \tag{8.3.2}$$

여기서 v_i는 기본가정을 만족하는 확률적 오차항이다.

이 식에서 σ_i^2은 일반적으로 미지이므로 회귀모형을 추정한 잔차의 자승 $\hat{u}_i^2$으로 대체하고, $\ln\sigma^2$은 상수이므로 α로 나타내면 검정을 위한 회귀식은 다음과 같다.

$$\ln\hat{u}_i^2 = \alpha + \beta\ln X_i + v_i \tag{8.3.3}$$

만약 X_i가 이분산과의 함수관계를 가진다면 β가 통계적으로 유의한 결과를 나타내게 될 것이다. 따라서 (8.3.1)식의 이분산에 대한 검정은 (8.3.3)식의 β의 유의성 검정이 된다. β가 통계적으로 유의하면 이분산이 존재하고, 통계적으로 유의하지 않으면 동분산이 된다.

8.3.3 Goldfeld-Quandt(GQ) 검정

이 검정 방법은 관측 대상이 오차분산의 크기순으로 두 집단으로 분할된다고 가정하여, 두 집단 간의 분산의 비가 같은지 또는 다른지를 통계적으로 검정하는 방법이다.

이분산 σ_i^2이 회귀모형의 설명변수 중 하나인 X_i와 다음과 같은 관계를 갖는다고 가정하자.

$$\sigma_i^2 = \sigma^2 X_i^2 \tag{8.3.4}$$

그러면 다음과 같은 순서로 검정이 실시된다.

1단계 : 이분산과 관계를 가진 설명변수 X를 작은 값으로부터 시작하여 큰 값으로 재정렬한다. 이때 다른 변수들도 함께 재정렬된다.

2단계 : 표본수의 가운데에서 c개를 제외한다. 그리고 표본수 $(n-c)$개를 표본수가 같은 2 집단으로 나눈다. 그러면 각각의 집단은 $\frac{n-c}{2}$개의 표본수를 가진다.

3단계 : X의 크기가 작은 쪽의 집단을 회귀하여 잔차의 자승합 RSS_1을 구하고, 큰 쪽의 집단을 회귀하여 잔차의 자승합 RSS_2를 구한다.

4단계 : 다음의 비를 구한다.

$$\lambda = \frac{RSS_2/df_2}{RSS_1/df_1} \tag{8.3.5}$$

여기서 df_1, df_2는 각각 작은 쪽과 큰 쪽의 자유도이며 같다.

오차항 u_i가 정규분포를 하고 동분산이라고 가정하면 λ는 분자의 자유도(df_2)와 분모의 자유도(df_1)가 각각 $\frac{n-c-2k-2}{2}$인 F분포에 따른다. 즉

$$\lambda \sim F_{\left(\frac{n-c-2k-2}{2},\ \frac{n-c-2k-2}{2}\right)} \tag{8.3.6}$$

여기서 k는 정수항을 포함하지 않는 설명변수의 수이다.

만약 계산된 λ가 선택된 유의수준의 F임계치보다 크면, 동분산의 귀무가설이 기각되고 이분산이 된다.

이 검정에서는 추정할 때 생략되는 c개의 관측치의 크기가 검정결과에 영향을 주기 때문에 c를 어떻게 선정하느냐가 중요한 문제가 된다.

8.3.4 Breusch-Pagan-Godfrey(BPG) 검정

다중회귀모형

$$Y_i = \beta_0 + \beta_1 X_{1i} + \beta_2 X_{2i} + \cdots + \beta_k X_{ki} + u_i \tag{8.3.7}$$

에서 u_i의 분산 σ_i^2은 Z변수들의 함수

$$\sigma_i^2 = f(\alpha_0 + \alpha_1 Z_{1i} + \alpha_2 Z_{2i} + \cdots + \alpha_m Z_{mi}) \tag{8.3.8}$$

로 표현된다고 가정한다. 여기서 Z_i는 비확률변수이고 함수 f는 어떤 함수라도 상관없다. 다음과 같이 함수 형태는 Z의 선형함수로 가정한다.

$$\sigma_i^2 = \alpha_0 + \alpha_1 Z_{1i} + \alpha_2 Z_{2i} + \cdots + \alpha_m Z_{mi} \tag{8.3.9}$$

만약

$$\alpha_1 = \alpha_2 = \cdots = \alpha_m = 0 \tag{8.3.10}$$

이면 $\sigma_i^2 = \alpha_0$가 되는데 α_0는 상수이므로 σ_i^2는 동분산이 된다. 그러므로 (8.3.10)식은 귀무가설(H_0)이 된다.

BPG검정은 다음과 같은 순서와 절차에 따라 실시된다.

1단계 : (8.3.7)식에 OLS를 적용하여 잔차 $\hat{u}_i$를 구한다.

2단계 : $\sigma^{2*} = \dfrac{\sum \hat{u}_i^2}{n}$ 를 구한다.

3단계 : $R_i = \dfrac{\hat{u}_i^2}{\sigma_i^{2*}}$ 를 구한다.

4단계 : R_i를 Z변수에 회귀하여

$$R_i = \alpha_0 + \alpha_1 Z_{1i} + \alpha_2 Z_{2i} + \cdots + \alpha_m Z_{mi} + v_i$$

회귀변동 ESS를 구한다

동분산이라는 귀무가설(H_0)

$$H_0 : \alpha_1 = \alpha_2 = \cdots = \alpha_n = 0 \tag{8.3.12}$$

이 바르게 설정되어 있으면 n이 충분히 크다고 할 때 $\dfrac{ESS}{2}$는 근사적으로 자유도 m의 χ^2분포에 따른다.

$$\frac{ESS}{2} \sim \chi_m^2 \tag{8.3.13}$$

동분산의 가설 H_0이 바르다면 ESS는 0에 가까운 값이 되므로, 계산된 $\dfrac{ESS}{2}$가 선택된 유의수준에서의 임계치보다 크면 동분산가설은 기각된다. 즉 이분산의 대립가설을 채택하게 된다.

8.3.5 White 검정

설명변수가 X_1, X_2의 두개인 경우를 예로 들면

$$Y_i = \beta_0 + \beta_1 X_{1i} + \beta_2 X_{2i} + u_i \tag{8.3.14}$$

White 검정은 다음과 같은 절차로 검정이 실시된다.

1단계 : (8.3.14)식에 OLS를 적용하여 잔차 $\hat{u}_i$를 구한다.
2단계 : 다음의 보조회귀를 실행한다.

$$\hat{u}_i^2 = \alpha_0 + \alpha_1 X_{1i} + \alpha_2 X_{2i} + \alpha_3 X_{1i}^2 + \alpha_4 X_{2i}^2 + \alpha_5 X_{1i} X_{2i} + v_i \tag{8.3.15}$$

이 보조회귀의 결정계수 R^2을 구한다.
3단계 :

$$H_0 : \alpha_1 = \alpha_2 = \cdots = \alpha_5 \qquad (\text{동분산}) \tag{8.3.16}$$

위의 동분산의 귀무가설 H_0가 바르면

$$nR^2 \sim \chi_{df}^2 \tag{8.3.17}$$

가 된다. 자유도(df)는 보조회귀에서 정수항을 제외한 회귀변수의 수이다. 여기서는 5이다. 즉 계산된 nR^2이 선정된 유의수준에서 임계치보

다 크면 동분산의 귀무가설 H_0이 기각된다. 그때는 이분산의 대립가설이 채택된다.

8.4 이분산의 해결 방안

이분산의 문제에 대해서 다음과 같이 두가지 해결 방안이 알려져 있다.

(1) 이분산 σ_i^2이 알려져 있을 때의 해결 방법

(2) 이분산 σ_i^2이 알려져 있지 않을 때의 일반적인 해결 방법

8.4.1 이분산 σ_i^2이 알려져 있을 때

이분산이 알려져 있을 때는 이것을 이용하여 동분산이 되도록 변수를 변환한 후에 OLS를 적용한다.

단순회귀모형

$$Y_i = \alpha + \beta X_i + u_i \tag{8.4.1}$$

에서 이분산이 다음과 같다고 하자.

$$Var(u_i) = \sigma_i^2 = \sigma^2 Z_i^2 \tag{8.4.2}$$

여기서 Z_i는 기지이며, σ^2는 일정한 상수로서 알려져 있지 않아도 상관없다. 그러면 (8.4.1)식을 Z_i로 나누어서 통상적 최소자승법을 적용한다. 즉 변수를 다음과 같이 변환한다.

$$Y_i^* = \frac{Y_i}{Z_i},\ X_{0i}^* = \frac{1}{Z_i},\ X_i^* = \frac{X_i}{Z_i},\ u_i^* = \frac{u_i}{Z_i} \tag{8.4.3}$$

그러면 (8.4.1)식은 다음과 같은 변환된 회귀식이 된다.

$$(\frac{Y_i}{Z_i}) = \alpha(\frac{1}{Z_i}) + \beta(\frac{X_i}{Z_i}) + (\frac{u_i}{Z_i}) \tag{8.4.4}$$

또는 다음과 같이 표현된다.

$$Y_i^* = \alpha X_{0i}^* + \beta X_i^* + u_i^* \tag{8.4.5}$$

(8.4.5)식에서 u_i^*의 분산은

$$Var(u_i^*) = Var(\frac{u_i}{Z_i}) = \frac{1}{Z_i^2}\sigma^2 Z_i^2 = \sigma^2 \tag{8.4.6}$$

이 되므로 동분산이 된다. 그러므로 (8.4.5)식은 고전적 선형회귀모형의 기본가정을 만족하므로 통상적 최소자승법을 적용하여 파라메터를 추정할 수 있다. 여기서 구한 추정량은 가중최소자승추정량이 되며, BLUE가 된다는 것을 8.2.2에서 검토하였다. 단지 (8.4.5)식은 정수항을 가지고 있지 않으므로, 추정결과의 결정계수 R^2와 자유도수정 결정계수 $\overline{R^2}$은 통상의 의미를 갖지 않는다는 것에 주의할 필요가 있다.

8.4.2 이분산 σ_i^2이 알려져 있지 않을 때

이분산이 알려져 있지 않을 때는 이분산을 발생시키는 함수형을 상정하고, 동일분산이 되도록 변수를 변환하는 방법과 변수에 자연대수를 취하여 이분산을 해결하는 방법이 있다.

1. 이분산이 설명변수의 제곱에 비례하는 경우

$$Var(u_i) = \sigma^2 X_i^2 \tag{8.4.7}$$

이때는 모형의 변수를 X_i로 나누어서 변환된 변수에 OLS를 적용한다. 즉,

$$Y_i^* = \frac{Y_i}{X_i},\ X_{0i}^* = \frac{1}{X_i},\ 1 = \frac{X_i}{X_i},\ u_i^* = \frac{u_i}{X_i} \tag{8.4.8}$$

그러면 (8.4.1)식은 다음과 같다.

$$(\frac{Y_i}{X_i}) = \alpha(\frac{1}{X_i}) + \beta + (\frac{u_i}{X_i}) \tag{8.4.9}$$

또는

$$Y_i^* = \alpha X_{0i}^* + \beta + u_i^* \tag{8.4.10}$$

(8.4.10)식의 u_i^*의 분산은

$$Var(u_i^*) = Var(\frac{u_i}{X_i}) = \frac{1}{X_i}\sigma^2 X_i^2 = \sigma^2 \tag{8.4.11}$$

이 되어 동분산이 된다. 따라서 (8.4.10)식에 OLS를 적용한다.

그런데 (8.4.10)식에서는 기울기계수 β가 정수항으로 되어 있고, 절편항(정수항)의 계수 α가 기울기변수로 되어 있으므로, 추정 후 양변에 변수 X_i를 곱하면 원래의 모형으로 나타낼 수 있다.

2. 이분산이 설명변수에 비례하는 경우

$$Var(u_i) = \sigma^2 X_i \tag{8.4.12}$$

이때는 모형의 변수들을 $\sqrt{X_i}$로 나누어서 변수를 변환하고 OLS를 적용한다. 즉,

$$Y_i^* = \frac{Y_i}{\sqrt{X_i}},\ X_{0i}^* = \frac{1}{\sqrt{X_i}},\ X_i^* = \frac{X_i}{\sqrt{X_i}},\ u_i^* = \frac{u_i}{\sqrt{X_i}} \tag{8.4.13}$$

그러면 (8.4.1)식은 다음과 같이 나타낼 수 있다.

$$(\frac{Y_i}{\sqrt{X_i}}) = \alpha(\frac{1}{\sqrt{X_i}}) + \beta(\frac{X_i}{\sqrt{X_i}}) + (\frac{u_i}{\sqrt{X_i}}) \qquad (8.4.14)$$

또는

$$Y_i^* = \alpha X_{0i}^* + \beta X_i^* + u_i^* \qquad (8.4.15)$$

(8.4.15)식의 u_i^*의 분산은

$$Var(u_i^*) = Var(\frac{u_i}{\sqrt{X_i}}) = \frac{1}{X_i}\sigma^2 X_i = \sigma^2 \qquad (8.4.16)$$

이 되어 동분산이 된다. 따라서 (8.4.15)식에 OLS를 적용한다.

3. 변수들에 자연대수를 취하여 추정한다

(8.4.1)식의 X, Y변수에 자연대수를 취하면 다음 식이 된다.

$$\ln Y_i = \alpha + \beta \ln X_i + u_i \qquad (8.4.17)$$

변수에 자연대수를 취하면 일반변수에 비하여 변수들의 변동이 축소되는 효과가 있으므로, 오차항의 분산도 축소되어 동분산이 될 가능성이 높다. 그러나 자연대수를 취한다 하더라도 항상 이분산이 해결되는 것은 아니므로 주의할 필요가 있다.

한편 자연대수를 취한 모형의 장점은 회귀계수 β가 탄력성을 나타낸다는 것이다. 즉 X가 1% 변할 때 Y가 몇 % 변하는가를 나타낸다. 이러한 이유로 이분산의 개선책으로서뿐만 아니라 실증분석에서의 유용성으로 인하여 대수변환의 모형이 많이 이용되고 있다고 하겠다.

8.5 예제 8

다음은 20가구의 소비지출(Y)과 소득(X)에 관한 가상적인 횡단면 자료이다.

	Y	X
1	105.2	132.1
2	31.3	50.5
3	32.6	55.8
4	54.5	77.1
5	39.7	64.3
6	50.8	75.3
7	74.7	96.9
8	81.4	109.3
9	89.3	114.6
10	90.1	118.8
11	116.0	141.3
12	122.7	150.9
13	252.0	296.7
14	138.4	167.3
15	154.3	182.3
16	173.0	207.9
17	198.8	236.2
18	217.6	258.9
19	226.6	228.8
20	270.5	310.2

〈표 8.1〉

이 자료를 이용하여 다음의 회귀식을 추정하여

$$Y_i = \alpha + \beta X_i + u_i \tag{8.5.1}$$

소비지출(Y)과 소득(X)과의 관계에서 이분산이 존재하는지를 여러 검정법을 이용하여 검정한다.

8.5.1. Park 검정

<표 8.1>의 자료를 이용하여 추정한 결과는 다음과 같다.

$$\hat{Y}_i = -18.0368 + 0.9366X \qquad R^2 = 0.9896 \qquad (8.5.2)$$
$$se = (3.8886) \quad (0.0266)$$
$$t = (-4.6490) \quad (41.5163)$$

여기서 se는 표본표준오차, t는 t통계량이다. 추정결과를 보면 결정계수 R^2 =0.9896으로 X의 결정력이 높으며, 기울기계수의 t값은 1% 유의수준에서 유의한 것으로 나타났다.

이 추정식으로부터 구한 잔차 $\hat{u}_i$를 이용하여 이분산이 존재하는지를 검정하기 위해서 (8.3.3)식을 회귀한 결과는 다음과 같다.

$$\widehat{\ln \hat{u}_i^2} = -8.4083 + 1.822X_i \qquad R^2 = 0.0759 \qquad (8.5.3)$$
$$se = (7.5870) \quad (1.5397) \qquad df = 18$$
$$t = (-1.1083) \quad (1.2158)$$

자유도 18에서 5% 유의수준에 대한 t임계치(양쪽검정)는 2.1이다. 계산된 t =1.2158이 임계치보다 작기 때문에 통계적으로 유의한 관계가 존재하지 않는다. 즉 Park검정에 의하면 오차분산에 이분산이 없다는 결과가 된다.

8.5.2. Goldfeld-Quandt(GQ) 검정

<표 8.1>에 나타난 자료를 X에 관해서 크기가 작은 쪽으로부터 순서대로 재정렬한 자료가 <표 8.2>에 나타나 있다.

	Y	X
1	31.3	50.5
2	32.6	55.8
3	39.7	64.3
4	50.8	75.3
5	54.5	77.1
6	74.7	96.9
7	81.4	109.3
8	89.3	114.6
9	90.1	118.8
10	105.2	132.1
11	116.0	141.3
12	122.7	150.9
13	138.4	167.3
14	154.3	182.3
15	173.0	207.9
16	226.6	228.8
17	198.8	236.2
18	217.6	258.9
19	252.0	296.7
20	270.5	310.2

〈표 8.2〉

중간의 4개의 관측치를 제외한 다음, 제1집단의 8개의 자료와 제2집단의 8개의 자료에 관해서 회귀한 결과는 각각 다음과 같다.

제1집단(X가 작은 쪽) :

$$\hat{Y}_i = -18.0897 + 0.9304X_i \qquad R^2 = 0.9927 \qquad (8.5.4)$$

$$se = (2.7213) \quad (0.0326) \qquad RSS_1 = 25.9049$$

$$t = (-6.6473) \quad (28.5756) \qquad df_1 = 6$$

제2집단(X가 큰 쪽) :

$$\hat{Y}_i = -4.6195 + 0.8834X_i \qquad R^2 = 0.9334 \qquad (8.5.5)$$

$$se = (23.1991) \quad (0.0963) \qquad RSS_2 = 1011.3232$$
$$t = (-0.1991) \quad (9.1695) \qquad df_2 = 6$$

이상의 결과로부터 다음의 비율 λ를 계산한다.

$$\lambda = \frac{RSS_2/df_2}{RSS_1/df_1} = \frac{1011.3232/6}{25.9049/6} = 39.0398 \tag{8.5.6}$$

5%의 유의수준에서 분모와 분자의 자유도가 모두 6인 경우 F임계치는 4.28이고 1%의 유의수준에서는 8.47이다. 계산된 통계량 39.0398은 1%의 유의수준의 임계치보다 크기 때문에 동분산의 귀무가설을 기각한다. 따라서 Goldfeld–Quandt 검정에서는 오차분산에 이분산이 존재한다는 결론을 내릴 수 있다.

8.5.3. Breusch–Pagan–Godfrey(BPG) 검정

<표 8.1>의 자료로부터 Y를 X에 회귀한 결과는 다음과 같다.

1단계 :

$$\hat{Y}_i = -18.0368 + 0.9366X_i \qquad R^2 = 0.9897 \tag{8.5.7}$$
$$se = (3.8881) \quad (0.0226) \qquad RSS = 1110.3983$$
$$t = (-4.6390) \quad (41.5163)$$

추정된 결과로부터 구한 잔차 $\hat{u}_i$를 이용하여 σ^{2*}을 구한다.

2단계 :

$$\sigma^{2*} = \frac{\sum \hat{u}_i^2}{n} = \frac{1110.3938}{20} = 55.5199 \tag{8.5.8}$$

3단계 :

$$R_i = \frac{\hat{u}_i^2}{\sigma^{2*}} \text{를 구한다.} \tag{8.5.9}$$

4단계 :

$$\begin{aligned} \hat{R}_i &= -0.9053 + 0.0124X_i \qquad R^2 = 0.0923 \qquad (8.5.10) \\ se &= (1.8022) \quad (0.0105) \qquad ESS = 18.6118 \\ t &= (-0.5023) \quad (1.1850) \end{aligned}$$

5단계 :

$$\frac{ESS}{2} = \frac{18.6118}{2} = 9.3059 \tag{8.5.11}$$

$\frac{ESS}{2}$는 점근적으로 자유도 1의 χ^2분포에 따른다. 유의수준 5%에서 자유도 1의 χ^2의 임계치는 3.841이고 1%의 유의수준에서는 6.635이다. 그러므로 계산된 검정통계량 9.3059는 1% 유의수준에서 유의하다. 즉 동분산의 귀무가설을 기각한다. 따라서 Breusch–Pagan–Godfrey 검정에 의하면 오차분산에 이분산이 존재한다는 결론을 내릴 수 있다.

8.5.4. White 검정

1단계 : Y를 X에 회귀한 결과는 Breusch–Pagan–Godfrey 검정에서의

1단계와 같다. 잔차를 이용하여 다음의 보조회귀를 구하면 다음과 같다.

2단계 :

$$\hat{u}_i^2 = -152.4775 + 2.1780X_i - 0.0043X_i^2 \quad R^2 = 0.0872 \qquad (8.5.12)$$

$$se = (219.5031) \quad (2.8936) \quad (0.0081)$$

$$t = (-0.6947) \quad (0.7527) \quad (-0.1261)$$

3단계 : $nR^2 = 1.7444$ (8.5.13)

검정통계량 nR^2 은 자유도 2의 χ^2분포에 따른다. 유의수준 5%에서 자유도 2의 χ^2 임계치는 5.981이다. 계산된 통계량 1.7444는 임계치보다 작으므로 동분산의 귀무가설은 기각될 수 없다. 즉 White 검정에서는 오차분산이 동분산이라는 결론을 내릴 수 있다.

8.5.5 가중최소자승(WLS) 추정

Y를 X에 회귀한 결과는 다음과 같다.

$$\widehat{Y}_i = -18.0368 + 0.9366X_i \qquad R^2 = 0.9897 \qquad (8.5.14)$$

$$se = (3.8881) \quad (0.0226)$$

$$t = (-4.6390) \quad (41.5163)$$

분산이 다음과 같이

$$Var(u_i) = \sigma^2 X_i^2 \qquad (8.5.15)$$

발생한다고 가정하여 변수를 X_i 로 나누어 변환된 식에 회귀한 결과는 다음과 같다.

$$\widehat{\left(\frac{Y_i}{X_i}\right)} = -18.6745\left(\frac{1}{X_i}\right) + 0.9406 \qquad R^2=0.8601 \qquad (8.5.16)$$

$$se = (1.7554) \qquad (0.0175)$$

$$t = (-10.5181) \qquad (53.6407)$$

8.5.6 대수변환자료의 추정

$$\ln\widehat{Y_i} = -1.3183 + 1.2166\ln X_i \qquad R^2 = 0.9933 \qquad (8.5.17)$$

$$se = (0.1156) \qquad (0.0235)$$

$$t = (-11.4001) \qquad (51.8412)$$

대수변환된 자료를 이용하여 중간의 4개의 관측치를 제외한 회귀식의 Goldfeld–Quandt 검정결과는 다음과 같다.

$$\lambda = \frac{RSS_2/df_2}{RSS_1/df_1} = \frac{0.0233/6}{0.0099/6} = 2.234 \qquad (8.5.18)$$

5% 유의수준에서 분자와 분모의 자유도가 6인 F임계치는 4.28이므로 계산된 통계량은 임계치보다 작기 때문에 동분산의 귀무가설을 기각할 수 없다. 따라서 Goldfeld–Quandt 검정에서는 자연대수를 취한 변수의 회귀모형의 경우 오차분산은 동분산이라는 결론을 내릴 수 있다.

연습문제 8 Exercise

[1] 선형회귀모형

$$Y_i = \alpha + \beta X_i + \mu_i \qquad (8.6.1)$$

에 대해서 이 분산이 다음과 같다고 하였을 때 GLS추정을 위한 절차에 대해서 설명하여라.

(1) $Var(u_i) = \sigma^2$

(2) $Var(u_i) = \sigma^2 \widehat{Y}_i$

[2] 다음은 20가구의 소비지출(Y)과 소득(X)에 관한 가상적인 횡단면자료이다.

	Y	X
1	7.9	8.1
2	33.1	34.5
3	33.5	38.0
4	13.0	14.1
5	15.0	16.5
6	19.9	22.3
7	31.2	32.3
8	31.8	36.6
9	12.1	12.1
10	40.7	42.3
11	21.6	24.1
12	29.3	30.1
13	25.0	28.3
14	17.9	18.2
15	19.8	20.1
16	6.1	6.2
17	38.6	44.2
18	25.6	26.2
19	10.6	10.8
20	38.5	40.2

〈표 8.3〉

이 자료를 이용하여 다음의 회귀식

$$Y_i = \alpha + \beta X_i + u_i \tag{8.6.2}$$

을 추정하여, 소비지출(Y)과 소득(X)과의 관계에서 이분산이 존재하는지를 여러 검정법을 이용하여 검정하려고 한다.

(1) Park 검정을 실시하여 이분산을 검정하라.

(2) Goldfeld–Quandt 검정을 실시하여 이분산을 검정하라.
단, 분산이 다음과 같이 X와 양의 관계를 갖고 있다고 하자.
$Var(u_i) = \sigma^2 X_i^2$
X를 크기 순으로 정렬하였을 때, 가운데 자료(C)를 다음과 같이 제외하여 검정하고, 결과를 비교하여라.
$C = 2, 4, 6$

(3) Breusch–Pagan–Godfrey 검정을 실시하여 이분산을 검정하라.

(4) White 검정을 실시하여 이분산을 검정하라.

[3] [2]의 검정결과 이분산이 다음과 같다고 하였을 때 GLS추정을 하라.

(1) $Var(u_i) = \sigma^2 X_i$

(2) $Var(u_i) = \sigma^2 X_i^2$

[4] [1]의 문제에서 대수변환된 다음의 모형

$$\ln Y_i = \alpha + \beta \ln X_i + u_i \tag{8.6.3}$$

을 이용하여 추정하고, Goldfeld–Quandt 검정을 실시하여 이분산을 검정하라(단, 중간의 4개의 관측치를 제외).

제9장 자기상관

고전적 선형회귀모형의 기본가정 중 오차항에 자기상관이 없다는 가정이 있다. 즉 오차항은 서로 독립이라는 가정이다. 이 자기상관의 문제는 시계열자료에서 주로 많이 발생하는 문제이며 횡단면자료에서는 별로 문제되지 않는다. 왜냐하면 자기상관이란 i번째의 오차항(종속변수의 변동을 설명할 수 없는 부분)이 j번째의 오차항에 영향을 준다는 가정인데, 횡단면자료에서는 자료의 순번이 편의적으로 정해진 것으로 어떤 본질적 의미가 없기 때문이다. 따라서 자기상관의 문제는 경제시계열자료에서 주로 많이 발생하는 문제이다.

이 장에서는 다음의 문제들을 순차적으로 살펴보게 된다.

(1) 자기상관은 어떤 성질이며, 자기상관이 발생하는 이유는 무엇인가?

(2) 자기상관이 있을 때 통상적 최소자승법을 적용하면 어떤 결과가 생기는가?

(3) 자기상관을 어떻게 탐지할 것인가?

(4) 자기상관이 있을 때 이를 어떻게 개선하는가?

9.1 자기상관의 의미 및 발생이유

9.1.1 자기상관의 의미

임의의 시점 t에 있어서 Y의 X에 대한 의존관계를 다음의 선형관계로 설정하기로 한다.(자기상관이 시계열자료에서 많이 발생하다는 관점에서 아래 첨자로 시점을 나타내는 t를 사용하기로 한다.)

$$Y_t = \alpha + \beta X_t + u_t \qquad (t = 1,\ 2,\ \cdots,\ n) \tag{9.1.1}$$

이 회귀모형에서 자기상관이 존재하지 않는다(Nonautocorrelation)는 가정은 다음과 같다.

$$Cov(u_t, u_{t-s}) = E(u_t u_{t-s}) = 0 \qquad (s \neq 0) \tag{9.1.2}$$

자기상관이 존재(Autocorrelation)하는 경우에는

$$Cov(u_t,\ u_{t-s}) = E(u_t u_{t-s}) \neq 0 \tag{9.1.3}$$

이 될 것이다. 이 경우는 자기상관 또는 계열상관(serial correlation)이 존재한다고 한다.

그러면 자기상관은 어떤 구조로 존재하는지를 생각해 보자. 자기상관이 존재한다는 것은 임의의 시점 t에 있는 오차항 u_t와 $t-s$시점에 있는 오차항 u_{t-s} 사이에 상관관계가 존재한다는 것이다. 여기서 u_t와

u_{t-s}의 상관은 두 시점의 시차 s가 감소하면 강해지고 증가하면 점점 약해져서 큰 s에 대해서는 0이 될 정도로 작아진다고 생각하는 것이 현실적이다. 이상과 같은 전제하에 가장 많이 사용하는 관계는 u_t와 1기 전의 u_{t-1} 사이에 다음과 같은 상관관계가 존재한다는 가정이다.

$$u_t = \rho u_{t-1} + \epsilon_t \tag{9.1.4}$$

여기서 ϵ_t는 서로 독립이고, 평균 0, 분산 σ_ϵ^2의 정규분포 $N(0, \sigma_\epsilon^2)$에 따르는 확률변수이다. 즉

$$\begin{aligned} &Cov(\epsilon_t, \epsilon_{t-s}) = 0 \\ &E(\epsilon_t) = 0 \\ &Var(\epsilon_t) = \sigma_\epsilon^2 \\ &\epsilon_t \sim N(0, \sigma_\epsilon^2) \end{aligned} \tag{9.1.5}$$

이다. 그리고 자기상관계수 ρ는

$$-1 < \rho < 1 \tag{9.1.6}$$

이 되는 상수이다.

u_t가 (9.1.4)식과 같이 나타내어질 때, u_t는 1계의 자기회귀과정(first-order auto regression process) 또는 AR(1)에 따른다고 한다.

자기상관계수 ρ에 관해서, $0 < \rho < 1$일 경우 즉 u_t가 1계의 양의 자기상관을 하고 있을 때, $u_{t-1} > 0$이면 $u_t > 0$이 되기 쉽고, $u_{t-1} < 0$이

면 $u_t < 0$이 되기 쉽다. 이 관계가 <그림 9.1>에 나타나 있다.

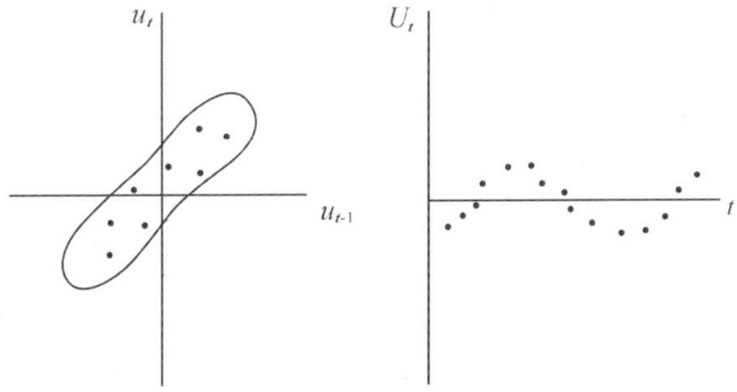

〈그림 9.1〉

또한 $-1 < \rho < 0$일 경우 즉 u_t가 1계의 음의 자기상관을 하고 있을 때, $u_{t-1} > 0$이면 $u_t < 0$, $u_{t-1} < 0$ 이면 $u_t > 0$이 되기 쉽다. 이 관계는 <그림 9.2>에 나타나 있다. 그러나 오차항 ϵ_t의 값에 따라서 달라지기 때문에 반드시 같은 방향 또는 반대 방향으로 변동하지는 않는다.

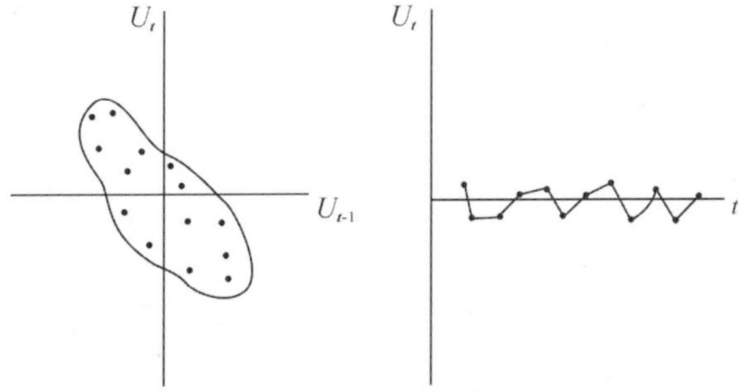

〈그림 9.2〉

그러면 u_t가 (9.1.4)식과 같이 1계자기회귀과정에 따를 때 u_t의 평균, 분산, 공분산은 어떻게 되는가를 살펴보기로 한다.

(9.1.4)식에서 u_t를 시차를 낮추어 반복적으로 대입하면 다음과 같이

ϵ_t에 의해서 나타낼 수 있다.

$$
\begin{aligned}
u_t &= \rho u_{t-1} + \epsilon_t = \rho(\rho u_{t-2} + \epsilon_{t-1}) + \epsilon_t \\
&\vdots \\
&= \epsilon_t + \rho\epsilon_{t-1} + \rho^2\epsilon_{t-2} + \cdots
\end{aligned} \tag{9.1.7}
$$

ϵ_t는 $E(\epsilon_t)=0$이기 때문에 (9.1.7)식에 기대치를 취하면 u_t의 평균은 0이 된다.

$$E(u_t) = E(\epsilon_t + \rho\epsilon_{t-1} + \rho^2\epsilon_{t-2} + \cdots) = 0 \tag{9.1.8}$$

u_t의 분산은 다음과 같이 구한다

$$
\begin{aligned}
Var(u_t) &= \sigma_u^2 = E[u_t - E(u_t)]^2 \\
&= E[\epsilon_t + \rho\epsilon_{t-1} + \rho^2\epsilon_{t-2} + \cdots]^2 \\
&= (\frac{1}{1-\rho^2})\sigma_\epsilon^2
\end{aligned} \tag{9.1.9}
$$

u_t와 u_{t-1}의 공분산은 다음과 같으며

$$
\begin{aligned}
Cov(u_t, u_{t-1}) &= E[u_t - E(u_t)][u_{t-1} - E(u_{t-1})] \\
&= E[u_t u_{t-1}] \\
&= \rho\sigma_\epsilon^2
\end{aligned} \tag{9.1.10}
$$

같은 방법으로, u_t와 u_{t-s}의 공분산은 다음과 같다.

$$\begin{aligned} Cov(u_t, u_{t-s}) &= E[u_t - E(u_t)][u_{t-s} - E(u_{t-s})] \\ &= E[u_t u_{t-s}] \\ &= \rho^s \sigma_\epsilon^2 \end{aligned} \tag{9.1.11}$$

즉 u_t의 분산과 공분산은 모두 자기상관계수 ρ에 의존하고 있으며, 공분산인 경우는 시차 s가 클수록 크기가 작아지는 것을 알 수 있다.

9.1.2 자기상관의 발생 이유

오차항은 종속변수를 설명하는 데 있어서 모형에 포함된 설명변수 이외의 모든 요인을 포함하고 있다. 그러므로 자기상관은 오차항의 요인들 사이의 상관을 의미한다. 자기상관을 발생시키는 원인은 모형을 잘못 설정하여 발생하는 경우와, 오차항 자체가 자기상관을 하고 있는 경우로 크게 나눌 수 있다. 몇 가지 주요한 원인을 열거하면 다음과 같다.

1. 설명변수의 제외

원래의 모형은

$$Y_t = \alpha + \beta X_t + \gamma Z_t + \epsilon_t \tag{9.1.12}$$

으로, ϵ_t는 기본가정을 만족하면서 자기상관이 없다. 그런데 Z변수를 모형에서 제외하여 (9.1.1)식으로 정식화하면 u_t는 다음과 같다.

$$u_t = \gamma Z_t + \epsilon_t \qquad (9.1.13)$$

그러므로 u_t는 계열적으로 독립이 아니고 체계적인 변동을 하게 된다. 따라서 (9.1.1)식의 모형에 자기상관이 발생하게 되는 것이다.

2. 종속변수의 시차변수(Y_{t-1})의 제외

원래의 모형은

$$Y_t = \alpha + \beta X_t + \delta Y_{t-1} + \epsilon_t \qquad (9.1.14)$$

와 같이 종속변수의 1기 전 시차변수(Y_{t-1})를 설명변수로 포함하고 있는데, 이를 제외하고 (9.1.1)식을 추정하면 Y_{t-1}에 포함된 동학적 성질이 모두 u_t에 남아 있게 되어 강한 자기상관이 나타나게 되는 경우이다. 시차분포모형은 코익변환을 통하여 (9.1.14)식과 같이 나타낼 수 있으며, 이에 관해서는 제11장에서 다룬다.

3. 함수형의 잘못

원래의 모형은

$$Y_t = \alpha + \beta X_t + \gamma X_t^2 + \epsilon_t \qquad (9.1.15)$$

와 같이 비선형(2차식)의 모형인데, 이것을 선형인 (9.1.1)식을 추정하면 u_t는 $u_t = \gamma X_t^2 + \epsilon_t$와 같아서 체계적인 자기상관을 발생시키게 된다.

4. 관성

GDP, 소비, 투자, 수출, 소비자물가지수 등 거시적 경제변수들은 지속적 또는 순환적인 변동을 함께하는 경향이 있다. 즉 호황기에는 모든 변수들이 상향으로 변동하고, 반대로 불황기에는 하향으로 변동하는 경우가 많다. 이럴 때 이들 변수들을 함께 모형에 포함하면 오차항에 자기상관이 발생하게 된다.

5. 거시적 쇼크의 지속 및 자료의 시간단위

(9.1.1)식에서 Y를 소비지출, X를 소득이라 생각하면 오차항은 소득 이외의 요인을 나타낸다. 그런데 어떤 원인에 의해서 소득 이외의 요인이 발생하면 이것은 오차항을 통해서 소비지출에 영향을 준다. 이때 그 영향이 그 기에 완결되지 않고 다음 기 또는 그다음 기에까지 이전된다면 자기상관이 발생하게 된다.

이런 현상은 데이터의 시간단위가 짧을수록 발생할 가능성이 높다. 즉 연차데이터의 분석에서는 조정이 1년 내에 종료되면 자기상관의 발생은 상대적으로 작다. 그러나 조정이 1년 내에 완결되지 않으면 분기별자료나 월차자료로 분석할 경우 자기상관이 발생할 가능성은 훨씬 높아질 것이다.

9.2 자기상관의 결과

오차항에 자기상관이 발생하고 있다고 가정하자. 그런데 이 사실을 알지 못하고 고전적 선형회귀모형의 모든 기본가정이 성립하고 있다고 생각하여 통상적 최소자승법을 적용하였을 때 어떤 결과가 초래되는지를 검토해 보기로 한다.

단순회귀모형

$$Y_t = \alpha + \beta X_t + u_t \tag{9.2.1}$$

에서 자기상관이 존재하지 않을 때 β에 대한 통상적 최소자승추정량 $\hat{\beta}$는

$$\hat{\beta} = \frac{\sum x_t y_t}{\sum x_t^2} \tag{9.2.2}$$

으로 구할 수 있으며, $\hat{\beta}$의 분산 $Var(\hat{\beta})$은 다음과 같은 것을 제3장에서 검토하였다.

$$Var(\hat{\beta}) = \sigma_{\hat{\beta}}^2 = \frac{\sigma^2}{\sum x_t^2} \tag{9.2.3}$$

σ^2에 대한 불편추정량 $\hat{\sigma}^2$이 다음과 같이 계산되면,

$$\hat{\sigma}^2 = \frac{\sum \hat{u}_t^2}{n-2} \tag{9.2.4}$$

$Var(\hat{\beta})$의 불편분산의 추정치는 다음과 같이 구할 수 있었다.

$$\widehat{Var}(\hat{\beta}) = \widehat{\sigma_{\hat{\beta}}}^2 = \frac{\hat{\sigma}^2}{\sum x_t^2} \tag{9.2.5}$$

(1) (9.2.1)식의 단순회귀모형에서 오차항 u_t가 1계자기회귀과정에

따른다고 하자.

$$u_t = \rho u_{t-1} + \epsilon_t \tag{9.2.6}$$

ϵ_t는 (9.1.5)의 성질을 가지며, 그때의 u_t의 평균, 분산, 공분산은 (9.1.8), (9.1.9), (9.1.11)의 성질을 가진다.

이때 모든 기본가정이 성립하고 있다고 생각하여 통상적 최소자승법을 적용하였을 때의 최소자승추정량을 $\widehat{\beta^A}$라 하면

$$\widehat{\beta^A} = \frac{\sum x_t y_t}{\sum x_t^2} = \beta + \frac{\sum x_t u_t}{\sum x_t^2} \tag{9.2.7}$$

이 된다. 여기서 u_t의 평균이 0이기 때문에 $\widehat{\beta^A}$의 기대치는 β가 된다.

$$E(\widehat{\beta^A}) = \beta \tag{9.2.8}$$

즉 자기상관이 존재하더라도 불편성을 가진다. 그리고 선형성도 가진다. 그러나 최소분산은 아니다. 그러므로 최량선형불편추정량(BLUE)이 아니다.

(2) 자기상관이 존재할 때의 β의 진의 분산은 다음과 같이 주어진다.

$$Var(\widehat{\beta^A}) = \frac{\sigma}{\sum x_t^2}(1 + 2\rho r_1 + 2\rho^2 r_2 + \cdots + 2\rho^{n-1} r_{n-1}) \tag{9.2.9}$$

$$단,\ r_j = \frac{\sum_{t=j+1}^{n} x_t x_{t-j}}{\sum_{t=1}^{n} x_t^2} \qquad (j=1,\ 2,\ \cdots,\ n-1)$$

(9.2.9)식의 오른쪽 항에서 ( )는 자기상관이 존재하기 때문에 필요한 부분이다. 이 항에서 1을 제외한 나머지의 부분은 ρ와 x에 의존하여 양의 부호 또는 음의 부호가 될 수 있다. 그런데 경제시계열자료를 생각하면 시간이 지남에 따라 점점 커지는 경향을 보이는 것이 일반적이다. 그러므로 u_t와 x에 관해서는 음의 자기상관보다 양의 자기상관을 가지는 경우가 많기 때문에 (9.2.9)식 오른쪽 항의 ( ) 안은 1보다 크다고 생각할 수 있다. 따라서 자기상관이 존재할 때의 β의 분산인 (9.2.9)식은 자기상관이 존재하지 않을 때의 분산인 (9.2.3)식 보다 크다.

즉 자기상관이 존재하는지를 알지 못하고 최소자승법을 적용하였을 때의 β의 분산은 $\rho > 0$이고, x가 양의 자기상관을 하고 있을 경우에는 진의 분산을 과소평가하고 있는 것이 된다.

(3) 자기상관이 존재하지 않을 때 분산 σ^2의 불편분산은 (9.2.4)식의 $\hat{\sigma}^2$이다. 그런데 자기상관이 존재하게 되면

$$E(\hat{\sigma}^2) < \sigma^2 \qquad (9.2.10)$$

이 되어 $\hat{\sigma}^2$은 σ^2의 불편분산이 아니게 되고, $\hat{\sigma}^2$은 σ^2를 과소추정하게 된다.

$\hat{\sigma}^2$이 σ^2를 과소추정한다는 것은 결정계수 R^2이 과대하게 계산된다는 것을 의미한다.

즉 결정계수의 정의식에서 (9.2.4)식의 관계를 대입하면

$$R^2 = 1 - \frac{\sum \hat{u}_t^2}{\sum y_t^2} = 1 - \frac{(n-2)\hat{\sigma}^2}{\sum y_t^2} \qquad (9.2.11)$$

이 되는데, $\hat{\sigma}^2$이 과소추정되면 R^2이 과대하게 계산되는 것이다.

(4) $\hat{\beta}$의 분산의 추정치 $\widehat{\sigma_{\hat{\beta}}}^2$는 (9.2.5)식으로 주어지며, $\hat{\sigma}^2$가 과소추정되기 때문에 $\widehat{\sigma_{\hat{\beta}}}^2$도 진의 분산을 과소추정하게 된다. 이것은 $\hat{\beta}$의 표준편차 $\widehat{\sigma_{\hat{\beta}}}$도 과소추정되는 결과를 초래하며 그 결과 t값은 과대 계산된다.

$$t_0 = \frac{\hat{\beta}}{\widehat{\sigma_{\hat{\beta}}}} \qquad (9.2.12)$$

t_0가 과대하게 계산되면 β의 유의성검정에서 $\beta = 0$라는 귀무가설이 바르다 하더라도 진의 검정통계량 t를 사용할 때보다 귀무가설을 기각하기 쉽다는 것을 의미한다.

(5) β의 신뢰구간(구간추정)을 구한다고 하자. 95%의 신뢰구간은

$$|\beta| \leq \hat{\beta} \pm t_{(0.025)} \cdot \widehat{\sigma_{\hat{\beta}}} \qquad (9.2.13)$$

으로 구한다. 그런데 자기상관이 있을 때 $\widehat{\sigma_{\hat{\beta}}}$가 과소추정되기 때문에 신뢰구간의 폭이 실제보다 좁게 계산된다.

이상의 결과들을 종합적으로 정리하면, 자기상관이 존재할 때 이 사실을 알지 못하고 최소자승추정을 적용하면 모든 결론이 분석자에게 좋게 나타난다. 즉 자기상관이 존재할 때의 OLS추정량은 신뢰할 수 없다는 것을 의미한다.

9.3 자기상관의 탐지

9.3.1 그림에 의한 탐지

자기상관이 존재하는지를 탐지하는 가장 간단한 방법은 잔차를 구하여 그려 보는 것이다. 먼저 (9.1.1)식을 추정하여 잔차 $\hat{u}_t$를 구하고 <그림 9.1> 또는 <그림 9.2>와 같은 방법으로 그려 본다. 만약 양의 자기상관이 존재하면 <그림 9.1>에 가까운 형태를 보이고, 음의 자기상관이 존재하면 <그림 9.2>에 가까운 형태를 보일 것이다.

만약 자기상관이 존재하지 않으면 <그림 9.1>과 <그림 9.2>의 (A)에서 잔차 $\hat{u}_t$는 원점을 중심으로 무작위로 퍼져 있게 된다. 그림에 의한 탐지는 간단히 이용할 수 있는 장점이 있지만, 주관적인 판정으로 흐르기 쉬운 단점도 있다고 하겠다.

9.3.2 Durbin-Watson의 d검정

자기상관의 검정방법은 여러 가지 있지만 그중에서 가장 많이 이용되는 것이 Durbin–Watson 검정이라 불리는 방법이다. 그 절차와 방법은 다음과 같다.

다중회귀모형

$$Y_t = \beta_0 + \beta_1 X_{1t} + \beta_2 X_{2t} + \cdots + \beta_k X_{kt} + u_t \tag{9.3.1}$$

에 있어서 오차항 u_t가 1계의 자기회귀과정

$$u_t = \rho u_{t-1} + \epsilon_t \tag{9.3.2}$$

에 따른다고 하자.

(9.3.1)식의 OLS 잔차 $\hat{u}_t$로부터 다음과 같이 d통계량이 정의된다.

$$d = \frac{\sum_{t=2}^{n} (\hat{u}_t - \hat{u}_{t-1})^2}{\sum_{t=1}^{n} \hat{u}_t^2} \tag{9.3.3}$$

표본수 n이 클 때에는 (9.3.3)식의 d통계량은 다음과 같이 나타낼 수 있다.

$$d \approx 2(1 - \hat{\rho}) \tag{9.3.4}$$

여기서 $\hat{\rho}$는 자기상관계수의 추정치이며 $\approx$은 근사적으로 성립한다는 의미이다.

(9.3.4)식에서

(1) $\rho = 0$이면, $\hat{\rho} = 0$ 또는 0에 가까운 값이 될 것이고, 그때 d는 2 또는 2에 가까운 값이 된다. 즉 d가 2를 중심으로 그 근방에서는 자기상관이 없다는 것이다.

(2) $\rho = 1$이면, $\hat{\rho}$는 1 또는 1에 가까운 값이 될 것이므로, 그때 d는 0 또는 0에 가까운 값이 된다. 즉 d가 0에 가까울수록 양의 자기상관이 존재하게 된다.

(3) $\rho = -1$이면, $\hat{\rho}$는 −1 또는 −1에 가까운 값이 될 것이므로, 그때 d는 4 또는 4에 가까운 값이 된다. 즉 d가 4에 가까울수록 음의 자기상관이 존재하게 된다.

그런데 d검정에서는 판정할 수 없는 영역이 존재한다. 이 영역은 d의 하한분포와 상한분포로부터 얻는 검정의 임계치로서 d_L과 d_U으로 표시하는데, 표본수(n)와 정수항을 제외한 설명변수의 수(k')와 유의수준에 의존해서 정하여지며, Durbin−Watson d통계량의 수표로부터 구할 수 있다.

이상을 정리하면 d에 의한 1계의 자기상관의 검정방법은 다음과 같이 실시된다.

먼저 d가 2보다 작으면, 귀무가설(H_0)과 대립가설(H_1)

$$H_0 : \rho = 0$$
$$H_1 : \rho > 0 \tag{9.3.5}$$

에 대해서 다음과 같이 판정한다.

(1) $d < d_L$이면, H_0을 기각한다. 즉 통계적으로 유의한 양의 자기상관이 존재한다.

(2) $d > d_L$이면, H_0를 기각하지 않는다. 즉 자기상관이 존재하지 않는다.

(3) $d_L < d < d_U$이면, 자기상관이 존재하는지 아닌지를 판정할 수 없다.

다음으로 d가 2보다 크면, 귀무가설(H_0)과 대립가설(H_1)

$$H_0 : \rho = 0$$
$$H_1 : \rho < 0 \qquad (9.3.6)$$

에 대해서 다음과 같이 판정한다.

(1) $d > 4 - d_L$이면, H_0를 기각한다. 즉 통계적으로 유의한 음의 자기상관이 존재한다.

(2) $d < 4 - d_U$이면, H_0를 기각하지 않는다. 즉 자기상관이 존재하지 않는다.

(3) $4 - d_U < d < 4 - d_L$이면, 자기상관이 존재하는지 아닌지를 판정할 수 없다.

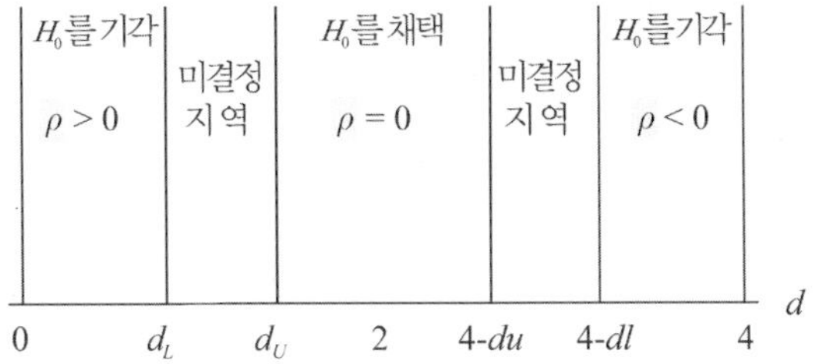

〈그림 9.3〉

이상의 판정기준을 그림으로 나타낸 것이 <그림 9.3>이다. d통계량에 의한 검정법은 소표본에서도 사용할 수 있기 때문에 자기상관의 검정법으로 가장 많이 사용되고 있으나 다음과 같은 한계점도 있다.

(1) 검정은 u_t가 1계의 자기상관에 따를 때 적용되며, 고계의 자기상관에는 적용되지 않는다.

(2) 설명변수에 시차를 가진 종속변수(Y_{t-1})가 포함되어 있는 경우는 사용할 수 없다. 이때에는 Durbin의 h 통계량에 의해서 검정할 수 있다. h 통계량에 대해서는 제11장에서 검토한다.

9.4 자기상관의 해결 방안

9.4.1 ρ를 알고 있을 경우

단순회귀모형

$$Y_t = \alpha + \beta X_t + u_t \tag{9.4.1}$$

에서 u_t가 다음과 같이 1계의 자기회귀과정에 따른다고 하자.

$$u_t = \rho u_{t-1} + \epsilon_t \tag{9.4.2}$$

여기서 ϵ_t는 (9.1.5)식의 성질을 만족하는 확률변수이다.

ρ를 알고 있을 경우 자기상관을 해결하는 방법은 u_t가 계열적으로 독립이 되도록 변수를 변환한다.

(9.4.1)식에서 선형관계가 t시점에서 성립하고 있으므로 $t-1$시점에서 성립한다고 하면 다음과 같다.

$$Y_{t-1} = \alpha + \beta X_{t-1} + u_{t-1} \tag{9.4.3}$$

(9.4.3)식의 양변에 ρ를 곱하고

$$\rho Y_{t-1} = \rho\alpha + \rho\beta X_{t-1} + \rho u_{t-1} \tag{9.4.4}$$

이것을 (9.4.1)식에서 빼 주면 다음 식이 된다.

$$Y_{t-1} - \rho Y_{t-1} = \alpha(1-\rho) + \beta(X_t - \rho X_{t-1}) + (u_t - \rho u_{t-1}) \tag{9.4.5}$$

여기서 다음과 같이 변수를 변환하면

$$Y_t^* = Y_t - \rho Y_{t-1}$$
$$X_t^* = X_t - \rho X_{t-1} \qquad (9.4.6)$$

(9.4.5)식은 Y_t^*가 X_t^*에 회귀하는 다음과 같은 식이 된다.

$$Y_t^* = a + \beta X_t^* + \epsilon_t \qquad (9.4.7)$$

여기서 $a = \alpha(1-\rho)$이고, $\epsilon_t = u_t - \rho u_{t-1}$이다.

(9.4.7)식은 ρ를 이용하여 변수를 변환한 식인데, 오차항이 ϵ_t가 되어 자기상관이 없기 때문에 이 식에 최소자승법을 적용한다. 이 때 얻어지는 β의 추정량을 β^*라 하면 이것을 일반화최소자승(GLS)추정량이라 한다. β^*는 최량선형불편추정량(BLUE)이다.

한편 (9.4.6)식과 같이 변수를 변환하면 첫 번째 관측치가 없어진다. 이것을 보충하는 방법은 다음과 같다.

$$Y_1^* = Y_1\sqrt{1-\rho^2}$$
$$X_1^* = X_1\sqrt{1-\rho^2} \qquad (9.4.8)$$

이와 같은 변환을 Prais–Winsten변환이라 한다.

9.4.2 ρ를 알지 못할 경우

일반적으로 ρ를 알고 있는 경우는 드물고 대부분 ρ를 알지 못한다.

이때에는 여러 방법으로 ρ를 구하고, ρ를 알고 있는 경우의 변수변환을 해준다.

1. 잔차로부터 ρ를 추정

(9.4.1)식에 OLS를 적용하여 잔차 $\hat{u}_t$를 구하고, 이것을 (9.4.2)식에 적용하여

$$\hat{u}_t = \rho \hat{u}_{t-1} + \epsilon_t \tag{9.4.9}$$

추정된 $\hat{\rho}$를 변수변환에 사용하는 방법이다.

2. d통계량으로 ρ를 구한다

대부분의 통계 패키지는 d통계량을 계산해 준다. 이렇게 구한 d통계량으로부터 (9.3.4)식을 이용하여 다음과 같이 구한다.

$$\hat{\rho} \approx 1 - \frac{d}{2} \tag{9.4.10}$$

3. Theil–Nagar가 제시한 $\hat{\rho}$

Theil–Negar는 소표본에서도 적용할 수 있는 $\hat{\rho}$를 다음과 같은 식으로 제안하였다.

$$\hat{\rho} = \frac{n^2(1 - \frac{d}{2}) + k^2}{n^2 - k^2} \tag{9.4.11}$$

여기서 n은 관측치의 수, k는 정수항을 포함하는 설명변수의 수이다.

9.4.3 Cochran-Orcutt 반복법

9.4.2에서는 여러 방법으로 ρ를 구하고 있는데, 모두 한 번의 방법으로 구하고 있다. 이에 비해서 Cochran-Orcutt의 방법은 ρ가 일정한 값에 수렴할 때까지 반복계산해서 구하는 방법이다.

제1단계 : (9.4.1)식에 OLS를 적용하여 잔차 $\hat{u}_t$를 구한다.

제2단계 : 잔차를 이용하여

$$\hat{u}_t = \rho \hat{u}_{t-1} + \epsilon_t$$

에 OLS를 적용하여 $\hat{\rho}$를 구한다.

제3단계 : 이 $\hat{\rho}$를 이용하여 (9.4.6)식과 같이 변수를 변환하여 변환된 (9.4.7)에 대해서 OLS를 적용한다.

제4단계 : 제3단계에서 구한 두 번째 잔차 $\hat{u}_t$를 이용하여 $\hat{\rho}$를 구하여 변수를 변환하는데, $\hat{\rho}$가 일정한 값에 수렴할 때까지 이 과정을 반복한다.

이상의 방법이 Cochran-Orcutt 방법이다.

9.5 예제 9

다음의 모형에 대해서 자기상관이 존재하는지를 검정하려고 한다.

$$C_t = \alpha + \beta Y_t + u_t \tag{9.5.1}$$

여기서 C_t는 소비지출, Y_t는 가처분소득으로서 모두 실질치이다. 변수 들의 데이터는 <표 9.1>에 나타나 있다.

년도 분기	C	Y	년도 분기	C	Y
1995:1	12086	13100	2002:1	14217	15579
2	12446	13237	2	14359	16027
3	12575	13670	3	14597	16119
4	12618	13760	4	14641	15984
1996:1	12691	13799	2003:1	14603	15721
2	12787	13844	2	14867	16173
3	12847	14069	3	15071	16268
4	12949	14069	4	15183	16481
1997:1	12959	14149	2004:1	15503	16885
2	12960	14165	2	15766	17842
3	13095	14418	3	15930	17554
4	13117	14473	4	16071	17797
1998:1	13304	15089	2005:1	16731	18312
2	13458	14481	2	16528	19082
3	13258	14442	3	16568	18912
4	13164	14486	4	16505	18780
1999:1	13311	14486	2006:1	16144	18405
2	13527	14781	2	16163	18537
3	13726	15127	3	16262	18981
4	13821	14991	4	16312	19100
2000:1	14290	15337	2007:1	16285	19096
2	13691	15249	2	16301	18379
3	13962	14921	3	15970	18266
4	14083	15106	4	15868	18027
2001:1	13960	15270	2008:1	16083	18359

2	13988	15243	2	16122	18176
3	14089	15254	3	16153	18674
4	14276	15477	4	16284	18095

〈표 9.1〉

(9.5.1)식에 최소자승추정법을 적용하여 추정된 회귀식은 다음과 같다.

$$\begin{aligned} \hat{C}_t &= 2644.8728 + 0.7383\,Y_t \qquad R^2=0.9712 \qquad (9.5.2) \\ se &= (280.7506) \quad (0.0173) \qquad n=56 \\ t &= (9.4207) \quad (42.6395) \qquad d=1.1076 \end{aligned}$$

여기서 se는 표본표준오차, t는 t통계량이다.

추정된 회귀식은 결정계수 R^2가 매우 높고, 두 파라메터의 t값이 크기 때문에 유의한 것을 알 수 있다. 그러나 더빈-왓슨 d통계량의 값이 1.1076으로 양의 자기상관이 존재할 가능성이 높다.

귀무가설(H_0)과 대립가설(H_1)

$$\begin{aligned} &H_0 : \rho = 0 \\ &H_1 : \rho > 0 \qquad (9.5.3) \end{aligned}$$

에서 표본수 n=56(더빈-왓슨 d통계량의 수표에서는 n=56이 없기 때문에 가장 가까운 55), 설명변수 $k'=1$일 때 5% 유의수준에서 d_L=1.528, d_U=1.601이므로 계산된 d값이 d_L보다 작다. 즉

$$d=1.1076 < d_L=1.528$$

이다. 따라서 귀무가설을 기각하게 된다. 즉 양의 자기상관이 존재한다고 판정된다.

(9.5.2)식에 자기상관이 존재하기 때문에 추정된 표준오차와 t값들은 신뢰할 수 없다. 그러므로 여러 방법에 의해서 ρ를 추정하고 변수변환을 통하여 자기상관을 제거하기로 한다.

9.4.2에서 제시한 여러 방법에 의해서 추정된 ρ는 다음과 같다.

사용방법	추정된 $\hat{\rho}$	관련된 식의 번호
(1) 잔차를 이용하는 방법	0.4360	(9.4.9)식
(2) Durbin–Watson통계량을 이용	0.4462	(9.4.10)식
(3) Theil–Nagar의 방법	0.4467	(9.4.11)식
(4) Cochran–Orcutt 반복법	0.5044	

〈표 9.2〉

이 표에서 알 수 있듯이 (1), (2), (3)의 방법에 의해서 계산된 $\hat{\rho}$는 거의 같은 것을 알 수 있다. 그러나 (4)의 Cochran–Orcutt 반복법에 의해서 구한 $\hat{\rho}$는 이들과는 약간 다르다. 따라서 이들 중에서 더빈–왓슨 통계량으로 구한 $\hat{\rho}$와 Cochran–Orcutt 반복법에 의한 $\hat{\rho}$를 사용하여 변수를 변환하고 재추정을 하였는데, 회귀식의 추정결과는 다음과 같다.

더빈–왓슨 통계량으로부터 구한 $\hat{\rho}$를 사용한 경우 :

$$\hat{C}_t = 1720.5750 + 0.7101\,Y_t \qquad R^2 = 0.9923 \qquad (9.5.4)$$

$$se = (256.2355) \qquad (0.0283) \qquad n=55$$

$$t = (6.7148) \qquad (25.0947) \qquad d=2.1348$$

Cochran–Orcutt 반복법으로부터 구한 $\hat{\rho}$를 사용한 경우 :

$$\widehat{C}_t = 3260.6210 + 0.7012\,Y_t \qquad R^2 = 0.9761 \qquad (9.5.5)$$
$$se = (518.8130) \qquad (0.0317) \qquad n = 55$$
$$t = (6.2848) \qquad (22.1142) \qquad d = 2.2478$$

앞에서 본 바와 같이 $n=55$, $k'=1$일 때 5% 유의수준에서 $d_L=1.528$, $d_U=1.601$이었다.

귀무가설(H_0)과 대립가설(H_1)

$$H_0 : \rho = 0$$
$$H_1 : \rho < 0 \qquad (9.5.6)$$

에서 두 추정식의 검정통계량 $d=2.1348$, $d=2.2478$은 모두 $4-d_U=2.399$보다 작다. 즉

$$d=2.1348,\ d=2.2478 < 4-d_U=2.399$$

이다. 따라서 귀무가설을 기각할 수 없다. 즉 두 추정식은 모두 자기상관이 없다고 판정할 수 있다.

연습문제 9 Exercise

[1] <표 9.3>에 있는 자료를 이용하여 다음 모형을 설정하였다.

$$Y_t = \alpha + \beta X_t + \gamma Z_t + \mu_t \tag{9.6.1}$$

여기서 $Y_t =$ 실질투자지출

$X_t =$ 실질 GNP

$Z_t =$ 실질이자율

이다.

(1) (9.6.1) 모형을 추정하라.

(2) Durbin–Watson 검정을 실시하여 자기상관이 있는지를 검정하라.

(3) 9.4.2에서 제시된 여러 방법에 의해서 ρ를 추정하라.

(4) 회귀분석결과 자기상관이 존재하면 Cochrane–Orcutt방법으로 회귀식을 재추정하라.

연 도	Y	X	Z
1990	133.84	876.32	2.05
1991	152.63	929.39	1.87
1992	163.75	984.88	1.32
1993	155.32	1011.38	1.23
1994	161.49	1058.15	0.85

1995	172.02	1087.68	0.84
1996	157.68	1085.51	0.71
1997	173.31	1122.38	0.01
1998	195.00	1185.90	0.42
1999	217.30	1254.27	0.84
2000	198.73	1246.26	−0.62
2001	163.84	1231.57	−2.64
2002	194.87	1298.17	0.42
2003	231.41	1369.72	−0.20
2004	257.01	1438.57	0.52
2005	258.84	1479.50	1.99
2006	225.25	1475.00	2.98
2007	243.36	1513.83	4.46
2008	200.35	1485.40	5.17

〈표 9.3〉

[2] (예제 9)에서 소비지출(C)과 가처분소득(Y)에 관한 회귀모형은 다음과 같다.

$$C_t = \alpha + \beta Y_t + \mu_t \tag{9.6.2}$$

이 모형을 <표 9.1>의 자료를 이용하여 추정한 결과 자기상관이 존재한다고 검정되었다.

(1) <표 9.2>에 나타나 있는 Theil−Nagar가 제안한 ρ의 추정치 $\hat{\rho}=0.4467$을 이용하여 변수를 변환하고 재추정하라.

(2) (1)의 재추정 과정에서 첫 번째 관측치가 상실되는데, 그것을 막기 위해서 첫 번째 관측치를 각각

$$C_1^* = C_1\sqrt{1-\hat{\rho}^2}, \quad Y_1^* = Y_1\sqrt{1-\hat{\rho}^2}$$

와 같이 변환한 자료를 추가하여 추정하라.

[3] 다음의 선형회귀모형

$$Y_t = \alpha + \beta X_t + \mu_t \qquad (i=1,\ 2,\ \cdots,\ n) \tag{9.6.3}$$

에 대해서 오차항 u_t가 다음과 같은

$$\mu_t = \rho_1 \mu_{t-1} + \rho_2 \mu_{t-2} + \epsilon_t \tag{9.6.4}$$

2계자기회귀과정에 따른다고 하자. 여기서 ϵ_t는 다음의 성질을 가진다.

$$E(\epsilon_t) = 0,\ \ Var(\epsilon_t) = \sigma_\epsilon^2,$$
$$Cov(\epsilon_t, \epsilon_{t-s}) = 0 (S \neq 0),\ \ \epsilon_t \sim N(0, \sigma_\epsilon^2) \tag{9.6.5}$$

ρ_1과 ρ_2가 알려져 있을 때 α, β를 추정하기 위해서 어떻게 변수변환을 하여 통상의 최소자승법을 적용할 수 있는지 그 절차를 설명하라.

제10장 더미변수

10.1 더미변수의 의미 및 도입 이유

지금까지 회귀분석에 사용된 변수는 소비지출, 가처분소득, GDP 등과 같이 모두 양적인 변수들이었다. 그러나 이 장에서는 더미변수(Dummy Variable)라는 특수한 변수를 생각해 보기로 한다.

회귀분석에서 더미변수가 사용되는 예로는 다음과 같은 경우다.

(1) 질적변수를 회귀분석에 도입하는 경우
(2) 경제구조가 변화하는 경우
(3) 데이터에 이상치가 있는 경우
(4) 데이터에 계절적 변동이 있는 경우

더미변수에 대해서 이상의 네가지 도입 이유에 대해서 검토해 보기로 한다.

10.1.1 질적변수를 회귀분석에 도입하는 경우

계량분석을 실시할 때 질적인 속성의 변화를 모형에 도입할 필요가 있는 경우가 있다. 예를 들면 임금함수를 분석할 때 임금의 결정요인으로 근무년수와 같은 정량적인 요인 이외에 성별, 학력, 기업 규모 등과 같은 질적변수의 영향을 고려할 필요가 있다.

이러한 질적요소들이 설명변수로서 모형에 도입된다면 임금격차가 이러한 요인들에 의해서 발생하는지를 분석할 수 있게 된다는 것을 의미한다. 또는 소비함수에 있어서 가처분소득은 소비지출을 결정하는 중요한 요인인데, 가처분소득 이외에 성별의 차이, 주택의 소유 유무, 거주지가 도시인지 농촌인지 등의 질적요인도 고려할 수 있을 것이다.

이러한 질적요인들은 더미변수로서 모형에 도입할 수 있는데, 더미변수에서 정의된 특성의 존재 여부, 또는 속성에 따라서 1과 0의 값을 부여하여 정량화된 변수로 처리할 수 있다.

예를 들면 성별을 나타내는 더미변수 D_1에서 여성일 때 1, 남성일 때 0의 값을 부여할 수 있으며,

$$D_1 = \begin{cases} 1 : \text{여성} \\ 0 : \text{남성} \end{cases} \tag{10.1.1}$$

교육수준을 나타내는 더미변수 D_2, 기업 규모를 나타내는 더미변수 D_3, 주택 소유의 유무를 나타내는 더미변수 D_4는 각각 다음과 같이 나타낼 수 있다.

$$D_2 = \begin{cases} 1 : \text{대졸 이상} \\ 0 : \text{고졸 이하} \end{cases} \tag{10.1.2}$$

$$D_3 = \begin{cases} 1: & \text{중소기업} \\ 0: & \text{대기업} \end{cases} \tag{10.1.3}$$

$$D_4 = \begin{cases} 1: & \text{주택 무소유} \\ 0: & \text{주택 소유} \end{cases} \tag{10.1.4}$$

더미변수에서 어느 쪽의 속성을 1로 두고 다른 쪽을 0으로 두느냐는 분석결과에 아무런 영향을 주지 않는다. 그리고 이렇게 질적변수를 더미변수로서 모형에 도입함으로써 이러한 요인들이 종속변수에 미치는 영향력을 정량적으로 분석할 수 있게 해 준다.

10.1.2 경제구조가 변하는 경우

회귀분석에 있어서 변수 간의 관계를 나타내는 회귀계수(파라메터)는 분석기간 동안에 일정하다고 가정한다. 즉 경제구조가 안정되어 있다고 가정하는 것이다. 그러나 장기간에 걸친 시계열자료를 사용할 경우 그 기간 동안에 발생한 커다란 외생적 충격이 경제변수들 간의 대응관계를 변화시키는 경우가 있다. 이러한 경우에는 파라메터가 변화하게 되고 그에 따라 경제구조의 변화를 초래하게 된다.

시계열자료뿐만 아니라 횡단면자료를 사용하는 경우도 변수들 간의 대응관계가 변화하는 경우가 발생할 수 있으며, 그 결과 경제구조의 변화에 영향을 미친다.

이와 같이 '경제구조가 변하였는지', 또는 '경제구조 사이에 차이가 있는지'라는 것은 경제변수들 사이의 관계를 분석하는 데 있어서 중요한 과제이며, 이럴 경우 더미변수를 사용하여 검정할 수 있다.

예를 들면 다음과 같은 더미변수를 정의하여 사용할 수 있다.

$$D_1 = \begin{cases} 1 : \text{전쟁시} \\ 0 : \text{평화시} \end{cases} \tag{10.1.5}$$

$$D_2 = \begin{cases} 1 : \text{외환위기 이전} \\ 0 : \text{외환위기 이후} \end{cases} \tag{10.1.6}$$

$$D_3 = \begin{cases} 1 : \text{1990년대} \\ 0 : \text{2000년대} \end{cases} \tag{10.1.7}$$

10.1.3 데이터에 이상치가 있는 경우

데이터에 이상치가 존재한다는 것은 다른 데이터와 확실히 구별될 정도의 돌출된 값을 갖는다는 의미이다. 이럴 경우 이상치가 포함된 자료를 사용하여 최소자승법을 적용하면, 변수들 간의 진의 관계를 왜곡시켜 추정결과의 추정량들은 확실히 편의를 가지게 될 것이다. 그렇다고 이상치를 제외하는 것도 좋은 방법은 아니다. 이럴 경우 이상치를 다음과 같이 더미변수를 사용하여 처리할 수 있다.

$$D = \begin{cases} 1 : \text{이상치가 있는 데이터} \\ 0 : \text{기타} \end{cases} \tag{10.1.8}$$

이상과 같이 이상치에 대한 더미변수를 도입하게 되면 $D=0$에서는 이상치가 제외된 회귀식이 추정되고, $D=1$에서는 특별한 경우로서 이상치의 영향이 반영되는 결과가 된다. 그러므로 이상치의 문제를 해결할 수 있다.

10.1.4 데이터에 계절변동이 있는 경우

경제 및 경영데이터는 1년을 단위로 하는 연간 데이터뿐만 아니라

분기별 데이터, 월별 데이터등도 많이 사용되고 있다. 회귀모형에 의한 계량분석을 실시할 때, 분기별 데이터 또는 월별 데이터를 사용할 경우 데이터에 포함되어 있는 계절적인 변동이 문제가 된다.

회귀모형은 변수들 사이에 선형관계를 설정하고 있으므로 표본회귀식은 직선의 형태로 추정된다. 이것은 계절적 변동요인이 명확히 나타나는 경우, 각 분기별의 종속변수의 수준이 명확히 다른데도 불구하고 직선으로 추정되는 종속변수의 추정치는 각 분기마다의 변동을 반영하지 못하는 결과를 낳는다.

이럴 경우 계절 더미변수를 도입하여 문제를 해결할 수 있다. 예를 들면 분기별 데이터의 경우

$$D_1 = \begin{cases} 1 : \text{1사분기} \\ 0 : \text{기타} \end{cases} \tag{10.1.9}$$

$$D_2 = \begin{cases} 1 : \text{2사분기} \\ 0 : \text{기타} \end{cases} \tag{10.1.10}$$

$$D_3 = \begin{cases} 1 : \text{3사분기} \\ 0 : \text{기타} \end{cases} \tag{10.1.11}$$

와 같이 3개의 계절더미변수를 사용한다. 4사분기의 경우는 $D_1 = 0$, $D_2 = 0$, $D_3 = 0$가 된다. 만약 월별 데이터의 경우에는 계절더미변수는 11개가 필요하다.

지금까지 더미변수를 사용하게 되는 여러 경우를 살펴보았다. 회귀모형에 있어서 더미변수는 다음과 같이 네가지 방법으로 사용된다.

(1) 정수항 더미변수

(2) 회귀계수 더미변수

(3) 정수항 더미변수와 회귀계수 더미변수

(4) 계절더미변수

이하에서는 저축함수를 예로 들어 더미변수가 어떻게 사용되는지를 구체적으로 검토해 보기로 한다.

10.2 정수항 더미변수

어느 회사의 남녀 직원들의 저축(S)과 소득(Y)에 관해서 조사를 하였다고 하자. 여성 직원들의 표본수는 n_1, 남성 직원들의 표본수는 n_2이며, 전체 표본수는 $n = n_1 + n_2$이다. 이것을 산포도로 나타내면 <그림 10.1>과 같다

<그림 10.1>의 데이터에 대한 산포도를 보고 판단한다면 남성 직원과 여성 직원의 저축함수에는 근본적인 차이가 존재한다는 것을 알 수 있다. 그러므로 $n_1 + n_2 = n$의 전체 데이터로 회귀식을 추정한 것을 L 회귀선이라고 한다면 잘못된 추정치가 계산된다는 것을 알 수 있다. 이 경우는 남성과 여성을 분리하여 각각 별도의 회귀식을 추정하는 것이 좋을 것이다.

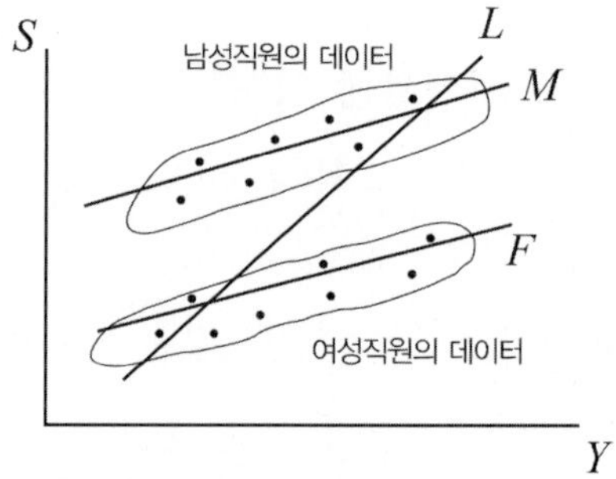

〈그림 10.1〉

지금 남성과 여성의 한계저축성향은 선험적 정보에 의하여 동일하다고 가정하면 저축수준만 다르고, 따라서 정수항이 다르다는 것을 의미한다. 그러면 각각의 회귀모형을 다음과 같이 나타낼 수 있다.

즉 여성의 경우

$$S_i = \alpha + \beta Y_i + u_i \qquad (i = 1,\ 2, \cdots,\ n_1) \tag{10.2.1}$$

남성의 경우

$$S_j = \alpha_1 + \beta Y_j + u_j \qquad (j = 1,\ 2, \cdots,\ n_2) \tag{10.2.2}$$

여기서 β는 한계소비성향을 나타내고, 정수항 α, α_1은 각각 여성과 남성의 소득이 없을 때의 기초저축수준을 나타낸다.

(10.2.1)식을 추정한 회귀식이 <그림 10.1>에서 F로 나타나 있고, (10.2.2)식을 추정한 회귀식이 M으로 나타나 있다.

여기서 새로운 더미변수 D_i를 다음과 같이 정의한다.

$$D_i = \begin{cases} 1 : \text{남성} \\ 0 : \text{여성} \end{cases} \tag{10.2.3}$$

즉 $n_1 + n_2 = n$의 전체 데이터에서 여성이면 0, 남성이면 1의 값을 가진 식을 하나의 회귀모형으로 나타낼 수 있다.

$$S_i = \alpha + \beta Y_i + \gamma D_i + u_i \qquad (i = 1,\ 2, \cdots,\ n) \tag{10.2.4}$$

(10.2.4)의 모형을 추정하기 위해서 더미변수 D_i는 <표 10.1>과 같이 값을 부여하여 추정에 이용한다.

S	Y	성별	D
S_1	Y_1	여성	0
S_2	Y_2	남성	1
S_3	Y_3	남성	1
S_4	Y_4	여성	0
⋮	⋮	⋮	⋮
S_n	Y_n	남성	1

〈표 10.1〉

(10.2.4)식에서 여성이면, 평균저축함수 $E(S)$는

$$E(S_i / Y_i, D_i = 0) = \alpha + \beta Y_i \tag{10.2.5}$$

이 되고, 남성이면

$$E(S_i / Y_i, D_i = 1) = (\alpha + \gamma) + \beta Y_i \tag{10.2.6}$$

이 된다. 여기서 $\gamma = \alpha_1 - \alpha$이 며, 편의상 γ의 부호를 양(+)으로 한다.

(10.2.4)모형에서 남성과 여성의 정수항이 다른지에 대한 가설검정은 (10.2.4)식을 추정한 후에 추정치에 대한 유의성 검정을 실시하면 된다. 즉 귀무가설(H_0)과 대립가설(H_1)

$$H_0 : \gamma = 0 \tag{10.2.7}$$

$$H_1 : \gamma \neq 0$$

에 대해서, 검정통계량 $t_0 = \dfrac{\hat{\gamma}}{\sigma_{\hat{\gamma}}}$가 유의수준 α에 대한 임계치 t_c에 대해서

$$|t_0| > t_c \tag{10.2.8}$$

이면 귀무가설이 기각된다. 만약 $H_0 : \gamma = 0$의 귀무가설이 기각된다면, 이 검정결과는 남성과 여성 사이에 정수항이 다르다는 것을 의미한다. 즉 이 모형에서는 더미변수 D가 필요하다는 것이다.

$$-t_c < t_0 < t_c \tag{10.2.9}$$

이면 귀무가설은 기각되지 않는다. 이 검정결과는 남성과 여성 사이의 정수항 값의 차이는 통계적으로 유의할 정도는 아니라는 결과를 의미한다. 이럴 경우 더미변수 D는 필요하지 않다.

더미변수를 도입한 회귀분석의 장점은 다음과 같다.

(1) 두 회귀식을 각각 추정하는 경우보다 더미변수가 포함된 하나의 회귀식을 추정하는 편이 자유도가 높다. 실증분석에서 데이터를 취득하는 데 제한이 있는 경우가 많기 때문에, 자유도가 높다는 것은 추정에 있어서 통계적 정확도를 높이는 역할을 한다고 할 수 있다.

(2) 더미변수의 존재 여부 자체를 유의성 검정을 통하여 실시할 수 있기 때문에 여러 가지 정성적 분석이 가능하다.

10.3 회귀계수 더미변수

10.2에서는 정수항만 변하는 경우의 더미변수를 생각하였다. 여기서는 회귀계수가 변하는 경우를 살펴보자. 저축함수를 예로 들면 회귀계수가 변한다는 것은 한계저축성향이 변하는 경우가 된다.

지금 여성과 남성의 저축함수에서 정수항은 같고 회귀계수만 다르다고 가정하면, 저축함수는 각각 다음과 같이 나타낼 수 있다.

$$\text{여성 : } S_i = \alpha + \beta Y_i + u_i \qquad (10.3.1)$$

$$\text{남성 : } S_i = \alpha + (\beta + \delta) Y_i + u_i \qquad (10.3.2)$$

$\delta > 0$이면 남성이 여성보다 한계저축성향이 높다는 것을 나타내고 $\delta < 0$이면 그 반대이다. 여기서 편의상 δ의 부호를 양(+)으로 한다.

한편 (10.2.3)식에서와 같이 남성이면 1, 여성이면 0의 값을 가지는 더미변수 D_i를 사용한다. 그러면 (10.3.1)식과 (10.3.2)식을 하나의 회귀모형으로 나타낼 수 있다.

$$S_i = \alpha + \beta Y_i + \delta (D_i Y_i) + u_i \qquad (10.3.3)$$

이 경우의 더미변수는 단독으로 모형에 도입되지 않고 기존의 설명변수 Y_i와 곱한 형태인 $(D_i Y_i)$로서 모형에 도입되어 있다.

한편 (10.3.3)식의 회귀모형을 추정하기 위해서, <표 10.2>에서와 같이 더미변수 $(D_i Y_i)$에 여성이면 0, 남성이면 Y_i값을 부여하여 추정에 이용한다.

S	Y	성별	D_iY_i
S_1	Y_1	여성	0
S_2	Y_2	남성	Y_2
S_3	Y_3	남성	Y_3
S_4	Y_4	여성	0
⋮	⋮	⋮	⋮
S_n	Y_n	남성	Y_n

〈표10.2〉

(10.3.3)식에서, 여성이면 평균저축함수 $E(S)$는

$$E(S_i/Y_i, D_i=0)=\alpha+\beta Y_i \quad (10.3.4)$$

이 되고, 남성이면

$$E(S_i/Y_i, D_i=1)=\alpha+(\beta+\delta)Y_i \quad (10.3.5)$$

이 된다. 이것을 그림으로 나타내면 <그림 10.2>와 같다.

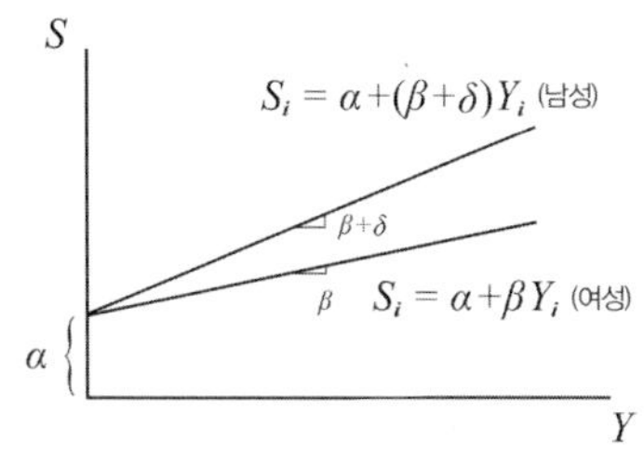

〈그림 10.2〉

남성과 여성의 한계저축성향이 다른지에 대한 검정은 (10.3.3)식의 회귀모형을 추정한 후에 추정치에 대한 유의성 검정을 실시하면 된다.

즉 귀무가설(H_0)과 대립가설(H_1)

$$H_0 : \delta = 0 \qquad (10.3.6)$$
$$H_1 : \delta \neq 0$$

에 대해서, 검정통계량 $t_0 = \dfrac{\hat{\delta}}{\sigma_{\hat{\delta}}}$가 유의수준 α에서의 임계치 t_c에 대해서

$$|t_0| > t_c \qquad (10.3.7)$$

이면 귀무가설이 기각된다. 즉 더미변수 $(D_i Y_i)$는 유의하다고 할 수 있으며, 이것은 남성과 여성 사이에 한계저축성향이 다르다는 결과를 의미한다. 그리고 이 회귀모형에서는 더미변수$(D_i Y_i)$가 반드시 포함되어야 한다는 의미이다.

10.4 정수항 더미변수와 회귀계수 더미변수

이번에는 정수항과 회귀계수가 동시에 변하는 경우를 생각해 보자. 저축함수를 예로 들면, 남성과 여성 사이에 기초저축과 한계저축성향이 변하는 경우가 된다.

이 경우 여성과 남성의 저축함수는 각각 다음과 같다.

$$\text{여성} : S_i = \alpha + \beta Y_i + u_i \qquad (10.4.1)$$

남성 : $S_i = (\alpha + \gamma) + (\beta + \delta) Y_i + u_i$ (10.4.2)

여기서 (10.2.3)식과 같이 더미변수 D_i를 정의하면, (10.4.1)식과 (10.4.2)식을 하나의 회귀모형으로 나타낼 수 있다.

$$S_i = \alpha + \beta Y_i + \gamma D_i + \delta (D_i Y_i) + u_i \quad (10.4.3)$$

이 경우의 더미변수는 D_i와 $(D_i Y_i)$가 동시에 모형에 도입되어 있다. (10.4.3)식에서 여성이면 평균저축함수 $E(S_i)$는

$$E(S_i / Y_i, D_i = 0) = \alpha + \beta Y_i \quad (10.4.4)$$

이 되고, 남성이면

$$E(S_i / Y_i, D_i = 1) = (\alpha + \gamma) + (\beta + \delta) Y_i \quad (10.4.5)$$

이 된다. 이것을 그림으로 나타내면 <그림 10.3>와 같다.

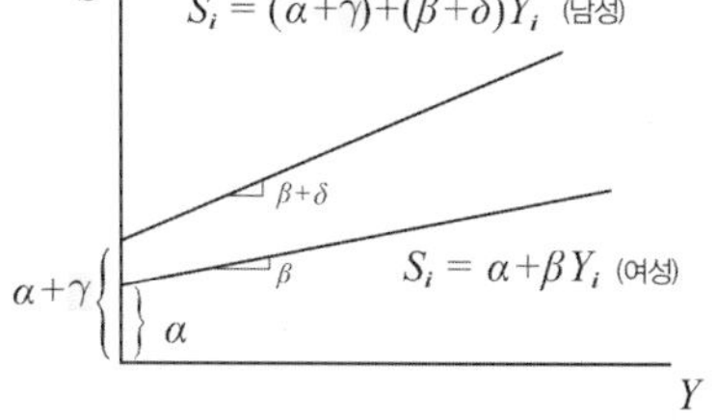

〈그림 10.3〉

(10.4.3)식을 추정한 회귀식에서 정수항 γ와 회귀계수 δ에 대한 개별

유의성 검정은 앞에서 검토한 대로 각각 개별적으로 실시하면 된다. 그런데 γ와 δ가 동시에 0이 된다는 전체검정의 귀무가설(H_0)

$$H_0 : \gamma = 0,\ \ \delta = 0 \qquad (10.4.6)$$

에 대해서, 대립가설(H_1)

H_1:그렇지 않다(적어도 하나 0이 아닌 것이 존재한다) (10.4.7)

에 대한 검정은, 6장의 (6.2.5)식으로 주어진 F통계량에 의한다. 즉 (10.4.3)식을 제약되지 않는 모형으로 하고 (10.4.1)식을 제약된 모형으로 하여, 각각 잔차의 자승합을 RSS_{UR}, RSS_R이라 하면, F통계량

$$F = \frac{(RSS_R - RSS_{UR})/2}{RSS_{UR}/(n-k-1)} \qquad (10.4.8)$$

은 자유도 $(2, n-k-1)$의 F분포에 따른다. 여기서 k는 정수항을 제외한 설명변수의 수이다. 따라서 계산된 F통계량이 유의수준 α에서 F임계치 $F_{(2,\,n-k-1)}$보다 크다면 귀무가설 H_0를 기각하게 된다. 이것은 남성과 여성 사이에 기초저축(정수항)과 한계저축성향(회귀계수)이 동시에 다르다는 것을 의미한다. 그리고 두 더미변수를 포함한 (10.4.3)의 모형이 바른 모형이라는 것을 의미한다.

10.5 계절더미변수

회귀모형을 시계열데이터에 의해서 분석할 경우 계절적 변동을 고려해야 할 경우가 많다. 특히 분기별 데이터나 월별 데이터를 사용할 경우는 계절적 변동요인을 제거해 주는 것이 중요하다.

지금 저축함수를 분기별 자료를 사용하여 분석한다고 생각하자. 앞에서도 언급했듯이 이 경우는 3개의 계절더미변수가 필요하다. 3개의 계절더미변수를 다음과 같이 정의한다.

$$D_{1i} = \begin{cases} 1 : & \text{제1사분기} \\ 0 : & \text{기타} \end{cases} \tag{10.5.1}$$

$$D_{2i} = \begin{cases} 1 : & \text{제2사분기} \\ 0 : & \text{기타} \end{cases} \tag{10.5.2}$$

$$D_{3i} = \begin{cases} 1 : & \text{제3사분기} \\ 0 : & \text{기타} \end{cases} \tag{10.5.3}$$

제4사분기는 3개의 계절더미변수가 모두 0이 되는 경우이며, 모형의 기준분기가 된다. 그러면 저축함수는 다음과 같이 나타낼 수 있다.

$$S_i = \alpha + \beta Y_i + \gamma_1 D_{1i} + \gamma_2 D_{2i} + \gamma_3 D_{3i} + u_i \tag{10.5.4}$$

(10.5.4)식의 모형은 α, β는 공통이지만 각 4분기마다 정수항이 다른 4개의 모형을 동시에 추정하는 것이 된다.

$$\text{제1사분기} : S_i = (\alpha + \gamma_1) + \beta Y_i \tag{10.5.5}$$

$$\text{제2사분기} : S_i = (\alpha + \gamma_2) + \beta Y_i \tag{10.5.6}$$

$$\text{제3사분기 : } S_i = (\alpha + \gamma_3) + \beta Y_i \tag{10.5.7}$$

$$\text{제4사분기 : } S_i = \alpha + \beta Y_i \tag{10.5.8}$$

이상의 3개의 계절더미변수가 유의한가는 (10.5.4)식을 추정한 후 각각의 계수 γ_1, γ_2, γ_3에 대한 유의성 검정을 실시하면 된다. 그리고 만약 유의하지 않는 계절더미변수가 검정되면, 그 더미변수를 제외하여 재추정한다.

계수의 유의성 검정에서 유의하지 않다는 것은, 그 계수의 계절분기의 데이터는 다른 분기와는 다르다 하더라도 통계적으로 유의할 정도는 아니라는 의미가 된다.

한편 (10.5.4)식을 추정하기 위해서 계절더미변수 D_1, D_2, D_3는 <표 10.3>에서와 같이 1과 0의 값을 부여한다.

S	Y	분기	D_1	D_2	D_3
S_1	Y_1	1	1	0	0
S_2	Y_2	2	0	1	0
S_3	Y_3	3	0	0	1
S_4	Y_4	4	0	0	0
S_5	Y_5	1	1	0	0
⋮	⋮	⋮	⋮	⋮	⋮
S_n	Y_n				

〈표 10.3〉

한편 계절변동을 제거하는 방법으로는 계절더미변수를 도입하는 방법 이외에 계절조정한 데이터를 사용하는 방법도 있다. 통계작성당국이 통계자료를 발표할 때 대부분의 계절변수는 원 데이터와 함께 계절조정된 데이터를 함께 발표하는 경우가 많다. 그런 경우에는 계절더미변수를 사용하지 않아도 된다.

10.6 예제 10

10.6.1 경제구조의 변화에 관한 예

<표 9.1>의 데이터를 이용하여 1995년 1사분기부터 2008년 4사분기까지 (9.5.1)식의 모형을 추정하였다. 여기서 C_t는 소비지출, Y_t는 가처분소득이다(( ) 안의 숫자는 t값).

$$\widehat{C_t} = 2{,}644.8728 + 0.7383\,Y_t \qquad R^2 = 0.9712 \qquad (10.6.1)$$
$$(9.4207) \qquad (42.6392) \qquad RSS_R = 3{,}096{,}014.09$$

데이터의 변동이 2005년 1사분기를 기점으로 달라지기 때문에, 1995년 1사분기부터 2004년 4사분기까지를 제1기라 하고, 2005년 1사분기 이후를 제2기라 하여 두 기간 사이에 소비구조가 변하였는지를 검정하려고 한다.

정수항 더미변수를 다음과 같이 정의하여

$$D_t = \begin{cases} 0 \ : \ 1995:1 \sim 2004:4 \\ 1 \ : \ 2005:1 \sim 2008:4 \end{cases} \qquad (10.6.2)$$

추정한 결과는 다음과 같다.

$$\widehat{C_t} = 1{,}314.7238 + 0.8286\,Y_t - 438.0954\,D_t \quad R^2 = 0.9770 \quad (10.6.3)$$
$$(2.9857) \quad (28.5445) \quad (-3.6892)$$

정수항 더미변수 D_t의 $t=-3.6892$는, 5% 유의수준에서 자유도 53의 t임계치(수표에서는 자유도 60) $t_{(60,\,0.025)}=2.0$의 음수보다 작다. 즉,

$$t=-3.6892<-t_{(60,\,0.025)}=-2.0 \tag{10.6.4}$$

이므로 계수가 0이라는 귀무가설을 기각한다. 즉 두 기간 사이에 정수항(기초소비지출)의 차이가 존재한다는 것을 의미한다.

다음으로 회귀계수 더미변수를 도입하여 추정한 결과는 다음과 같다.

$$\hat{C}_t=1,245.7319+0.8333\,Y_t-0.0247(D_t\,Y_t)\quad R^2=0.9776 \tag{10.6.5}$$
$$(2.8429)\qquad(28.8397)\qquad(-3.8876)$$

회귀계수 더미변수$(D_t\,Y_t)$의 t값 -3.8876은 앞에서와 같이 t임계치보다 작기 때문에 계수가 0이라는 귀무가설을 기각한다. 즉 두 기간 사이의 회귀계수(한계소비성향)의 차이가 존재한다는 것을 의미한다.

마지막으로 두 더미변수를 동시에 포함하는 회귀식의 추정결과는 다음과 같다.

$$\hat{C}_t=988.18+0.8502\,Y_t+9,998.24\,D_t-0.5659(D_t\,Y_t)\quad R^2=0.9831 \tag{10.6.6}$$
$$(2.54)\;(33.1457)\;(4.1249)\;(-4.3096)\quad RSS_{UR}=1,815,119.25$$

두 개별 더미변수의 t값이 각각 4.1249, $-4,3096$이므로, 앞에서의 결과와 마찬가지로 모두 계수가 0이라는 귀무가설을 기각한다.

한편 두 더미변수의 계수가 동시에 0이라는 가설을 검정하기 위해서

(10.4.8)식의 F값을 구하면 다음과 같다.

$$F = \frac{(RSS_R - RSS_{UR})/2}{RSS_{UR}/(n-k-1)} = \frac{(3,096,014.09 - 1,815,119.25)/2}{1,815,119.25/52}$$
$$= 18.3477 \qquad (10.6.7)$$

여기서 제약된 식의 RSS_R은 (10.6.1)식의 잔차의 자승합이고, 제약되지 않는 식의 RSS_{UR}는 (10.6.6)식의 잔차의 자승합이다.

5%의 유의수준에서 자유도(2,52)의 F임계치는(수표에서는 자유도 (2,60)) $F_{(2,\,60,\,0.05)}$=3.15이므로 계산된 F=18.3477이 크다. 따라서 귀무가설을 기각한다. 즉 두 기간 동안에 소비구조(기초소비지출과 한계소비성향)가 변하였다는 것을 의미한다.

10.6.2 계절변동에 관한 예

계절더미를 사용하여 이윤과 매상의 관계를 알아보기로 한다. (10.6.8)식은 이윤을 매상 및 계절더미에 회귀한 모형이다.

$$P_i = \alpha + \beta S_i + \gamma_2 D_{2i} + \gamma_3 D_{3i} + \gamma_4 D_{4i} + u_i \qquad (10.6.8)$$

여기서 P_t = 이윤

S_t = 매상

$$D_{2i} = \begin{cases} 1 : & \text{제2사분기} \\ 0 : & \text{기타} \end{cases}$$

$$D_{3i} = \begin{cases} 1 : & \text{제3사분기} \\ 0 : & \text{기타} \end{cases}$$

$$D_{4i} = \begin{cases} 1 : & \text{제4사분기} \\ 0 : & \text{기타} \end{cases}$$

이다.

연도 분기	이윤(P)	매상(S)	D_2	D_3	D_4
1994 : 1	22.9	239.0	0	0	0
2	26.2	270.4	1	0	0
3	25.5	272.1	0	1	0
4	23.4	277.0	0	0	1
1995 : 1	20.0	248.3	0	0	0
2	22.4	265.8	1	0	0
3	23.2	271.0	0	1	0
4	24.2	281.3	0	0	1
1996 : 1	24.8	284.2	0	0	0
2	28.1	307.6	1	0	0
3	26.0	301.6	0	1	0
4	25.6	309.8	0	0	1
1997 : 1	25.6	311.5	0	0	0
2	29.7	338.6	1	0	0
3	26.7	331.7	0	1	0
4	28.4	346.2	0	0	1
1998 : 1	26.0	340.2	0	0	0
2	32.1	377.5	1	0	0
3	30.4	376.9	0	1	0
4	32.6	401.8	0	0	1
1999 : 1	32.6	406.2	0	0	0
2	36.8	436.4	1	0	0
3	34.8	437.5	0	1	0
4	36.5	466.6	0	0	1

〈표 10.4〉

<표 10.4>의 자료를 이용하여 (10.6.8)식을 회귀한 결과는 다음과

같다(( ) 안의 숫자는 t값).

$$\hat{P}_t = 4.8454 + 0.0674 S_t + 2.0324 D_{2t} + 0.6439 D_{3t} + 0.2989 D_{4t} \qquad (10.6.9)$$

$$(4.0493) \quad (18.4449) \quad (3.1725) \quad (1.0060) \quad (0.4591)$$

$$\overline{R^2} = 0.9428, \quad df = 19, \quad d = 0.9424$$

추정결과를 보면, 매상(S_t)과 2사분기(D_{2t})의 두 계수는 t값이 커서 유의수준 5%에서 통계적으로 유의한 것을 알 수 있다. 왜냐하면 5% 유의수준에서 자유도 19의 t분포의 한쪽 임계치는 $t_{(19,\,0.025)}=2.09$이기 때문이다. D_{3t}와 D_{4t} 계수의 t값은 임계치보다 작다. 그러므로 2사분기에서만 계절적 요인이 존재하고, 3사분기와 4사분기는 유의할 정도의 계절적 요인이 존재하지 않는다고 할 수 있다.

한편 (10.6.9)식의 결과에서 1사분기의 평균이윤은 4.8454이고, 2사분기에는 이보다 2.0324가 더 많다. 그리고 매상의 계수 0.0674가 의미하는 바는, 1000원의 매상이 발생하면 67원의 이윤이 상승한다는 것이다.

2사분기의 계절더미변수만을 사용하여 재추정한 결과는 다음과 같다.

$$\hat{P}_t = 4.8454 + 0.0674 S_t + 2.0324 D_{2t} \qquad (10.6.10)$$

$$(4.3049) \quad (19.6042) \quad (3.4006)$$

$$\overline{R^2} = 0.9455, \quad df = 21, \quad d = 1.0377$$

여기서 D_{2t}는 2사분기에서 1이며, 나머지 분기에서는 0의 계절더미이다. (10.6.10)식의 결과를 보면, 2사분기의 계수는 여전히 통계적으로 유의하며, 그러므로 계절적 요인이 존재한다.

한편 (10.6.10)식은 (10.6.9)식에 대한 제약식이다. D_{3t}와 D_{4t}의 계수

가 0($H_0 : \gamma_3 = 0,\ \ \gamma_4 = 0$)이라는 제약이 유효한지는 6장에서 배운 F통계량으로 검정할 수 있다. 제약식과 제약되지 않는 식의 잔차의 자승합과 자유도는 다음과 같다.

제약식((10.6.10)) : $RSS_R = 24.0285$, 제약의 수(q)=2

제약되지 않는 식((10.6.9)) : $RSS_{UR} = 22.8078$, $df = 19$

이 값들을 이용하여 F값을 구하면 다음과 같다.

$$F = \frac{(RSS_R - RSS_{UR})/2}{RSS_{UR}/(n-k-1)} = \frac{(24.0285 - 22.8078)/2}{22.8078/19}$$

$$= 0.5085 \qquad (10.6.11)$$

5%의 유의수준에서 자유도 (2,19)의 F임계치는 $F_{(2,\,19,\,0.05)} = 3.52$이므로 계산된 $F = 0.5085$가 작다. 따라서 귀무가설을 기각할 수 없다. 이 검정결과는 2사분기에만 통계적으로 유의하며, (10.6.10)식이 바른 추정식이라는 것이다.

2사분기와 기타 분기와는 구별되기 때문에, (10.6.10)식으로부터 2사분기와 기타 분기의 이윤함수의 결과는 각각 다음과 같이 나타낼 수 있다.

2사분기 :

$$\hat{P_t} = (4.8454 + 2.0324)\ \ + 0.0674 S_t$$

$$= 6.7071\ \ + 0.0674 S_t \qquad (10.6.12)$$

1, 3, 4사분기 :

$$\hat{P_t} = 4.8454\ \ + 0.0674 S_t \qquad (10.6.13)$$

연습문제 10 Exercise

[1] 어느 기업의 남녀 사원 15명에 대한 월간소득(Y)과 소비지출(C)에 관한 자료가 <표 10.5>에 나타나 있다. 이 자료를 사용하여 남녀 사이에 소비지출에 대한 차이가 있는지를 분석하기 위해서 다음과 같은 더미변수(D)를 사용하였다.

$$D_i = \begin{cases} 1 : \text{여성} \\ 0 : \text{남성} \end{cases} \qquad (10.7.1)$$

(1) 다음 모형을 추정하여 남녀 사이에 소비지출의 절대수준에 차이가 있는지를 검정하라(유의수준 5%에서 검정, 이후도 동일).

$$C_i = \alpha + \beta Y_i + \gamma D_i + u_i \qquad (10.7.2)$$

(2) 다음 모형을 추정하여 남녀 사이에 한계소비성향에 대한 차이가 있는지를 검정하라.

$$C_i = \alpha + \beta Y_i + \delta (DY)_i + u_i \qquad (10.7.3)$$

(3) 다음모형을 추정하여 남녀 사이에 소비지출의 절대수준과 한계소비성향에 차이가 있는지를 검정하라.

$$C_i = \alpha + \beta Y_i + \gamma D_i + \delta (DY)_i + u_i \qquad (10.7.4)$$

(4) 위의 모형들을 추정한 결과를 종합적으로 평가하라.

표본	소득(Y)	소비지출(C)	성별
1	152	115	여
2	150	120	남
3	158	122	여
4	160	125	남
5	170	127	여
6	173	138	남
7	185	155	남
8	198	155	여
9	200	160	남
10	210	165	여
11	233	178	남
12	240	180	여
13	241	186	남
14	250	188	여
15	262	198	남

〈표 10.5〉

[2] <표 10.6>은 어느 지역에서 조사된 연간 임금, 성별(남, 여), 연령(30대, 40대), 학력(대졸, 고졸, 중졸)의 관계를 나타내는 자료이다. 이 자료를 이용하여 다음과 같은 더미변수를 작성하여 임금함수를 추정하려고 한다.

$$W_i = \beta_0 + \beta_1 S_i + \beta_1 A_i + \beta_3 E1_i + \beta_4 E2_i + u_i \qquad (10.7.5)$$

여기서 $W_i =$ 임금

$$S_i = \begin{cases} 1: \text{남} \\ 0: \text{여} \end{cases} \qquad A_i = \begin{cases} 1: \text{40대} \\ 0: \text{30대} \end{cases}$$

$$E1_i = \begin{cases} 1: \text{대졸} \\ 0: \text{기타} \end{cases} \qquad E2_i = \begin{cases} 1: \text{고졸} \\ 0: \text{기타} \end{cases}$$

(1) 위의 임금함수를 추정하고 각각의 더미변수가 유의한가를 검정하라.

(2) (1)의 검정에서 만약 유의하지 않은 더미변수가 있다면 그 더미변수를 제외하고 임금함수를 재추정하라. 그리고 유의성 검정을 하라.

(3) (2)의 문제에서 모든 더미변수가 유의하다면, 그 추정식을 이용하여 다음을 계산하라.

(a) 30대, 남자, 고졸의 평균임금

(b) 40대, 여자, 대졸의 평균임금

임금(W)	성별(S)	연령(A)	학력($E1$, $E2$)
250	여	40	중 졸
260	남	30	중 졸
280	여	40	고 졸
300	여	40	고 졸
310	남	30	중 졸
320	남	30	고 졸
340	여	30	대 졸
360	남	30	고 졸
390	여	30	대 졸
400	남	30	고 졸
430	남	30	대 졸
460	남	30	대 졸
520	남	40	중 졸
540	여	40	대 졸
550	남	40	고 졸

〈표 10.6〉

제11장 시차분포모형

11.1 시차분포모형이란

지금까지 X와 Y의 관계는

$$Y_t = f(X_t) \tag{11.1.1}$$

와 같이 나타내어, 설명변수 X가 변하면 종속변수 Y는 같은 t기에서 즉각적으로 변하는 관계를 가정하였다. 그러나 Y는 당기의 X뿐만 아니라 과거의 X에도 의존하는 경우가 많이 있다. 이럴 경우 X와 Y 사이는

$$Y_t = f(X_t, X_{t-1}, X_{t-2}, \cdots) \tag{11.1.2}$$

와 같은 관계를 가지게 된다. 이것을 시차분포모형(distributed lag model)이라 한다. 여기서 시차의 크기는 유한인 경우와 무한인 경우가 있을 수 있다.

예를 들면, 소득(X)과 소비(Y)의 관계를 분석할 때, 당기의 소득(X_t)이 당기의 소비(Y_t)에 영향을 미치는 것과 동시에 1기 전의 소득(X_{t-1})이 당기의 소비(Y_t)에 영향을 미친다고 생각할 수도 있다. 보다 일반적으로는 k기 전의 소득(X_{t-k})도 당기의 소비(Y_t)에 영향을 미칠 수 있다.

기업의 이익과 투자의 관계에서도 이런 현상을 볼 수 있다. 즉 이익을 기대해서 기업이 당기에 투자를 할 수도 있지만, 여러 경영적 판단이나 기술적 요인에 의해서 일정한 기간이 지나서 투자를 할 수도 있을 것이다.

이와 같이 경제변수들 사이의 관계에서 어느 기에 발생한 것이 반드시 같은 기에 효과를 나타내지 않고, 시차를 가지면서 영향을 미친다고 생각하는 것이 자연스럽다.

시차분포모형은 유한의 시차 k를 가지는 모형으로 나타내면 다음과 같다.

$$Y_t = \alpha + \beta_0 X_t + \beta_1 X_{t-1} + \beta_2 X_{t-2} + \cdots + \beta_k X_{t-k} + u_t \quad (11.1.3)$$

여기서 오차항 u_t는 표준적 기본가정을 모두 만족하는 것으로 가정한다.

시차분포모형에서는 시차가 명시적으로 나타나 있으므로, 시차의 분포를 개관하는 지표로 단기효과와 장기효과를 나타낼 수 있다.

단기효과란 (11.1.3)식에서 t기에서의 Y_t에 대한 X_t의 계수 β_o가 된다. 이것을 단기승수(short-run multiplier)라 부르기도 한다. 이것은 당기의 X_t가 한 단위 변할 때 당기의 Y_t에 대한 변화량을 나타낸다. 여기서 X_t가 소득, Y_t가 소비지출이라면 β_o는 단기의 한계소비성향을 나타낸다.

장기효과란 X의 한 단위의 변화가 장기에 걸쳐서 지속할 때 Y에 대해서 최종적으로 얼마만큼 영향을 미치는가를 의미하며, k기 시차까지의 β_i의 합으로 측정된다. 즉

$$\sum_{i=0}^{k}\beta_i = \beta_0 + \beta_1 + \beta_2 + \cdots + \beta_k = \beta \tag{11.1.4}$$

이다. 이 경우 β가 유한한 값이면 그것을 장기승수(long-run multiplier)라고 부르기도 한다.

(11.1.3)식의 시차분포모형은 다중회귀모형의 한 예이다. 이 모형을 추정할 때 다음과 같은 몇 가지 어려운 문제가 발생한다.

(1) (11.1.3)식의 시차분포모형을 추정하기 위해서 표본수 n의 자료를 얻었다면, 추정에 필요한 유효한 표본수는 $n-k$가 된다. 왜냐하면 시차가 k이기 때문에 최초의 종속변수 Y_t는 $k+1$번째의 표본수부터 이용할 수 있기 때문이다. 그리고 회귀분석에서 추정에 필요한 표본수는 적어도 추정할 변수의 수보다 많아야 되므로, 정수항을 포함하면 추정할 변수의 수는 $k+2$가 된다. 그러므로

$$k+2 < n-k \text{ 또는 } 2k+2 < n \tag{11.1.5}$$

이다. 이 식이 의미하는 바는, 경제변수들 간의 관계에서 이론적으로 긴 시차를 설정하여야 하더라도 모형을 추정하는 조건을 기준으로 하면 그렇지 못한 경우가 발생할 수도 있다는 것이다.

(2) 긴 시차구조를 가진 모형을 추정할 때 많은 자유도를 희생해야하

는 문제가 발생한다. OLS의 잔차 $\hat{u}_t$의 자유도를 예로 들면, 자유도는 유효한 표본수에서 추정하는 설명변수의 수를 빼 주어야 하므로 다음과 같다.

$$\begin{aligned} \text{자유도}(df) &= (n-k)-(k+2) \\ &= n-2k-2 \qquad (11.1.6) \end{aligned}$$

자유도가 작으면 회귀계수의 유의성 검정의 경우, t임계치가 커진다. 이것은 $H_0 : \beta = 0$의 가설을 기각하기 어렵게 할 가능성이 크다는 것을 의미하므로, 통계적으로 유의한 결과를 얻기 어렵게 된다.

(3) 많은 시차를 가지는 설명변수가 모형에 포함될 때, 제7장에서 살펴본 다중공선성의 문제가 발생할 가능성이 높아진다. 왜냐하면 시차를 가진 설명변수들은 결국은 한 변수의 시차 값이므로 서로 간에 높은 상관관계가 있을 가능성이 높기 때문이다.

(4) 시차의 최대한도에 관한 선정기준이 없다는 것도 문제가 된다. 즉 (11.1.3)식에서 시차 k를 정하는 기준이 없다는 것이다. 그러므로 설명변수와 종속변수의 최적의 관계를 설정할 수 없게 된다.

이상에서 살펴본 바와 같이 (11.1.3)식의 시차분포모형을 추정하는 데는 여러 문제가 발생하므로, 이를 해결하는 많은 방법이 제안되었다. 대표적인 것으로 Koyck 접근법과 Almon 접근법이 있다. 이하에서는 이들의 방법을 검토해 본다.

11.2 Koyck 모형

11.2.1 Koyck 모형의 가정

Koyck은 시차분포모형을 추정하는 데 다음과 같이 두가지 가정을 제안하였다.

(1) 무한시차의 가정
(2) 시차의 영향력이 기하급수적으로 감소한다는 가정.

무한시차의 시차분포모형은 다음과 같이 나타낼 수 있다.

$$Y_t = \alpha + \beta_0 X_t + \beta_1 X_{t-1} + \beta_2 X_{t-2} + \cdots + u_t \qquad (11.2.1)$$

여기서 오차항 u_t는 표준적 기본가정을 모두 만족하는 확률변수이다.

시차의 영향력이 기하급수적으로 감소한다는 가정은 다음 식으로 나타낼 수 있다.

$$\beta_i = \beta_0 \lambda^i \qquad (i = 1, 2, \cdots) \qquad (11.2.2)$$

여기서 λ는 $0 < \lambda < 1$이다. 그러므로 β_i는 i가 증가함에 따라 기하급수적으로 감소하게 된다. 그러나 β_i는 결코 0이 되지는 않는다.

(11.2.2)식을 (11.2.1)식에 대입하면

$$Y_t = \alpha + \beta_0 X_t + \beta_0 \lambda X_{t-1} + \beta_0 \lambda^2 X_{t-2} + \cdots + u_t \qquad (11.2.3)$$

이다.

λ는 0에 가까우면 과거의 영향력이 급속히 감소해 가는 구조를 가지며, 1에 가까우면 감소의 정도가 작아져서 장기에 걸쳐 영향력이 남게 되는 구조를 가진다. <그림 11.1>에서는 λ의 세가지 경우($\lambda=0.8$, 0.5, 0.2)를 그림으로 나타내었다.

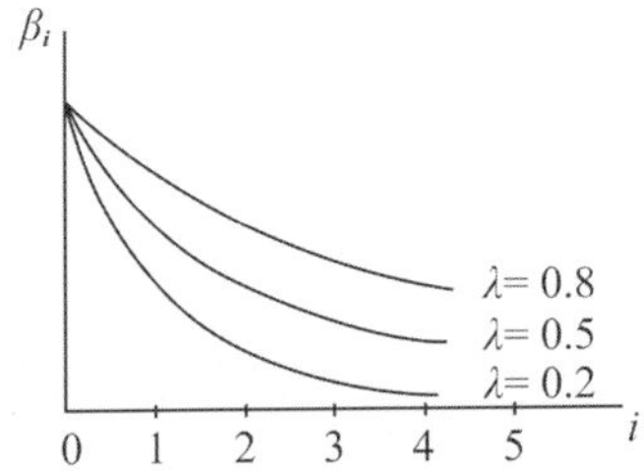

〈그림 11.1〉

한편 (11.2.3)식의 Koyck 모형에서 단기효과(승수)는 β_0로 계측되며, 장기효과(승수)는

$$\beta = \sum_{i=0}^{\infty} \beta_i = \beta_0 (1 + \lambda + \lambda^2 + \cdots)$$

$$= \beta_0 \left(\frac{1}{1-\lambda}\right) \tag{11.2.4}$$

으로 계측된다.

11.2.2 Koyck변환

(11.2.3)식의 Koyck모형을 그대로 추정할 수는 없다. 적당한 규칙을

이용하여 모형을 변환하는 것을 생각해 보자.

먼저 (11.2.3)식의 관계는 $t-1$기에서도 성립한다고 하면,

$$Y_{t-1} = \alpha + \beta_0 X_{t-1} + \beta_0 \lambda X_{t-2} + \beta_0 \lambda^2 X_{t-3} + \cdots + u_{t-1} \tag{11.2.5}$$

이다. (11.2.5)식에 λ를 곱하면 다음 식이 되는데,

$$\lambda Y_{t-1} = \lambda\alpha + \beta_0 \lambda X_{t-1} + \beta_0 \lambda^2 X_{t-2} + \beta_0 \lambda^3 X_{t-3} + \cdots + \lambda u_{t-1} \tag{11.2.6}$$

(11.2.3)식에서 (11.2.6)식을 빼 주면,

$$Y_t - \lambda Y_{t-1} = \alpha(1-\lambda) + \beta_0 X_t + (u_t - \lambda u_{t-1}) \tag{11.2.7}$$

이다. 여기서 $i \to \infty$일 때 $\lambda^i \to 0$의 성질을 이용하였다.

(11.2.7)식을 다시 정리하면 (11.2.8)식이 된다.

$$Y_t = \alpha(1-\lambda) + \beta_0 X_t + \lambda Y_{t-1} + (u_t - \lambda u_{t-1}) \tag{11.2.8}$$

(11.2.8)식을 도출하기 위한 지금까지의 기술된 절차를 Koyck 변환(Koyck transformation)이라 하며, (11.2.8)식은 Koyck 모형이 된다. 그리고 때로는 (11.2.8)식과 같은 모형을 내생시차변수모형(endogenous lagged variable model)이라고 부르기도 한다.

(11.2.8)식을 보다 간단히 나타내면 다음과 같다.

$$Y_t = \alpha^* + \beta_0 X_t + \lambda Y_{t-1} + v_t \qquad (11.2.9)$$

여기서 $\alpha^* = \alpha(1-\lambda)$, $v_t = u_t - \lambda u_{t-1}$이다.

(11.2.8)식 또는 (11.2.9)식은 종속변수의 시차변수(Y_{t-1})가 설명변수의 모든 시차변수($X_{t-1}, X_{t-2}, \cdots$)를 대변하고 있는 형태를 나타내고 있으므로, 시차분포모형의 추정에 있어서 자유도의 감소나 다중공선성의 문제를 해결하고 있다. 즉 Y_t를 X_t와 Y_{t-1}의 두 변수에 회귀함으로써 추정해야 할 파라메터는 α^*, β_0, λ의 세개로 감소하고 있다. α의 추정치는 α^*와 λ의 추정치로부터 구할 수 있다.

그러나 Koyck 변환모형에는 다음과 같은 문제도 존재하고 있는 것에 유의할 필요가 있다.

(1) 오차항 u_t가 기본가정을 모두 만족하고 있더라도, v_t는 기본가정을 만족하지 못한다. 특히 자기상관의 문제가 발생할 수 있다.

(2) (11.2.8)식의 설명변수에 종속변수의 시차변수(Y_{t-1})가 포함되어 있는데, 이 경우 Y_{t-1}와 v_t는 서로 독립이 아니다.

(3) 설명변수에 종속변수의 시차변수가 포함되어 있으면, Durbin–Watson d통계량에 의한 자기상관의 검정을 할 수 없다. 이 경우는 Durbin의 h 검정법을 적용할 수 있다.

(4) Koyck모형은 β_i가 기하급수적으로 감소한다는 가정에 기초하고 있는데, 현실적으로 성립하지 않을 수도 있다.

이상의 문제점이 존재하면 최소자승추정량은 불편추정량이 아니며, 또한 일치추정량도 아니게 된다. 그러므로 OLS를 적용하였을 때 이론적으로 바람직스럽지 못한 결과를 초래한다.

11.3 적응적 기대모형

Koyck 모형은 경제이론에 근거하지 않고 순수한 수학적 변환에 의해서 도출된 모형이다. 그런데 Koyck 모형은 적응적 기대라는 경제이론에 근거하여 도출된 모형과 밀접히 관련되어 있는 것을 알 수 있다.

지금 당기의 실제 수준변수는 당기의 기대변수에 의존한다고 가정하여 다음과 같은 모형을 설정한다.

$$Y_t = \alpha + \beta X_t^e + u_t \tag{11.3.1}$$

여기서 Y_t =당기의 실제의 수준을 나타내는 종속변수

X_t^e =기대, 장기, 균형, 예상을 나타내는 설명변수

이다.

예를 들면, (11.3.1)식을 소비함수의 경우라고 생각하면, 당기의 소비 (Y_t)는 당기의 기대가처분소득(X_t^e)에 의존한다는 것이다. 기대변수 X_t^e는 실제로 관측되지 않으므로 기대가 어떻게 형성되는지에 대해서 특정의 가설을 두어야 한다. 그 가설이 다음과 같다고 하자.

$$X_t^e - X_{t-1}^e = \lambda(X_t - X_{t-1}^e) \qquad 0 < \lambda < 1 \tag{11.3.2}$$

(11.3.2)의 가설을 적응적 기대(adaptive expectation)라 하고, λ를 기대계수라고 부른다. 이 가설은 당기의 기대의 수정$(X_t^e - X_{t-1}^e)$은 당기의 실적치와 전기의 기대치의 차$(X_t - X_{t-1}^e)$의 일부분(λ)이라고 가정하고 있다. 즉 기대가 매기마다 수정된다는 것을 의미한다.

소비함수를 예로 들면, t기와 $t-1$기의 기대가처분소득의 차(기대가처분소득의 수정 폭)는 t기에 있어서의 실제로 실현된 가처분소득과 기대가처분소득의 차에 λ를 곱한 것과 같다는 것을 의미한다. 다른 말로 표현하면, 새로운 기대가처분소득(X_t^e)은 전기의 기대가처분소득(X_{t-1}^e)에 수정된 가처분소득$(\lambda(X_t - X_{t-1}^e))$을 더하여 형성된다.

(11.3.2)식은 다음과 같이 나타낼 수 있다.

$$X_t^e = \lambda X_t + (1-\lambda)X_{t-1}^e \tag{11.3.3}$$

이것은 X_t와 X_{t-1}^e의 계수를 더하면 $1(=\lambda + (1-\lambda))$이 되므로, 당기의 기대변수$(X_t^e)$는 당기의 실제 X_t와 전기의 기대변수(X_{t-1}^e)의 가중평균이 되는 것을 보여 준다.

(11.3.3)식을 (11.3.1)식에 대입하면 다음과 같다.

$$\begin{aligned} Y_t &= \alpha + \beta[\lambda X_t + (1-\lambda)X_{t-1}^e] + u_t \\ &= \alpha + \beta\lambda X_t + \beta(1-\lambda)X_{t-1}^e + u_t \end{aligned} \tag{11.3.4}$$

한편 (11.3.1)식이 $t-1$기에도 성립한다면,

$$Y_{t-1} = \alpha + \beta X_{t-1}^{e} + u_{t-1} \tag{11.3.5}$$

이고, 이 식에 $(1-\lambda)$를 곱하여 (11.3.4)식에서 빼 주면 다음과 같이 된다.

$$Y_t - (1-\lambda)Y_{t-1} = \alpha\lambda + \beta\lambda X_t + u_t - (1-\lambda)u_{t-1} \tag{11.3.6}$$

이것을 다시 정리하면 다음 식을 얻을 수 있다.

$$Y_t = \alpha\lambda + \beta\lambda X_t + (1-\lambda)Y_{t-1} + \epsilon_t \tag{11.3.7}$$

여기서 $\epsilon_t = u_t - (1-\lambda)u_{t-1}$이다.

적응적 기대가설에 의하여 도출된 (11.3.6)식 또는 (11.3.7)식은 Koyck 모형과 비교하면 이론적인 배경의 차이, 오차항의 구조나 계수의 해석에 있어서의 차이 등이 존재하지만, 상당히 유사한 것을 알 수 있다. 그러므로 적응적 기대가설모형도 Y_t를 X_t와 Y_{t-1}에 회귀하여 파라메터를 추정하는 것은 Koyck 모형과 같다.

11.4 부분조정모형

적응적 기대모형과 함께 Koyck 모형과 유사한 모형으로 부분조정모형(partial adjustment model)이 있다. 이 모형은 다음과 같이 설명된다.

$$Y_t^{e} = \alpha + \beta X_t + u_t \tag{11.4.1}$$

여기서 Y_t^e =바람직한, 최적, 균형, 장기를 나타내는 종속변수

X_t =실제 값의 설명변수

u_t =표준적 기본가정을 만족하는 오차항

이다.

바람직한 Y_t^e는 관측되지 않으므로 다음과 같은 조정가설을 둔다.

$$Y_t - Y_{t-1} = \phi(Y_t^e - Y_{t-1}) \qquad (0 < \phi < 1) \tag{11.4.2}$$

여기서 ϕ는 조정계수라고 부른다.

이 모형은 종속변수가 즉각적으로 바람직한 수준까지 조정된다고 보지 않고, 조정되는 양은 t기의 바람직한 수준과 $t-1$기의 실제 수준의 차의 일부분이라고 가정하고 있다.

소비함수를 예로 들면, 소비주체가 새로운 상황에 직면했을 때 바람직한 소비수준은 즉각적으로 달성되지 못한다는 의미이다. 즉 t기의 실제 소비수준의 조정량은 $t-1$기의 실제의 소비수준과 t기의 바람직한 소비수준의 차의 일정한 비율이라고 생각할 수 있다.

(11.4.2)식은 다음과 같이 나타낼 수 있다.

$$Y_t = \phi Y_t^e + (1-\phi) Y_{t-1} \tag{11.4.3}$$

이것은 t기의 실제 Y_t는 t기의 바람직한 Y_t^e와 $t-1$기의 실제 Y_{t-1}의 가중평균이 된다는 의미이다.

(11.4.1)식을 (11.4.3)식에 대입하면 다음 식이 된다.

$$Y_t = \phi(\alpha + \beta X_t + u_t) + (1-\phi) Y_{t-1}$$
$$= \phi\alpha + \phi\beta X_t + (1-\phi) Y_{t-1} + \phi u_t \qquad (11.4.4)$$

(11.4.4)식은 도출된 부분조정모형이다. (11.4.4)식과 Koyck 모형의 (11.2.8)식을 비교해 보면 상당히 유사한 것을 알 수 있다. 그러나 부분조정모형의 오차항(ϕu_t)은 Koyck 모형의 오차항($v_t = u_t - \lambda u_{t-1}$)에 비해서 단순하며, 표준적 기본가정을 모두 만족하고 있는 점이 다르다. 즉 부분조정모형의 오차항은 자기상관이 존재하지 않는다. 그리고 부분조정모형의 최소자승추정량은 불편추정량은 아니지만 일치추정량이 된다고 알려져 있다. 그러므로 OLS 추정상으로는 부분조정모형이 더 선호된다고 하겠다.

11.5 시차종속변수가 있는 모형의 자기상관의 검정

(11.2.8)식의 Koyck 모형, (11.3.6)식의 적응적 기대모형, 그리고 (11.4.4)식의 부분조정모형은 종속변수의 시차변수(Y_{t-1})를 설명변수로서 포함하고 있다는 면에서 모두 자기회귀적 모형이라고 할 수 있다. 그런데 자기회귀적 모형에서는 제9장에서 살펴본 자기상관의 검정을 위해서 Durbin–Watson d검정법을 사용할 수 없다는 것이 알려져 있다. 왜냐하면 귀무가설(H_0)과 대립가설(H_1)

$$H_0 : \rho = 0 \qquad (11.5.1)$$
$$H_1 : \rho \neq 0 \qquad (11.5.2)$$

에서 진의 ρ는 자기상관이 존재하는데도 불구하고 d의 값이 2에 가까워지는 경우가 발생하는 것으로 알려져 있기 때문이다. 이럴 경우는 Durbin이 제안한 다음과 같은 h통계량으로 자기상관에 대한 검정을 할 수 있다.

$$h = \hat{\rho}\sqrt{\frac{n}{1-n(\widehat{Var(\hat{\lambda})})}} \tag{11.5.3}$$

여기서 $\hat{\rho}$는 (11.2.8)식을 추정하고 난 후 잔차 $\hat{u}_t$를 구하여 계산한 ρ의 추정치이고, $\widehat{Var(\hat{\lambda})}$는 (11.2.8)식에서 Y_{t-1}의 계수 λ의 분산의 추정치이다. 그리고 n은 표본수이다.

$\hat{\rho}$는 제8장에서 언급한 바와 같이 다음과 같이 근사적으로 구할 수 있다.

$$\hat{\rho} \fallingdotseq 1 - \frac{d}{2} \tag{11.5.4}$$

그러므로 (11.5.3)의 h통계량은 다음과 같다.

$$h = (1-\frac{d}{2})\sqrt{\frac{n}{1-n(\widehat{Var(\hat{\lambda})})}} \tag{11.5.5}$$

이 h통계량은 (11.5.1)의 귀무가설 $H_0 : \rho = 0$하에서 점근적으로 평균 0, 분산 1의 표준정규분포에 따르는 것으로 알려져 있다.

$$h \sim N(0,1) \qquad (11.5.6)$$

그러므로 유의수준을 5%(0.05)라 하면, 임계치 Z는 1.96이 된다. 따라서

(1) $-1.96 < h < 1.96$이면, H_0를 기각할 수 없다. 즉 자기상관이 존재하지 않는다.

(2) $h < -1.96$ 또는 $1.96 < h$이면, H_0를 기각한다. 즉 자기상관이 존재하게 된다고 판정한다.

h통계량에 대해서는 다음과 같은 특성이 있다.

(1) 설명변수의 수와 관계없이 시차종속변수 Y_{t-1}의 계수의 분산의 추정치만 필요하다.

(2) h통계량은 $n(\widehat{Var(\hat{X})}) < 1$일 때에만 적용 가능하다. 그러나 실증분석에서는 $n(\widehat{Var(\hat{X})}) \geq 1$인 경우는 거의 없다고 할 수 있다.

(3) 대표본일 때의 검정방법이므로, 소표본에 적용할 때는 주의를 요한다.

11.6 Almon 모형

시차분포모형을 추정하는 데 Koyck은 무한시차와 기하급수적으로 감소하는 계수를 가정하였다. 이에 대해서 Almon은 유한시차와 계수가 다항식에 따르는 모형을 제안하였다.

먼저 k차의 차수를 가진 유한시차모형을 다음과 같이 나타낸다.

$$Y_t = \alpha + \beta_0 X_t + \beta_1 X_{t-1} + \beta_2 X_{t-2} + \cdots + \beta_k X_{t-k} + u_t \quad (11.6.1)$$

Almon은 β_i가 다항식에 근사할 수 있다고 가정한다. 만약 r차의 다항식일 경우 다음과 같이 나타낼 수 있다.

$$\beta_i = a_0 + a_1 i + a_2 i^2 + \cdots + a_r i^r \quad (11.6.2)$$

그런데 실증분석에 있어서는 다항식의 차수는 대개 2~4개의 차수를 가정하는 것이 일반적이다. <그림 11.2>는 다항식이 2차식(A)일 경우와 3차식(B)일 경우를 가정하였을 때 β_i의 근사적인 다항식의 형태를 나타내고 있다.

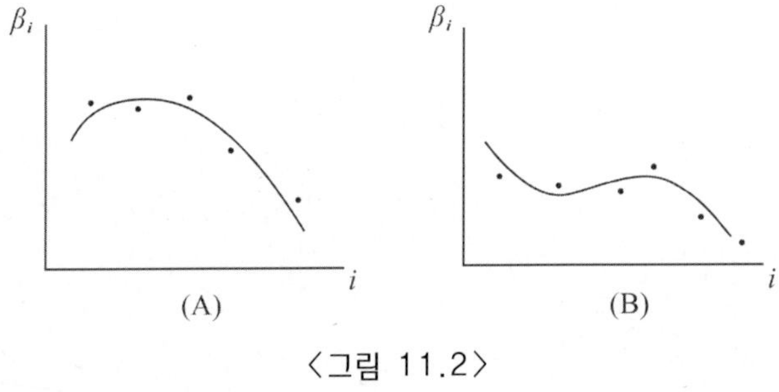

〈그림 11.2〉

지금 시차가 $k=4$인 경우의 시차분포모형

$$Y_t = \alpha + \beta_0 X_t + \beta_1 X_{t-1} + \cdots + \beta_4 X_{t-4} + u_t \tag{11.6.3}$$

과, 차수가 2차($r=2$)인 다항식

$$\beta_i = a_0 + a_1 i + a_2 i^2 \tag{11.6.4}$$

을 가정하면, $\beta_0, \beta_1, \cdots, \beta_4$는 다음과 같이 나타낼 수 있다.

$$\begin{aligned} \beta_0 &= a_0 \\ \beta_1 &= a_0 + a_1 + a_2 \\ \beta_2 &= a_0 + 2a_1 + 4a_2 \\ \beta_3 &= a_0 + 3a_1 + 9a_2 \\ \beta_4 &= a_0 + 4a_1 + 16a_2 \end{aligned} \tag{11.6.5}$$

여기서 구한 β_i를 다시 $k=4$의 (11.6.3)식에 대입하면

$$\begin{aligned} Y_t = \alpha &+ a_0 X_t + (a_0 + a_1 + a_2) X_{t-1} + (a_0 + 2a_1 + 4a_2) X_{t-2} \\ &+ (a_0 + 3a_1 + 9a_2) X_{t-3} + (a_0 + 4a_1 + 16a_2) X_{t-4} + u_t \end{aligned} \tag{11.6.6}$$

이다. 이 식에서 a_0, a_1, a_2별로 변수를 변환하면 (11.6.6)식은 다음 식이 된다.

$$Y_t = \alpha + a_0 Z_{0t} + a_1 Z_{1t} + a_2 Z_{2t} + u_t \tag{11.6.7}$$

여기서 Z_{0t}, Z_{1t}, Z_{2t}는 각각 다음과 같다.

$$\begin{aligned} Z_{0t} &= (X_t + X_{t-1} + X_{t-2} + X_{t-3} + X_{t-4}) \\ Z_{1t} &= (\quad X_{t-1} + 2X_{t-2} + 3X_{t-3} + 4X_{t-4}) \\ Z_{2t} &= (\quad X_{t-1} + 4X_{t-2} + 9X_{t-3} + 16X_{t-4}) \end{aligned} \tag{11.6.8}$$

(11.6.7)식이 Almon모형이 되며, Y_t는 원래의 변수 X가 아니라 새롭게 변환된 Z변수인 Z_{0t}, Z_{1t}, Z_{2t}에 대해서 회귀하게 된다.

(11.6.7)식을 추정하여 $\hat{\alpha}$, $\hat{a}_0$, $\hat{a}_1$, $\hat{a}_2$의 추정치를 구하였다면, 원래 모형의 계수 α, β_0, β_1, β_2, β_3, β_4의 추정치는 (11.6.9)식에 의해서 구할 수 있다.

$$\begin{aligned} \hat{\alpha} &= \hat{\alpha} \\ \hat{\beta}_0 &= \hat{a}_0 \\ \hat{\beta}_1 &= \hat{a}_0 + \hat{a}_1 + \hat{a}_2 \\ \hat{\beta}_2 &= \hat{a}_0 + 2\hat{a}_1 + 4\hat{a}_2 \\ \hat{\beta}_3 &= \hat{a}_0 + 3\hat{a}_1 + 9\hat{a}_2 \\ \hat{\beta}_4 &= \hat{a}_0 + 4\hat{a}_1 + 16\hat{a}_2 \end{aligned} \tag{11.6.9}$$

Almon모형의 이점은 다음과 같다.

(1) (11.6.7)식의 오차항은 표준적 기본가정을 만족하고 있으므로 Koyck모형과 같은 추정상의 문제가 발생하지 않는다.

(2) 추정할 계수 파라메터의 수가 원래의 모형의 수보다 감소한다. $k=4$이고, $r=2$일 때 추정할 계수 파라메터의 수는 6인데, Almon모형에서는 4이다.

그러나 다음과 같은 유의점도 지적되고 있다.

(1) 유한시차를 가정하고 있으므로 시차 k를 정하는 문제가 있다.

(2) 다항식의 차수 r를 결정하는 문제가 있다.

이상의 문제는 특별히 정하여진 기준이 없이 연구자의 자의적 판단에 의해서 정하여지고 있는 것이 사실이다.

11.7 예제 11

11.7.1 시차분포모형

제9장의 <표 9.1>의 자료를 이용하여 다음의 시차분포모형에 대해서 분석해 보기로 한다.

$$Y_t = \alpha + \beta_0 X_t + \beta_1 X_{t-1} + \beta_2 X_{t-2} + \cdots + \beta_k X_{t-k} + u_t \quad (11.7.1)$$

여기서 Y_t =소비지출

X_t =가처분소득

이다.

이 자료를 사용하여 시차 1기에서 4기까지 상정하여 추정한 소비함수의 결과가 <표 11.1>에 나타나 있다. 단 ( ) 안은 t값이다.

각 보형별로 자유도조정 결정계수($\overline{R^2}$), 모형의 표준오차($\hat{\sigma}$), 그리고 Durbin–Watson d통계량(d)도 함께 제시되어 있다.

변수	방정식			
	1	2	3	4
정수항	2722.302 (9.517)	2716.289 (9.068)	2747.149 (8.839)	2787.224 (9.054)
X_t	0.595 (5.814)	0.594 (5.715)	0.599 (5.639)	0.650 (6.152)
X_{t-1}	0.143 (1.423)	0.174 (1.217)	0.169 (1.163)	0.137 (0.960)
X_{t-2}		−0.033 (−0.309)	0.013 (0.087)	−0.008 (−0.052)
X_{t-3}			−0.050 (−0.450)	0.181 (1.180)
X_{t-4}				−0.232 (−2.111)
$\overline{R^2}$	0.970	0.968	0.966	0.967
$\hat{\sigma}$	237.186	241.635	245.349	237.132
d	0.850	0.854	0.892	0.911

〈표 11.1〉

<표 11.1>에 의하면 시차 0일 때의 X_t계수의 t값이 모두 높게 나와서 유의한 결과를 보이고 있다. 그러나 1기 이후의 시차를 가지는 변수에 대한 계수의 유의성은 급격히 저하되고 있으며, 부호가 역전되어 있는 것도 있다. 결정계수가 높으면서 1기 시차 이후의 변수의 t값이 낮다는 것은 다중공선성에 의해서 발생한 것으로 생각할 수 있다. 그러므로 이 추정결과에 의해서만 시차 기간에 관해서 의미 있는 결론을 내

리는 것은 어렵다고 하겠다.

11.7.2 Koyck 모형

<표 9.1>의 자료를 사용하여 Koyck 모형을 추정한 결과가 (11.7.2)식에 나타나 있다.

$$\widehat{Y_t} = 1058.648 + 0.229X_t + 0.677Y_{t-1} \quad \overline{R^2}=0.982 \quad (11.7.2)$$

se	(345.840)	(0.082)	(0.109)	d=1.900
t	(3.061)	(2.777)	(6.211)	

여기서 se는 표본표준오차, t는 t통계량이다.

Koyck 변환 후의 추정결과를 이용하여 시차 4까지의 시차분포모형으로 나타내면

$$\begin{aligned}\widehat{Y_t} &= 1058.648/(1-0.677)+0.229X_t+(0.229)(0.677)X_{t-1}\\ &\quad +(0.229)(0.677)^2X_{t-2}+(0.229)(0.677)^3X_{t-3}+(0.229)\\ &\quad (0.677)^4X_{t-4}\\ &= 3278.229+0.229X_t+0.155X_{t-1}+0.105X_{t-2}+0.071X_{t-3}\\ &\quad +0.048X_{t-4} \qquad (11.7.3)\end{aligned}$$

이다.

Koyck 모형으로부터 도출된 이 소비함수로부터 시차가 소비에 미치는 영향으로서 단기적인 한계소비성향은 X_t의 계수 $\widehat{\beta_0}$=0.229이다. 그

리고 장기적인 한계소비성향은 (11.2.4)식으로부터 계산하면

$$\hat{\beta} = (0.229)\left(\frac{1}{1-0.677}\right) = 0.709 \qquad (11.7.4)$$

이다. 이것은 소득이 한 단위 증가할 때, 단기적으로는 증가된 소득의 23%가 소비되지만, 장기적으로는 71%가 소비된다는 것을 의미한다.

11.7.3 h검정

Koyck 모형을 추정한 결과를 나타내는 (11.7.2)식에서, Durbin–Watson d통계량은 1.900으로 2에 가깝다. 그러나 이 통계량은 자기회귀모형에서 자기상관이 존재하는지를 검정하는 데 사용할 수 없다. 추정된 d값과 h통계량의 공식을 이용하여 h통계량을 구하면 다음과 같다.

$$h = \left(1-\frac{1}{2}(0.900)\right)\sqrt{\frac{55}{1-(55)(0.012)}} \qquad (11.7.5)$$
$$=0.628$$

h는 표준정규분포에 따르므로 h=0.628은 5% 유의수준인 1.96보다 작다. 그러므로 $H_0 : \rho = 0$의 귀무가설을 기각할 수 없다. 따라서 자기상관이 없다는 가설을 채택하게 된다.

11.7.3 Almon모형

소비지출이 금년도와 그 이전 4개 연도의 소득에 의존한다고 하면

다음과 같이 나타낼 수 있다.

$$Y_t = \alpha + \beta_0 X_t + \beta_1 X_{t-1} + \beta_2 X_{t-2} + \beta_3 X_{t-3} + \beta_4 X_{t-4} + u_t \tag{11.7.6}$$

그리고 β_i가 (11.6.4)식에서 보는 바와 같이 2차의 다항식으로 근사시킬 수 있다고 하면, (11.7.6)식을 Almon 모형으로 나타내면 다음과 같다.

$$Y_t = \alpha + a_0 Z_{0t} + a_1 Z_{1t} + a_2 Z_{2t} + u_t \tag{11.7.7}$$

여기서

$$\begin{aligned} Z_{0t} &= (X_t + X_{t-1} + X_{t-2} + X_{t-3} + X_{t-4}) \\ Z_{1t} &= (\quad X_{t-1} + 2X_{t-2} + 3X_{t-3} + 4X_{t-4}) \\ Z_{2t} &= (\quad X_{t-1} + 4X_{t-2} + 9X_{t-3} + 16X_{t-4}) \end{aligned} \tag{11.7.8}$$

이다.

(11.7.7)식을 <표 9.1>의 자료를 이용하여 추정한 결과는 다음과 같다.

$$\hat{Y}_t = 2813.552 + 0.546 Z_{0t} - 0.320 Z_{1t} - 0.040 Z_{2t} \quad \overline{R^2} = 0.967 \tag{11.7.9}$$

se	(310.214)	(0.077)	(0.127)	(0.031)	d=0.846
t	(9.070)	(7.072)	(−2.532)	(1.207)	

(11.7.9)식의 추정결과로부터 (11.7.6)식의 β_i의 계수를 추정하면 다음

과 같다.

$$\hat{\beta}_0 = \hat{a}_0 = 0.546$$
$$\hat{\beta}_1 = \hat{a}_0 + \hat{a}_1 + \hat{a}_2 = 0.266$$
$$\hat{\beta}_2 = \hat{a}_0 + 2\hat{a}_1 + 4\hat{a}_2 = 0.065$$
$$\hat{\beta}_3 = \hat{a}_0 + 3\hat{a}_1 + 9\hat{a}_2 = -0.055$$
$$\hat{\beta}_4 = \hat{a}_0 + 4\hat{a}_1 + 16\hat{a}_2 = -0.095 \qquad (11.7.10)$$

그러므로 (11.7.10)의 추정결과를 (11.7.6)식에 적용하면

$$\hat{Y}_t = 2813.552 + 0.546X_t + 0.266X_{t-1} + 0.065X_{t-2} - 0.055X_{t-3} - 0.095X_{t-4} \qquad (11.7.11)$$

이다. 이것을 그림으로 나타낸 것이 <그림 11.3>이다.

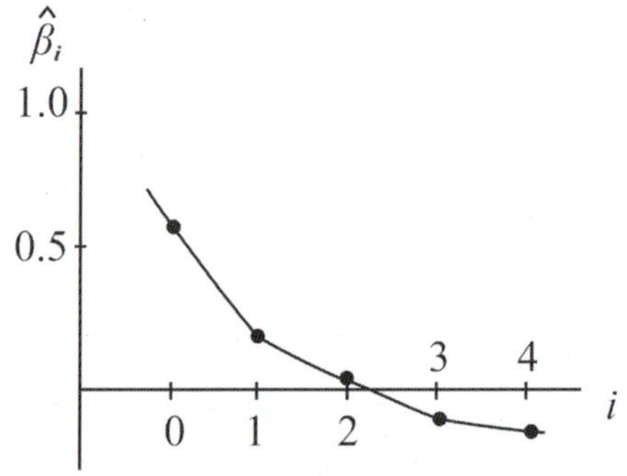

〈그림 11.3〉

연습문제 11 Exercise

[1] <표 11.2>의 자료를 이용하여 다음의 시차분포모형을 설정하였다.

$$Y_t = \alpha + \beta_0 X_t + \beta_1 X_{t-1} + \beta_2 X_{t-2} + \beta_3 X_{t-3} + \beta_4 X_{t-4} + u_t \tag{11.8.1}$$

여기서 Y_t =재고투자

X_t =판매고

이다.

연도	Y	X	연도	Y	X
1989	52.9	30.3	1999	98.2	53.5
1990	53.8	30.9	2000	101.7	52.8
1991	54.9	30.9	2001	102.7	55.9
1992	58.2	33.4	2002	108.3	63.0
1993	60.0	35.1	2003	124.7	73.0
1994	63.4	37.3	2004	157.9	84.8
1995	68.2	41.0	2005	158.2	86.6
1996	78.0	44.9	2006	170.2	98.9
1997	84.7	46.5	2007	180.0	110.8
1998	90.6	50.3	2008	198.0	124.7

〈표 11.2〉

(1) (11.8.1)식을 추정하여 개별 회귀계수 등이 유의한가를 검정하라

(2) Durbin–Watson 검정을 실시하여 자기상관이 있는지를 검정하라.

[2] <표 11.2>의 자료를 이용하여 다음의 Koyck 모형을 추정하고 다음에 답하라.

$$Y_t = \alpha + \beta X_t + \lambda Y_{t-1} + v_t \tag{11.8.2}$$

(1) 단기효과와 장기효과를 구하라.

(2) 자기상관이 존재하는지를 h통계량을 이용하여 검정하라.

[3] (1) (11.8.1)식의 시차분포모형에서 계수 β_i가 2차의 다항식으로 근사시킬 수 있다고 가정하여 다음의 Almon 모형을 추정하라.

$$Y_t = \alpha + a_0 Z_{0t} + a_1 Z_{1t} + a_2 Z_{2t} + u_t \tag{11.8.3}$$

단, Z_{0t}, Z_{1t}, Z_{2t}는 (11.6.8)식과 같다.

(2) (1)에서 추정한 결과로부터 (11.8.1)식의 β_i의 추정치를 구하라.

연습문제 해답

연습문제 2

[1] $E(X)=3.0,\quad Var(X)=1$

[3] (1) $P(2 \le X \le 4)=0.3412$

(2) $P(0 \le X \le 2)=0.3412$

(3) $P(-4 \le X \le 6)=0.4987+0.4772=0.9759$

(4) $P(-2 \le X \le 2)=0.4772$

[4] (1) $P(t<2.086)=0.975$

(2) $P(-1.325<t)=0.9$

(3) $P(1.725<t<2.086)=0.025$

(4) $P(-1.325<t<2.528)=0.89$

연습문제 3

[1] (1) $\hat{\alpha}=-160.3656,\ \hat{\beta}=0.6600$

(2) a) $\hat{\sigma}^2=5656.1831$

b) $\widehat{Var}(\hat{\beta}) = \hat{\sigma}_{\hat{\beta}}^2 = 0.0060$

c) $\widehat{se}(\hat{\beta}) = \hat{\sigma}_{\hat{\beta}} = 0.0773$

d) $\widehat{Var}(\hat{\alpha}) = \hat{\sigma}_{\hat{\alpha}}^2 = 2728.4012$

e) $\widehat{se}(\hat{\alpha}) = \hat{\sigma}_{\hat{\alpha}} = 52.2341$

연습문제 4

[1] (1) $R^2 = 0.8020$

(2) $\hat{\beta} = 0.6600,\ \hat{\sigma}_{\hat{\beta}} = 0.0773$이므로 $t_0 = 8.5376$

자유도 18의 유의수준 5%의 t임계치는 $t_{(18.0.025)} = 2.10$

따라서 $t_{(18.0.025)} = 2.10 < t_0 = 8.5376$이므로 귀무가설 $H_0 : \beta = 0$을 기각한다.

(3) $t_0 = (0.66 - 0.5)/0.0773 = 2.0699$

따라서

$-t_{(18,0.025)} = -2.10 < t_0 = 2.0699 < t_{(18,0.025)} = 2.10$

이므로 귀무가설 $H_0 : \beta = 0.5$을 기각할 수 없다.

(4) $0.4977 < \beta < 0.8223$

(5) $\widehat{M_{2001}} = -160.3656 + 0.66(1040) = 526.0344$

연습문제 5

[1] (1) $\hat{\alpha} = 21.8760,\quad \hat{\beta} = 0.3918,\quad \hat{\gamma} = 0.2217$

(2) $\hat{\sigma}^2 = 2.0649,\quad \hat{\sigma} = 1.4370$

(3) $\hat{\sigma}_{\hat{\beta}}^2 = 0.0034,\ \hat{\sigma}_{\hat{\beta}} = 0.0580,\ \hat{\sigma}_{\hat{\gamma}}^2 = 0.0006,$

$\widehat{\sigma_{\hat{\gamma}}} = 0.0239$

(4) $R^2 = 0.9961$, $\overline{R^2} = 0.9954$

[2] (3) $0.2652 < \beta < 0.5179$

(4) $0.1697 < \gamma < 0.2737$

[3] (2) $F_0 = 1532.0020$, 자유도 (2,12)의 유의수준 5%의 F임계치는 $F_{(2,12,0.05)} = 3.89$이다.

따라서 $F_{(2,12,0.05)} = 3.89 < F_0 = 1532.0020$이므로

귀무가설 H_0: $\beta = \gamma = 0$을 기각한다.

연습문제6

[1] (1) $RSS_{UR} = 0.0064$, $df_{UR} = 7$

(2) $RSS_R = 0.0072$, $df_R = 8$

(3)

$$F_0 = \frac{(RSS_R - RSS_{UR})/q}{RSS_{UR}/(n-k-1)} = \frac{(0.0072 - 0.0064)/1}{0.0064/7} = 0.9262$$

자유도 (1,7)의 유의수준 5%의 F임계치는

$F_{(1,7,0.05)}$=5.59이다. 따라서

$F_0 = 0.9262 < F_{(1,7,0.05)} = 5.59$

이므로 귀무가설 H_0 : $\alpha + \beta = 1$을 기각할 수 없다.

연습문제 7

[1] (1) $\hat{\alpha} = 12.9254$, $\hat{\beta} = 0.7247$, $\hat{\gamma} = -0.0288$

(3) $R^2 = 0.9889, \quad VIF = 0.4503$

[3] (1) $\hat{\alpha} = 11.6919, \quad \hat{\beta} = 0.5164$

(2) $\hat{\gamma} = 0.5\hat{\beta} = (0.5)(0.5164) = 0.2582$

연습문제 8

[2] (1) $t_0 = 11.8979$

자유도 18의 유의수준 5%의 t임계치는 $t_{(18.0.025)} = 2.10$

따라서 $t_{(18.0.025)} = 2.10 < t_0 = 8.5376$이므로,

귀무가설 $H_0 : \beta = 0$

을 기각한다. 즉 이분산이 존재한다.

(2) $C = 2$의 경우, $\lambda = 7.5127$

자유도 (7,7)의 유의수준 5%의 F임계치는

$F_{(7,7,0.05)} = 3.79$이다. 따라서

$F_{(7,7,0.05)} = 3.79 < \lambda = 7.5127$이므로, 동분산의 귀무가설을 기각한다. 즉 이분산이 존재한다.

(3) $ESS/2 = 7.4859$

자유도 1의 유의수준 5%의 χ^2임계치는 $\chi^2_{(1)} = 3.841$

따라서 $\chi^2_{(1)} = 3.841 < ESS/2 = 7.4859$이므로, 동분산의 귀무가설을 기각한다. 즉 이분산이 존재한다.

(4) $nR^2 = 17.5623$

자유도 2의 유의수준 5%의 χ^2임계치는 $\chi^2_{(2)} = 5.991$

따라서 $\chi^2_{(2)} = 5.991 < nR^2 = 17.5623$이므로, 동분산의 귀무가설을 기각한다. 즉 이분산이 존재한다.

[4] $C=4$의 경우, $\lambda=1.7830$

자유도 (6,6)의 유의수준 5%의 F임계치는

$F_{(6,6,0.05)}=4.28$이다.

따라서 $\lambda=1.7830<F_{(6,6,0.05)}=4.28$이므로, 동분산의 귀무가설을 기각할 수 없다. 즉 이분산이 존재하지 않는다.

연습문제 9

[1] (1) $\hat{\alpha}=-13.0939$, $\hat{\beta}=0.1698$, $\hat{\gamma}=-1,0271$

(2) $d_0=1.3212$. $n=19$, $k'=2$의 5% 유의수준에서

$d_L=1.08$, $d_U=1.53$

따라서 $d_L=1.08<d_0=1.3212<d_U=1.53$이므로,

자기상관을 판정할 수 없다.

(3) a) 잔차를 이용 : $\hat{\rho}=0.2898$

b) DW통계량 이용 : $\hat{\rho}=0.3394$

c) Theil–Nagar의 방법 : $\hat{\rho}=0.3435$

d) Cochran–Orcutt 반복법 : $\hat{\rho}=0.3038$

연습문제 10

[1] (1) $\hat{\gamma}=-4.6031$, $\widehat{\sigma_{\hat{\gamma}}}=2.0515$이므로, $t_0=-2.2437$

자유도 12의 유의수준 5%의 t임계치는 $t_{(12,\,0.025)}=2.179$

따라서 $t_0=-2.2437<-t_{(12,\,0.025)}=-2.179$이므로, 귀무가설 $H_0:\gamma=0$을 기각한다. 즉 남녀 사이에 절대소비수준의 차이가 존재한다.

(2) $\hat{\delta}=-0.0207$, $\widehat{\sigma_{\hat{\delta}}}=0.0105$이므로, $t_0=-1.9599$

따라서 $-t_{(12,\ 0.025)} < t_0 = -1.9599 < t_{(12,\ 0.025)}$ 이므로, 귀무가설 $H_0 : \delta = 0$ 을 기각할 수 없다. 즉 남녀 사이에 한계소비성향의 차이가 없다.

(3) $\hat{\gamma} = -14.9770$, $\widehat{\sigma_{\hat{\gamma}}} = 11.2330$ 이므로, $t_0 = -1.3333$

$\hat{\delta} = 0.5227$, $\widehat{\sigma_{\hat{\delta}}} = 0.0556$ 이므로, $t_0 = 0.9395$

자유도 11의 유의수준 5%의 t 임계치는 $t_{(11,\ 0.025)} = 2.201$

따라서 두 회귀계수 모두 귀무가설을 기각할 수 없다.

연습문제 11

[1] (2) $d_0 = 0.6194$. $n = 20$, $k' = 5$ 의 5% 유의수준에서

$d_L = 0.79$, $d_U = 1.99$

따라서 $d_0 = 0.6194 < d_L = 0.79$ 이므로, 귀무가설 $H_0 : \rho = 0$ 을 기각하고, 대립가설 $H_1 : \rho > 0$ 을 채택한다. 즉 양의 자기상관이 존재한다.

[2] (1) 단기효과 : $\beta_0 = 0.9407$

장기효과 : $\hat{\lambda} = 0.4682$ 이다. 따라서

$$\beta = \beta_0 \left(\frac{1}{1-\lambda}\right) = 0.9407 \left(\frac{1}{1-0.4681}\right) = 1.7691$$

찾아보기

가

사

아

자

차

카

부록

정규분포표

$t-$분포표

F 분포표

카이자승 분포표

Durbin–Watson d 통계량

정규분포표

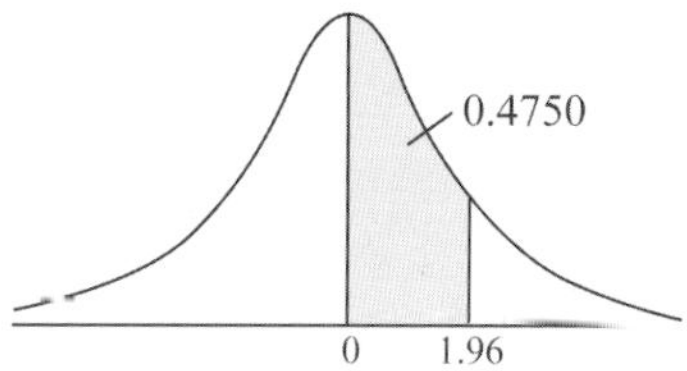

Z	.00	.01	.02	.03	.04	.05	.06	.07	.08	.09
0.0	.0000	.0040	.0080	.0120	.0160	.0199	.0239	.0279	.0319	.0359
0.1	.0398	.0438	.0478	.0517	.0557	.0596	.0636	.0675	.0714	.0753
0.2	.0793	.0832	.0871	.0910	.0948	.0987	.1026	.1064	.1103	.1141
0.3	.1179	.1217	.1255	.1293	.1331	.1368	.1406	.1443	.1480	.1517
0.4	.1554	.1591	.1628	.1664	.1700	.1736	.1772	.1808	.1844	.1879
0.5	.1915	.1950	.1985	.2019	.2054	.2088	.2123	.2157	.2190	.2224
0.6	.2257	.2291	.2324	.2357	.2389	.2422	.2454	.2486	.2517	.2549
0.7	.2580	.2611	.2642	.2673	.2704	.2734	.2764	.2794	.2823	.2852
0.8	.2881	.2910	.2939	.2967	.2995	.3023	.3051	.3078	.3106	.3133
0.9	.3159	.3186	.3212	.3238	.3264	.3289	.3315	.3340	.3365	.3389
1.0	.3413	.3438	.3461	.3485	.3508	.3531	.3554	.3577	.3599	.3621
1.1	.3643	.3665	.3686	.3708	.3729	.3749	.3770	.3790	.3810	.3830
1.2	.3849	.3869	.3888	.3907	.3925	.3944	.3962	.3980	.3997	.4015
1.3	.4032	.4049	.4066	.4082	.4099	.4115	.4131	.4147	.4162	.4177
1.4	.4192	.4207	.4222	.4236	.4251	.4265	.4279	.4292	.4306	.4319
1.5	.4332	.4345	.4357	.4370	.4382	.4394	.4406	.4418	.4429	.4441
1.6	.4452	.4463	.4474	.4484	.4495	.4505	.4515	.4525	.4535	.4545
1.7	.4454	.4564	.4573	.4582	.4591	.4599	.4608	.4616	.4625	.4633
1.8	.4641	.4649	.4656	.4664	.4671	.4678	.4686	.4693	.4699	.4706
1.9	.4713	.4719	.4726	.4732	.4738	.4744	.4750	.4756	.4761	.4767
2.0	.4772	.4778	.4783	.4788	.4793	.4798	.4803	.4808	.4812	.4817
2.1	.4821	.4826	.4830	.4834	.4838	.4842	.4846	.4850	.4854	.4857
2.2	.4861	.4864	.4868	.4871	.4875	.4878	.4881	.4884	.4887	.4890
2.3	.4893	.4896	.4898	.4901	.4904	.4906	.4909	.4911	.4913	.4916
2.4	.4918	.4920	.4922	.4925	.4927	.4929	.4931	.4932	.4934	.4936
2.5	.4938	.4940	.4941	.4943	.4945	.4946	.4948	.4949	.4951	.4952
2.6	.4953	.4955	.4956	.4957	.4959	.4960	.4961	.4962	.4963	.4964
2.7	.4965	.4966	.4967	.4968	.4969	.4970	.4971	.4972	.4973	.4974
2.8	.4974	.4975	.4976	.4977	.4977	.4978	.4979	.4979	.4980	.4981
2.9	.4981	.4982	.4982	.4983	.4984	.4984	.4985	.4985	.4986	.4986
3.0	.4987	.4987	.4987	.4988	.4988	.4989	.4989	.4989	.4990	.4990

주 : 이 표는 분포의 우측절반 면적 가운데서 빗금친 면적을 표시하고 있다(즉, $z \le 0$). 그러나 정규분포는 Z=0에서 좌우대칭이기 때문에 좌측절반의 면적은 우측절반의 면적과 동일하다. 예를 들어서 $P(-1.96 \le z \le 0)=0.4750$, 그러므로 $P(-1.96 \le z \le 1.96)$ $=2(0.4750)=0/95$.

t-분포표

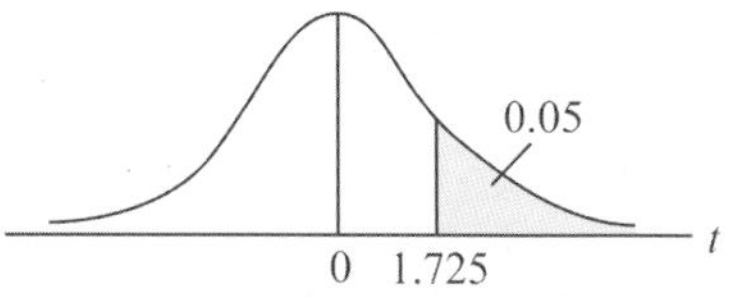

df \ Pr	0.25 0.50	0.10 0.20	0.05 0.10	0.025 0.05	0.01 0.02	0.005 0.010	0.001 0.002
1	1.000	3.078	6.314	12.706	31.821	63.657	318.31
2	0.816	1.886	2.920	4.303	6.965	9.925	22.327
3	0.765	1.638	2.353	3.182	4.541	5.841	10.214
4	0.741	1.533	2.132	2.776	3.747	4.604	7.173
5	0.727	1.476	2.015	2.571	3.365	4.032	5.893
6	0.718	1.440	1.943	2.447	3.143	3.707	5.208
7	0.711	1.415	1.895	2.365	2.998	3.499	4.785
8	0.706	1.397	1.860	2.306	2.896	3.355	4.501
9	0.703	1.383	1.833	2.262	2.821	3.250	4.297
10	0.700	1.372	1.812	2.228	2.764	3.169	4.144
11	0.697	1.363	1.796	2.201	2.718	3.106	4.025
12	0.695	1.356	1.782	2.179	2.681	3.055	3.930
13	0.694	1.350	1.771	2.160	2.650	3.012	3.852
14	0.692	1.345	1.761	2.145	2.624	2.977	3.787
15	0.691	1.341	1.753	2.131	2.602	2.947	3.733
16	0.690	1.337	1.746	2.120	2.583	2.921	3.686
17	0.689	1.333	1.740	2.110	2.567	2.898	3.646
18	0.688	1.330	1.734	2.101	2.552	2.878	3.610
19	0.688	1.328	1.729	2.093	2.539	2.861	3.579
20	0.687	1.325	1.725	2.086	2.528	2.845	3.552
21	0.686	1.323	1.721	2.080	2.518	2.831	3.527
22	0.686	1.321	1.717	2.074	2.508	2.819	3.505
23	0.685	1.319	1.714	2.069	2.500	2.807	3.485
24	0.685	1.318	1.711	2.064	2.492	2.797	3.467
25	0.684	1.316	1.708	2.060	2.485	2.787	3.450
26	0.684	1.315	1.706	2.056	2.479	2.779	3.435
27	0.684	1.314	1.703	2.052	2.473	2.771	3.421
28	0.683	1.313	1.701	2.048	2.467	2.763	3.408
29	0.683	1.311	1.699	2.045	2.462	2.756	3.396
30	0.683	1.310	1.697	2.042	2.457	2.750	3.385
40	0.681	1.303	1.684	2.021	2.423	2.704	3.307
60	0.679	1.296	1.671	2.000	2.390	2.660	3.232
120	0.677	1.289	1.658	1.980	2.358	2.617	3.160
∞	0.674	1.282	1.645	1.960	2.326	2.576	3.090

주 : 각 열의 상단에 나타나는 더 적은 확률값은 한쪽 절반의 꼬리면적을 나타내며, 더 큰 확률값은 양쪽절반의 꼬리면적을 동시에 나타낸다.

F 분포표

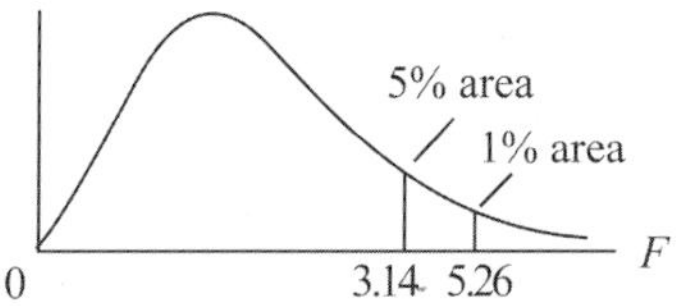

df for denominator N_2	df for numerator N_1												
	Pr	1	2	3	4	5	6	7	8	9	10	11	12
	.25	5.83	7.50	8.20	8.58	8.82	8.98	9.10	9.19	9.26	9.32	9.36	9.41
1	.10	39.9	49.5	53.6	55.8	57.2	58.2	58.9	59.4	59.9	60.2	60.5	60.7
	.05	161	200	216	225	230	234	237	239	241	242	243	244
	.25	2.57	3.00	3.15	3.23	3.28	3.31	3.34	3.35	3.37	3.38	3.39	3.39
2	.10	8.53	9.00	9.16	9.24	9.29	9.33	9.35	9.37	9.38	9.39	9.40	9.41
	.05	18.5	19.0	19.2	19.2	19.3	19.3	19.4	19.4	19.4	19.4	19.4	19.4
	.01	98.5	99.0	99.2	99.2	99.3	99.3	99.4	99.4	99.4	99.4	99.4	99.4
	.25	2.02	2.28	2.36	2.39	2.41	2.42	2.43	2.44	2.44	2.44	2.45	2.45
3	.10	5.54	5.46	5.39	5.34	5.31	5.28	5.27	5.25	5.24	5.23	5.22	5.22
	.05	10.1	9.55	9.28	9.12	9.01	8.94	8.89	8.85	8.81	8.79	8.76	8.74
	.01	34.1	30.8	29.5	28.7	28.2	27.9	27.7	27.5	27.3	27.2	27.1	27.1
	.25	1.81	2.00	2.05	2.06	2.07	2.08	2.08	2.08	2.08	2.08	2.08	2.08
4	.10	4.54	4.32	4.19	4.11	4.05	4.01	3.98	3.95	3.94	3.92	3.91	3.90
	.05	7.71	6.94	6.59	6.39	6.26	6.16	6.09	6.04	6.00	5.96	5.94	5.91
	.01	21.2	18.0	16.7	16.0	15.5	15.2	15.0	14.8	14.7	14.5	14.4	14.4
	.25	1.69	1.85	1.88	1.89	1.89	1.89	1.89	1.89	1.89	1.89	1.89	1.89
5	.10	4.06	3.78	3.62	3.52	3.45	3.40	3.37	3.34	3.32	3.30	3.28	3.27
	.05	6.61	5.79	5.41	5.19	5.05	4.95	4.88	4.82	4.77	4.74	4.71	4.68
	.01	16.3	13.3	12.1	11.4	11.0	10.7	10.5	10.3	10.2	10.1	9.96	9.89
	.25	1.62	1.76	1.78	1.79	1.79	1.78	1.78	1.78	1.77	1.77	1.77	1.77
6	.10	3.78	3.46	3.29	3.18	3.11	3.05	3.01	2.98	2.96	2.94	2.92	2.90
	.05	5.99	5.14	4.76	4.53	4.39	4.28	4.21	4.15	4.10	4.06	4.03	4.00
	.01	13.7	10.9	9.78	9.15	8.75	8.47	8.26	8.10	7.98	7.87	7.79	7.72
	.25	1.57	1.70	1.72	1.72	1.71	1.71	1.70	1.70	1.69	1.69	1.69	1.68
7	.10	3.59	3.26	3.07	2.96	2.88	2.83	2.78	2.75	2.72	2.70	2.68	2.67
	.05	5.59	4.74	4.35	4.12	3.97	3.87	3.79	3.73	3.68	3.64	3.60	3.57
	.01	12.2	9.55	8.45	7.85	7.46	7.19	6.99	6.84	6.72	6.62	6.54	6.47
	.25	1.54	1.66	1.67	1.66	1.66	1.65	1.64	1.64	1.63	1.63	1.63	1.62
8	.10	3.46	3.11	2.92	2.81	2.73	2.67	2.62	2.59	2.56	2.54	2.52	2.50
	.05	5.32	4.46	4.07	3.84	3.69	3.58	3.50	3.44	3.39	3.35	3.31	3.28
	.01	11.3	8.65	7.59	7.01	6.63	6.37	6.18	6.03	5.91	5.81	5.73	5.67
	.25	1.51	1.62	1.63	1.63	1.62	1.61	1.60	1.60	1.59	1.59	1.58	1.58
9	.10	3.36	3.01	2.81	2.69	2.61	2.55	2.51	2.47	2.44	2.42	2.40	2.38
	.05	5.12	4.26	3.86	3.63	3.48	3.37	3.29	3.23	3.18	3.14	3.10	3.07
	.01	10.6	8.02	6.99	6.42	6.06	5.80	5.61	5.47	5.35	5.26	5.18	5.11

df for numerator N_1													df for denominator N_2
15	**20**	**24**	**30**	**40**	**50**	**60**	**100**	**120**	**200**	**500**	**∞**	**Pr**	
9.49	9.58	9.63	9.67	9.71	9.74	9.76	9.78	9.80	9.82	9.84	9.85	.25	
61.2	61.7	62.0	62.3	62.5	62.7	62.8	63.0	63.1	63.2	63.3	63.3	.10	1
246	248	249	250	251	252	252	253	253	254	254	254	.05	
3.41	3.43	3.43	3.44	3.45	3.45	3.46	3.47	3.47	3.48	3.48	3.48	.25	
9.42	9.44	9.45	9.46	9.47	9.47	9.47	9.48	9.48	9.49	9.49	9.49	.10	2
19.4	19.4	19.5	19.5	19.5	19.5	19.5	19.5	19.5	19.5	19.5	19.5	.05	
99.4	99.4	99.5	99.5	99.5	99.5	99.5	99.5	99.5	99.5	99.5	99.5	.01	
2.46	2.46	2.46	2.47	2.47	2.47	2.47	2.47	2.47	2.47	2.47	2.47	.25	
5.20	5.18	5.18	5.17	5.16	5.15	5.15	5.14	5.14	5.14	5.14	5.13	.10	3
8.70	8.66	8.64	8.62	8.59	8.58	8.57	8.55	8.55	8.54	8.53	8.53	.05	
26.9	26.7	26.6	26.5	26.4	26.4	26.3	26.2	26.2	26.2	26.1	26.1	.01	
2.08	2.08	2.08	2.08	2.08	2.08	2.08	2.08	2.08	2.08	2.08	2.08	.25	
3.87	3.84	3.83	3.82	3.80	3.80	3.79	3.78	3.78	3.77	3.76	3.76	.10	4
5.86	5.80	5.77	5.75	5.72	5.70	5.69	5.66	5.66	5.65	5.64	5.63	.05	
14.2	14.0	13.9	13.8	13.7	13.7	13.7	13.6	13.6	13.5	13.5	13.5	.01	
1.89	1.88	1.88	1.88	1.88	1.88	1.87	1.87	1.87	1.87	1.87	1.87	.25	
3.24	3.21	3.19	3.17	3.16	3.15	3.14	3.13	3.12	3.12	3.11	3.10	.10	5
4.62	4.56	4.53	4.50	4.46	4.44	4.43	4.41	4.40	4.39	4.37	4.36	.05	
9.72	9.55	9.47	9.38	9.29	9.24	9.20	9.13	9.11	9.08	9.04	9.02	.01	
1.76	1.76	1.75	1.75	1.75	1.75	1.74	1.74	1.74	1.74	1.74	1.74	.25	
2.87	2.84	2.82	2.80	2.78	2.77	2.76	2.75	2.74	2.73	2.73	2.72	.10	6
3.94	3.87	3.84	3.81	3.77	3.75	3.74	3.71	3.70	3.69	3.68	3.67	.05	
7.56	7.40	7.31	7.23	7.14	7.09	7.06	6.99	6.97	6.93	6.90	6.88	.01	
1.68	1.67	1.67	1.66	1.66	1.66	1.65	1.65	1.65	1.65	1.65	1.65	.25	
2.63	2.59	2.58	2.56	2.54	2.52	2.51	2.50	2.49	2.48	2.48	2.47	.10	7
3.51	3.44	3.41	3.38	3.34	3.32	3.30	3.27	3.27	3.25	3.24	3.23	.05	
6.31	6.16	6.07	5.99	5.91	5.86	5.82	5.75	5.74	5.70	5.67	5.65	.01	
1.62	1.61	1.60	1.60	1.59	1.59	1.59	1.58	1.58	1.58	1.58	1.58	.25	
2.46	2.42	2.40	2.38	2.36	2.35	2.34	2.32	2.32	2.31	2.30	2.29	.10	8
3.22	3.15	3.12	3.08	3.04	2.02	3.01	2.97	2.97	2.95	2.94	2.93	.05	
5.52	5.36	5.28	5.20	5.12	5.07	5.03	4.96	4.95	4.91	4.88	4.86	.01	
1.57	1.56	1.56	1.55	1.55	1.54	1.54	1.53	1.53	1.53	1.53	1.53	.25	
2.34	2.30	2.28	2.25	2.23	2.22	2.21	2.19	2.18	2.17	2.17	2.16	.10	9
3.01	2.94	2.90	2.86	2.83	2.80	2.79	2.76	2.75	2.73	2.72	2.71	.05	
4.96	4.81	4.73	4.65	4.57	4.52	4.48	4.42	4.40	4.36	4.33	4.31	.01	

(계속)

df for denominator N_2		df for numerator N_1											
	Pr	1	2	3	4	5	6	7	8	9	10	11	12
	.25	1.49	1.60	1.60	1.59	1.59	1.58	1.57	1.56	1.56	1.55	1.55	1.54
10	.10	3.29	2.92	2.73	2.61	2.52	2.46	2.41	2.38	2.35	2.32	2.30	2.28
	.05	4.96	4.10	3.71	3.48	3.33	3.22	3.14	3.07	3.02	2.98	2.94	2.91
	.01	10.0	7.56	6.55	5.99	5.64	5.39	5.20	5.06	4.94	4.85	4.77	4.71
	.25	1.47	1.58	1.58	1.57	1.56	1.55	1.54	1.53	1.53	1.52	1.52	1.51
11	.10	3.23	2.86	2.66	2.54	2.45	2.39	2.34	2.30	2.27	2.25	2.23	2.21
	.05	4.84	3.98	3.59	3.36	3.20	3.09	3.01	2.95	2.90	2.85	2.82	2.79
	.01	9.65	7.21	6.22	5.67	5.32	5.07	4.89	4.74	4.63	4.54	4.46	4.40
	.25	1.46	1.56	1.56	1.55	1.54	1.53	1.52	1.51	1.51	1.50	1.50	1.49
12	.10	3.18	2.81	2.61	2.48	2.39	2.33	2.28	2.24	2.21	2.19	2.17	2.15
	.05	4.75	3.89	3.49	3.26	3.11	3.00	2.91	2.85	2.80	2.75	2.72	2.69
	.01	9.33	6.93	5.95	5.41	5.06	4.82	4.64	4.50	4.39	4.30	4.22	4.16
	.25	1.45	1.55	1.55	1.53	1.52	1.51	1.50	1.49	1.49	1.48	1.47	1.47
13	.10	3.14	2.76	2.56	2.43	2.35	2.28	2.23	2.20	2.16	2.14	2.12	2.10
	.05	4.67	3.81	3.41	3.18	3.03	2.92	2.83	2.77	2.71	2.67	2.63	2.60
	.01	9.07	6.70	5.74	5.21	4.86	4.62	4.44	4.30	4.19	4.10	4.02	3.96
	.25	1.44	1.53	1.53	1.52	1.51	1.50	1.49	1.48	1.47	1.46	1.46	1.45
14	.10	3.10	2.73	2.52	2.39	2.31	2.24	2.19	2.15	2.12	2.10	2.08	2.05
	.05	4.60	3.74	3.34	3.11	2.96	2.85	2.76	2.70	2.65	2.60	2.57	2.53
	.01	8.86	6.51	5.56	5.04	4.69	4.46	4.28	4.14	4.03	3.94	3.86	3.80
	.25	1.43	1.52	1.52	1.51	1.49	1.48	1.47	1.46	1.46	1.45	1.44	1.44
15	.10	3.07	2.70	2.49	2.36	2.27	2.21	2.16	2.12	2.09	2.06	2.04	2.02
	.05	4.54	3.68	3.29	3.06	2.90	2.79	2.71	2.64	2.59	2.54	2.51	2.48
	.01	8.68	6.36	5.42	4.89	4.56	4.32	4.14	4.00	3.89	3.80	3.73	3.67
	.25	1.42	1.51	1.51	1.50	1.48	1.47	1.46	1.45	1.44	1.44	1.44	1.43
16	.10	3.05	2.67	2.46	2.33	2.24	2.18	2.13	2.09	2.06	2.03	2.01	1.99
	.05	4.49	3.63	3.24	3.01	2.85	2.74	2.66	2.59	2.54	2.49	2.46	2.42
	.01	8.53	6.23	5.29	4.77	4.44	4.20	4.03	3.89	3.78	3.69	3.62	3.55
	.25	1.42	1.51	1.50	1.49	1.47	1.46	1.45	1.44	1.43	1.43	1.42	1.41
17	.10	3.03	2.64	2.44	2.31	2.22	2.15	2.10	2.06	2.03	2.00	1.98	1.96
	.05	4.45	3.59	3.20	2.96	2.81	2.70	2.61	2.55	2.49	2.45	2.41	2.38
	.01	8.40	6.11	5.18	4.67	4.34	4.10	3.93	3.79	3.68	3.59	3.52	3.46
	.25	1.41	1.50	1.49	1.48	1.46	1.45	1.44	1.43	1.42	1.42	1.41	1.40
18	.10	3.01	2.62	2.42	2.29	2.20	2.13	2.08	2.04	2.00	1.98	1.96	1.93
	.05	4.41	3.55	3.16	2.93	2.77	2.66	2.58	2.51	2.46	2.41	2.37	2.34
	.01	8.29	6.01	5.09	4.58	4.25	4.01	3.84	3.71	3.60	3.51	3.43	3.37
	.25	1.41	1.49	1.49	1.47	1.46	1.44	1.43	1.42	1.41	1.41	1.40	1.40
19	.10	2.99	2.61	2.40	2.27	2.18	2.11	2.06	2.02	1.98	1.96	1.94	1.91
	.05	4.38	3.52	3.13	2.90	2.74	2.63	2.54	2.48	2.42	2.38	2.34	2.31
	.01	8.18	5.93	5.01	4.50	4.17	3.94	3.77	3.63	3.52	3.43	3.36	3.30
	.25	1.40	1.49	1.48	1.46	1.45	1.44	1.43	1.42	1.41	1.40	1.39	1.39
20	.10	2.97	2.59	2.38	2.25	2.16	2.09	2.04	2.00	1.96	1.94	1.92	1.89
	.05	4.35	3.49	3.10	2.87	2.71	2.60	2.51	2.45	2.39	2.35	2.31	2.28
	.01	8.10	5.85	4.94	4.43	4.10	3.87	3.70	3.56	3.46	3.37	3.29	3.23

(계속)

df for numerator N_1													df for denominator N_2
15	20	24	30	40	50	60	100	120	200	500	∞	Pr	
1.53	1.52	1.52	1.51	1.51	1.50	1.50	1.49	1.49	1.49	1.48	1.48	.25	10
2.24	2.20	2.18	2.16	2.13	2.12	2.11	2.09	2.08	2.07	2.06	2.06	.10	
2.85	2.77	2.74	2.70	2.66	2.64	2.62	2.59	2.58	2.56	2.55	2.54	.05	
4.56	4.41	4.33	4.25	4.17	4.12	4.08	4.01	4.00	3.96	3.93	3.91	.01	
1.50	1.49	1.49	1.48	1.47	1.47	1.47	1.46	1.46	1.46	1.45	1.45	.25	11
2.17	2.12	2.10	2.08	2.05	2.04	2.03	2.00	2.00	1.99	1.98	1.97	.10	
2.72	2.65	2.61	2.57	2.53	2.51	2.49	2.46	2.45	2.43	2.42	2.40	.05	
4.25	4.10	4.02	3.94	3.86	3.81	3.78	3.71	3.69	3.66	3.62	3.60	.01	
1.48	1.47	1.46	1.45	1.45	1.44	1.44	1.43	1.43	1.43	1.42	1.42	.25	12
2.10	2.06	2.04	2.01	1.99	1.97	1.96	1.94	1.93	1.92	1.91	1.90	.10	
2.62	2.54	2.51	2.47	2.43	2.40	2.38	2.35	2.34	2.32	2.31	2.30	.05	
4.01	3.86	3.78	3.70	3.62	3.57	3.54	3.47	3.45	3.41	3.38	3.36	.01	
1.46	1.45	1.44	1.43	1.42	1.42	1.42	1.41	1.41	1.40	1.40	1.40	.25	13
2.05	2.01	1.98	1.96	1.93	1.92	1.90	1.88	1.88	1.86	1.85	1.85	.10	
2.53	2.46	2.42	2.38	2.34	2.31	2.30	2.26	2.25	2.23	2.22	2.21	.05	
3.82	3.66	3.59	3.51	3.43	3.38	3.34	3.27	3.25	3.22	3.19	3.17	.01	
1.44	1.43	1.42	1.41	1.41	1.40	1.40	1.39	1.39	1.39	1.38	1.38	.25	14
2.01	1.96	1.94	1.91	1.89	1.87	1.86	1.83	1.83	1.82	1.80	1.80	.10	
2.46	2.39	2.35	2.31	2.27	2.24	2.22	2.19	2.18	2.16	2.14	2.13	.05	
3.66	3.51	3.43	3.35	3.27	3.22	3.18	3.11	3.09	3.06	3.03	3.00	.01	
1.43	1.41	1.41	1.40	1.39	1.39	1.38	1.38	1.37	1.37	1.36	1.36	.25	15
1.97	1.92	1.90	1.87	1.85	1.83	1.82	1.79	1.79	1.77	1.76	1.76	.10	
2.40	2.33	2.29	2.25	2.20	2.18	2.16	2.12	2.11	2.10	2.08	2.07	.05	
3.52	3.37	3.29	3.21	3.13	3.08	3.05	2.98	2.96	2.92	2.89	2.87	.01	
1.41	1.40	1.39	1.38	1.37	1.37	1.36	1.36	1.35	1.35	1.34	1.34	.25	16
1.94	1.89	1.87	1.84	1.81	1.79	1.78	1.76	1.75	1.74	1.73	1.72	.10	
2.35	2.28	2.24	2.19	2.15	2.12	2.11	2.07	2.06	2.04	2.02	2.01	.05	
3.41	3.26	3.18	3.10	3.02	2.97	2.93	2.86	2.84	2.81	2.78	2.75	.01	
1.40	1.39	1.38	1.37	1.36	1.35	1.35	1.34	1.34	1.34	1.33	1.33	.25	17
1.91	1.86	1.84	1.81	1.78	1.76	1.75	1.73	1.72	1.71	1.69	1.69	.10	
2.31	2.23	2.19	2.15	2.10	2.08	2.06	2.02	2.01	1.99	1.97	1.96	.05	
3.31	3.16	3.08	3.00	2.92	2.87	2.83	2.76	2.75	2.71	2.68	2.65	.01	
1.39	1.38	1.37	1.36	1.35	1.34	1.34	1.33	1.33	1.32	1.32	1.32	.25	18
1.89	1.84	1.81	1.78	1.75	1.74	1.72	1.70	1.69	1.68	1.67	1.66	.10	
2.27	2.19	2.15	2.11	2.06	2.04	2.02	1.98	1.97	1.95	1.93	1.92	.05	
3.23	3.08	3.00	2.92	2.84	2.78	2.75	2.68	2.66	2.62	2.59	2.57	.01	
1.38	1.37	1.36	1.35	1.34	1.33	1.33	1.32	1.32	1.31	1.31	1.30	.25	19
1.86	1.81	1.79	1.76	1.73	1.71	1.70	1.67	1.67	1.65	1.64	1.63	.10	
2.23	2.16	2.11	2.07	2.03	2.00	1.98	1.94	1.93	1.91	1.89	1.88	.05	
3.15	3.00	2.92	2.84	2.76	2.71	2.67	2.60	2.58	2.55	2.51	2.49	.01	
1.37	1.36	1.35	1.34	1.33	1.33	1.32	1.31	1.31	1.30	1.30	1.29	.25	20
1.84	1.79	1.77	1.74	1.71	1.69	1.68	1.65	1.64	1.63	1.62	1.61	.10	
2.20	2.12	2.08	2.04	1.99	1.97	1.95	1.91	1.90	1.88	1.86	1.84	.05	
3.09	2.94	2.86	2.78	2.69	2.64	2.61	2.54	2.52	2.48	2.44	2.42	01	

(계속)

카이자승 분포표

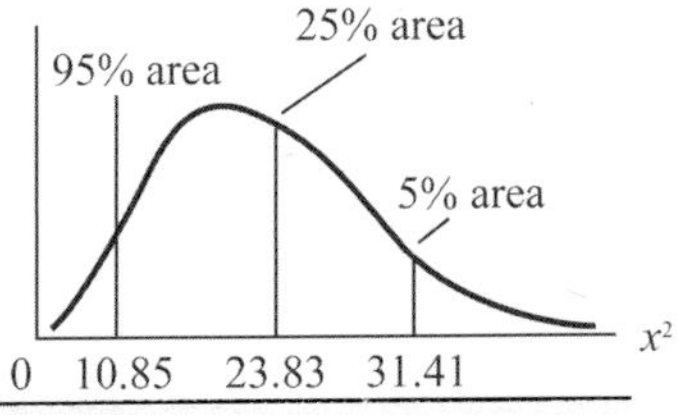

Degrees of Freedom \ Pr	.995	.990	.975	.950	.900
1	392704×10^{-10}	157088×10^{-9}	982069×10^{-9}	393214×10^{-8}	.0157908
2	.0100251	.0201007	.0506356	.102587	.210720
3	.0717212	.114832	.215795	.351846	.584375
4	.206990	.297110	.484419	.710721	1.063623
5	.411740	.554300	.831211	1.145476	1.61031
6	.675727	.872085	1.237347	1.63539	2.20413
7	.989265	1.239043	1.68987	2.16735	2.83311
8	1.344419	1.646482	2.17973	2.73264	3.48954
9	1.734926	2.087912	2.70039	3.32511	4.16816
10	2.15585	2.55821	3.24697	3.94030	4.86518
11	2.60321	3.05347	3.81575	4.57481	5.57779
12	3.07382	3.57056	4.40379	5.22603	6.30380
13	3.56503	4.10691	5.00874	5.89186	7.04150
14	4.07468	4.66043	5.62872	6.57063	7.78953
15	4.60094	5.22935	6.26214	7.26094	8.54675
16	5.14224	5.81221	6.90766	7.96164	9.31223
17	5.69724	6.40776	7.56418	8.67176	10.0852
18	6.26481	7.01491	8.23075	9.39046	10.8649
19	6.84398	7.63273	8.90655	10.1170	11.6509
20	7.43386	8.26040	9.59083	10.8508	12.4426
21	8.03366	8.89720	10.28293	11.5913	13.2396
22	8.64272	9.54249	10.9823	12.3380	14.0415
23	9.26042	10.19567	11.6885	13.0905	14.8479
24	9.88623	10.8564	12.4011	13.8484	15.6587
25	10.5197	11.5240	13.1197	14.6114	16.4734
26	11.1603	12.1981	13.8439	15.3791	17.2919
27	11.8076	12.8786	14.5733	16.1513	18.1138
28	12.4613	13.5648	15.3079	16.9279	18.9392
29	13.1211	14.2565	16.0471	17.7083	19.7677
30	13.7867	14.9535	16.7908	18.4926	20.5992
40	20.7065	22.1643	24.4331	26.5093	29.0505
50	27.9907	29.7067	32.3574	34.7642	37.6886
60	35.5346	37.4848	40.4817	43.1879	46.4589
70	43.2752	45.4418	48.7576	51.7393	55.3290
80	51.1720	53.5400	57.1532	60.3915	64.2778
90	59.1963	61.7541	65.6466	69.1260	73.2912
100*	67.3276	70.0648	74.2219	77.9295	82.3581

주 : 100보다 더 큰 자유도에 대해서는 $\sqrt{2x^2} - \sqrt{(2k-1)} = z$ 표준화정규분포를 따른다. 수식에서 k는 자유도를 나타낸다.

.750	.500	.250	.100	.050	.025	.010	.005
.1015308	.454937	1.32330	2.70554	3.84146	5.02389	6.63490	7.87944
.575364	1.38629	2.77259	4.60517	5.99147	7.37776	9.21034	10.5966
1.212534	2.36597	4.10835	6.25139	7.81473	9.34840	11.3449	12.8381
1.92255	3.35670	5.38527	7.77944	9.48773	11.1433	13.2767	14.8602
2.67460	4.35146	6.62568	9.23635	11.0705	12.8325	15.0863	16.7496
3.45460	5.34812	7.84080	10.6446	12.5916	14.4494	16.8119	18.5476
4.25485	6.34581	9.03715	12.0170	14.0671	16.0128	18.4753	20.2777
5.07064	7.34412	10.2188	13.3616	15.5073	17.5346	20.0902	21.9550
5.89883	8.34283	11.3887	14.6837	16.9190	19.0228	21.6660	23.5893
6.73720	9.34182	12.5489	15.9871	18.3070	20.4831	23.2093	25.1882
7.58412	10.3410	13.7007	17.2750	19.6751	21.9200	24.7250	26.7569
8.43842	11.3403	14.8454	18.5494	21.0261	23.3367	26.2170	28.2995
9.29906	12.3398	15.9839	19.8119	22.3621	24.7356	27.6883	29.8194
10.1653	13.3393	17.1170	21.0642	23.6848	26.1190	29.1413	31.3193
11.0365	14.3389	18.2451	22.3072	24.9958	27.4884	30.5779	32.8013
11.9122	15.3385	19.3688	23.5418	26.2962	28.8454	31.9999	34.2672
12.7919	16.3381	20.4887	24.7690	27.5871	30.1910	33.4087	35.7185
13.6753	17.3379	21.6049	25.9894	28.8693	31.5264	34.8053	37.1564
14.5620	18.3376	22.7178	27.2036	30.1435	32.8523	36.1908	38.5822
15.4518	19.3374	23.8277	28.4120	31.4104	34.1696	37.5662	39.9968
16.3444	20.3372	24.9348	29.6151	32.6705	35.4789	38.9321	41.4010
17.2396	21.3370	26.0393	30.8133	33.9244	36.7807	40.2894	42.7956
18.1373	22.3369	27.1413	32.0069	35.1725	38.0757	41.6384	44.1813
19.0372	23.3367	28.2412	33.1963	36.4151	39.3641	42.9798	45.5585
19.9393	24.3366	29.3389	34.3816	37.6525	40.6465	44.3141	46.9278
20.8434	25.3364	30.4345	35.5631	38.8852	41.9232	45.6417	48.2899
21.7494	26.3363	31.5284	36.7412	40.1133	43.1944	46.9630	49.6449
22.6572	27.3363	32.6205	37.9159	41.3372	44.4607	48.2782	50.9933
23.5666	28.3362	33.7109	39.0875	42.5569	45.7222	49.5879	52.3356
24.4776	29.3360	34.7998	40.2560	43.7729	46.9792	50.8922	53.6720
33.6603	39.3354	45.6160	51.8050	55.7585	59.3417	63.6907	66.7659
42.9421	49.3349	56.3336	63.1671	67.5048	71.4202	76.1539	79.4900
52.2938	59.3347	66.9814	74.3970	79.0819	83.2976	88.3794	91.9517
61.6983	69.3344	77.5766	85.5271	90.5312	95.0231	100.425	104.215
71.1445	79.3343	88.1303	96.5782	101.879	106.629	112.329	116.321
80.6247	89.3342	98.6499	107.565	113.145	118.136	124.116	128.299
90.1332	99.3341	109.141	118.498	124.342	129.561	135.807	140.169

Durbin-Watson d 통계량(5% 유의수준)

	$k'=1$		$k'=2$		$k'=3$		$k'=4$		$k'=5$		$k'=6$		$k'=7$		$k'=8$		$k'=9$		$k'=10$	
n	d_L	d_U	d_L	d_U	d_L	d_U	d_L	d_U	d_L	d_U	d_L	d_U	d_L	d_U	d_L	d_U	d_L	d_U	d_L	d_U
6	0.610	1.400	—	—	—	—	—	—	—	—	—	—	—	—	—	—	—	—	—	—
7	0.700	1.356	0.467	1.896	—	—	—	—	—	—	—	—	—	—	—	—	—	—	—	—
8	0.763	1.332	0.559	1.777	0.368	2.287	—	—	—	—	—	—	—	—	—	—	—	—	—	—
9	0.824	1.320	0.629	1.699	0.455	2.128	0.296	2.588	—	—	—	—	—	—	—	—	—	—	—	—
10	0.879	1.320	0.697	1.641	0.525	2.016	0.376	2.414	0.243	2.822	—	—	—	—	—	—	—	—	—	—
11	0.927	1.324	0.658	1.604	0.595	1.928	0.444	2.283	0.316	2.645	0.203	3.005	—	—	—	—	—	—	—	—
12	0.971	1.331	0.812	1.579	0.658	1.864	0.512	2.177	0.379	2.506	0.268	2.832	0.171	3.149	—	—	—	—	—	—
13	1.010	1.340	0.861	1.562	0.715	1.816	0.574	2.094	0.445	2.390	0.328	2.692	0.230	2.985	0.147	3.266	—	—	—	—
14	1.045	1.350	0.905	1.551	0.767	1.779	0.632	2.030	0.505	2.296	0.389	2.572	0.286	2.848	0.200	3.111	0.127	3.360	—	—
15	1.077	1.361	0.946	1.543	0.814	1.750	0.685	1.977	0.562	2.220	0.447	2.472	0.343	2.727	0.251	2.979	0.175	3.216	0.111	3.438
16	1.106	1.371	0.982	1.539	0.857	1.728	0.734	1.935	0.615	2.157	0.502	2.388	0.398	2.624	0.304	2.860	0.222	3.090	0.155	3.304
17	1.133	1.381	1.015	1.536	0.897	1.710	0.779	1.900	0.664	2.104	0.554	2.318	0.451	2.537	0.356	2.757	0.272	2.975	0.198	3.184
18	1.158	1.391	1.046	1.535	0.933	1.696	0.820	1.872	0.710	2.060	0.603	2.257	0.502	2.461	0.407	2.667	0.321	2.873	0.244	3.073
19	1.180	1.401	1.074	1.536	0.967	1.685	0.859	1.848	0.752	2.023	0.649	2.206	0.549	2.396	0.456	2.589	0.369	2.783	0.290	2.974
20	1.201	1.411	1.100	1.537	0.998	1.676	0.894	1.828	0.792	1.991	0.692	2.162	0.595	2.339	0.502	2.521	0.416	2.704	0.336	2.885
21	1.221	1.420	1.125	1.538	1.026	1.669	0.927	1.812	0.829	1.964	0.732	2.124	0.637	2.290	0.547	2.460	0.461	2.633	0.380	2.806
22	1.239	1.429	1.147	1.541	1.053	1.664	0.958	1.797	0.863	1.940	0.769	2.090	0.677	2.246	0.588	2.407	0.504	2.571	0.424	2.734
23	1.257	1.437	1.168	1.543	1.078	1.660	0.986	1.785	0.895	1.920	0.804	2.061	0.715	2.208	0.628	2,360	0.545	2.514	0.465	2.670
24	1.273	1.446	1.188	1.546	1.101	1.656	1.013	1.775	0.925	1.902	0.837	2.035	0.751	2.174	0.666	2.318	0.584	2.464	0.506	2.613
25	1.288	1.454	1.206	1.550	1.123	1.654	1.038	1.767	0.953	1.886	0.868	2.012	0.784	2.144	0.702	2.280	0.621	2.419	0.544	2.560
26	1.302	1.461	1.224	1.553	1.143	1.652	1.062	1.759	0.979	1.873	0.897	1.992	0.816	2.117	0.735	2.246	0.657	2.379	0.581	2.513
27	1.316	1.469	1.240	1.556	1.162	1.651	1.084	1.753	1.004	1.861	0.925	1.974	0.845	2.093	0.767	2.216	0.691	2.342	0.616	2.470
28	1.328	1.476	1.255	1.560	1.181	1.650	1.104	1.747	1.028	1.850	0.951	1.958	0.874	2.071	0.798	2.188	0.723	2.309	0.650	2.431
29	1.341	1.483	1.270	1.563	1.198	1.650	1.124	1.743	1.050	1.841	0.975	1.944	0.900	2.052	0.826	2.164	0.753	2.278	0.682	2.396
30	1.352	1.489	1.284	1.567	1.214	1.650	1.143	1.739	1.071	1.833	0.998	1.931	0.926	2.034	0.854	2.141	0.782	2.251	0.712	2.363
31	1.363	1.496	1.297	1.570	1.229	1.650	1.160	1.735	1.090	1.825	1.020	1.920	0.950	2.018	0.879	2.120	0.810	2.226	0.741	2.333
32	1.373	1.502	1.309	1.574	1.244	1.650	1.177	1.732	1.109	1.819	1.041	1.909	0.972	2.004	0.904	2.102	0.836	2.203	0.769	2.306
33	1.383	1.508	1.321	1.577	1.258	1.651	1.193	1.730	1.127	1.813	1.061	1.900	0.994	1.991	0.927	2.085	0.861	2.181	0.795	2.281
34	1.393	1.514	1.333	1.580	1.271	1.652	1.208	1.728	1.144	1.808	1.080	1.891	1.015	1.979	0.950	2.069	0.885	2.162	0.821	2.257
35	1.402	1.519	1.343	1.584	1.283	1.653	1.222	1.726	1.160	1.803	1.097	1.884	1.034	1.967	0.971	2.054	0.908	2.144	0.845	2.236
36	1.411	1.525	1.354	1.587	1.295	1.654	1.236	1.724	1.175	1.799	1.114	1.877	1.053	1.957	0.991	2.041	0.930	2.127	0.868	2.216
37	1.419	1.530	1.364	1.590	1.307	1.655	1.249	1.723	1.190	1.795	1.131	1.870	1.071	1.948	1.011	2.029	0.951	2.112	0.891	2.198
38	1.427	1.535	1.373	1.594	1.318	1.656	1.261	1.722	1.204	1.792	1.146	1.864	1.088	1.939	1.029	2.017	0.970	2.098	0.912	2.180
39	1.435	1.540	1.382	1.597	1.328	1.658	1.273	1.722	1.218	1.789	1.161	1.859	1.104	1.932	1.047	2.007	0.990	2.085	0.932	2.164
40	1.442	1.544	1.391	1.600	1.338	1.659	1.285	1.721	1.230	1.786	1.175	1.854	1.120	1.924	1.064	1.997	1.008	2.072	0.952	2.149
45	1.475	1.566	1.430	1.615	1.383	1.666	1.336	1.720	1.287	1.776	1.238	1.835	1.189	1.895	1.139	1.958	1.089	2.022	1.038	2.088
50	1.503	1.585	1.462	1.628	1.421	1.674	1.378	1.721	1.335	1.771	1.291	1.822	1.246	1.875	1.201	1.930	1.156	1.986	1.110	2.044
55	1.528	1.601	1.490	1.641	1.452	1.681	1.414	1.724	1.374	1.768	1.334	1.814	1.294	1.861	1.253	1.909	1.212	1.959	1.170	2.010
60	1.549	1.616	1.514	1.652	1.480	1.689	1.444	1.727	1.408	1.767	1.372	1.808	1.335	1.850	1.298	1.894	1.260	1.939	1.222	1.984
65	1.567	1.629	1.536	1.662	1.503	1.696	1.471	1.731	1.438	1.767	1.404	1.805	1.370	1.843	1.336	1.882	1.301	1.923	1.266	1.964
70	1.583	1.641	1.554	1.672	1.525	1.703	1.494	1.735	1.464	1.768	1.433	1.802	1.401	1.837	1.369	1.873	1.337	1.910	1.305	1.948
75	1.598	1.652	1.571	1.680	1.543	1.709	1.515	1.739	1.487	1.770	1.458	1.801	1.428	1.834	1.399	1.867	1.369	1.901	1.339	1.935
80	1.611	1.662	1.586	1.688	1.560	1.715	1.534	1.743	1.507	1.772	1.480	1.801	1.453	1.831	1.425	1.861	1.397	1.893	1.369	1.925
85	1.624	1.671	1.600	1.696	1.575	1.721	1.550	1.747	1.525	1.774	1.500	1.801	1.474	1.829	1.448	1.857	1.422	1.886	1.396	1.916
90	1.635	1.679	1.612	1.703	1.589	1.726	1.566	1.751	1.542	1.776	1.518	1.801	1.494	1.827	1.469	1.854	1.445	1.881	1.420	1.909
95	1.645	1.687	1.623	1.709	1.602	1.732	1.579	1.755	1.557	1.778	1.535	1.802	1.512	1.827	1.489	1.852	1.465	1.877	1.442	1.903
100	1.654	1.694	1.634	1.715	1.613	1.736	1.592	1.758	1.571	1.780	1.550	1.803	1.528	1.826	1.506	1.850	1.484	1.874	1.462	1.898
150	1.720	1.746	1.706	1.760	1.693	1.774	1.679	1.788	1.665	1.802	1.651	1.817	1.637	1.832	1.622	1.847	1.608	1.862	1.594	1.877
200	1.758	1.778	1.748	1.789	1.738	1.799	1.728	1.810	1.718	1.820	1.707	1.831	1.697	1.841	1.686	1.852	1.675	1.863	1.665	1.874

주 : n=관찰치의 수, k'=상수항을 제외한 설명변수의 수

Durbin-Watson d 통계량(1% 유의수준)

	$k'=1$		$k'=2$		$k'=3$		$k'=4$		$k'=5$		$k'=6$		$k'=7$		$k'=8$		$k'=9$		$k'=10$	
n	d_L	d_U	d_L	d_U	d_L	d_U	d_L	d_U	d_L	d_U	d_L	d_U	d_L	d_U	d_L	d_U	d_L	d_U	d_L	d_U
6	0.390	1.142	—	—	—	—	—	—	—	—	—	—	—	—	—	—	—	—	—	—
7	0.435	1.036	0.294	1.676	—	—	—	—	—	—	—	—	—	—	—	—	—	—	—	—
8	0.497	1.003	0.345	1.489	0.229	2.102	—	—	—	—	—	—	—	—	—	—	—	—	—	—
9	0.554	0.998	0.408	1.389	0.279	1.875	0.183	2.433	—	—	—	—	—	—	—	—	—	—	—	—
10	0.604	1.001	0.466	1.333	0.340	1.733	0.230	2.193	0.150	2.690	—	—	—	—	—	—	—	—	—	—
11	0.653	1.010	0.519	1.297	0.396	1.640	0.286	2.030	0.193	2.453	0.124	2.892	—	—	—	—	—	—	—	—
12	0.697	1.023	0.569	1.274	0.449	1.575	0.339	1.913	0.244	2.280	0.164	2.665	0.105	3.053	—	—	—	—	—	—
13	0.738	1.038	0.616	1.261	0.499	1.526	0.391	1.826	0.294	2.150	0.211	2.490	0.140	2.838	0.090	3.182	—	—	—	—
14	0.776	1.054	0.660	1.254	0.547	1.490	0.441	1.757	0.343	2.049	0.257	2.354	0.183	2.667	0.122	2.981	0.078	3.287	—	—
15	0.811	1.070	0.700	1.252	0.591	1.464	0.488	1.704	0.391	1.967	0.303	2.244	0.226	2.530	0.161	2.817	0.107	3.101	0.068	3.374
16	0.844	1.086	0.737	1.252	0.633	1.446	0.532	1.663	0.437	1.900	0.349	2.153	0.269	2.416	0.200	2.681	0.142	2.944	0.094	3.201
17	0.874	1.102	0.772	1.255	0.672	1.432	0.574	1.630	0.480	1.847	0.393	2.078	0.313	2.319	0.241	2.566	0.179	2.811	0.127	3.053
18	0.902	1.118	0.805	1.259	0.708	1.422	0.613	1.604	0.522	1.803	0.435	2.015	0.355	2.238	0.282	2.467	0.216	2.697	0.160	2.925
19	0.928	1.132	0.835	1.265	0.742	1.415	0.650	1.584	0.561	1.767	0.476	1.963	0.396	2.169	0.322	2.381	0.255	2.597	0.196	2.813
20	0.952	1.147	0.863	1.271	0.773	1.411	0.685	1.567	0.598	1.737	0.515	1.918	0.436	2.110	0.362	2.308	0.294	2.510	0.232	2.714
21	0.975	1.161	0.890	1.277	0.803	1.408	0.718	1.554	0.633	1.712	0.552	1.881	0.474	2.059	0.400	2.244	0.331	2.434	0.268	2.625
22	0.997	1.174	0.914	1.284	0.831	1.407	0.748	1.543	0.667	1.691	0.587	1.849	0.510	2.015	0.437	2.188	0.368	2.367	0.304	2.548
23	1.018	1.187	0.938	1.291	0.858	1.407	0.777	1.534	0.698	1.673	0.620	1.821	0.545	1.977	0.473	2.140	0.404	2.308	0.340	2.479
24	1.037	1.199	0.960	1.298	0.882	1.407	0.805	1.528	0.728	1.658	0.652	1.797	0.578	1.944	0.507	2.097	0.439	2.255	0.375	2.417
25	1.055	1.211	0.981	1.305	0.906	1.409	0.831	1.523	0.756	1.645	0.682	1.776	0.610	1.915	0.540	2.059	0.473	2.209	0.409	2.362
26	1.072	1.222	1.001	1.312	0.928	1.411	0.855	1.518	0.783	1.635	0.711	1.759	0.640	1.889	0.572	2.026	0.505	2.168	0.441	2.313
27	1.089	1.233	1.019	1.319	0.949	1.413	0.878	1.515	0.808	1.626	0.738	1.743	0.669	1.867	0.602	1.997	0.536	2.131	0.473	2.269
28	1.104	1.244	1.037	1.325	0.969	1.415	0.900	1.513	0.832	1.618	0.764	1.729	0.696	1.847	0.630	1.970	0.566	2.098	0.504	2.229
29	1.119	1.254	1.054	1.332	0.988	1.418	0.921	1.512	0.855	1.611	0.788	1.718	0.723	1.830	0.658	1.947	0.595	2.068	0.533	2.193
30	1.133	1.263	1.070	1.339	1.006	1.421	0.941	1.511	0.877	1.606	0.812	1.707	0.748	1.814	0.684	1.925	0.622	2.041	0.562	2.160
31	1.147	1.273	1.085	1.345	1.023	1.425	0.960	1.510	0.897	1.601	0.834	1.698	0.772	1.800	0.710	1.906	0.649	2.017	0.589	2.131
32	1.160	1.282	1.100	1.352	1.040	1.428	0.979	1.510	0.917	1.597	0.856	1.690	0.794	1.788	0.734	1.889	0.674	1.995	0.615	2.104
33	1.172	1.291	1.114	1.358	1.055	1.432	0.996	1.510	0.936	1.594	0.876	1.683	0.816	1.776	0.757	1.874	0.698	1.975	0.641	2.080
34	1.184	1.299	1.128	1.364	1.070	1.435	1.012	1.511	0.954	1.591	0.896	1.677	0.837	1.766	0.779	1.860	0.722	1.957	0.665	2.057
35	1.195	1.307	1.140	1.370	1.085	1.439	1.028	1.512	0.971	1.589	0.914	1.671	0.857	1.757	0.800	1.847	0.744	1.940	0.689	2.037
36	1.206	1.315	1.153	1.376	1.098	1.442	1.043	1.513	0.988	1.588	0.932	1.666	0.877	1.749	0.821	1.836	0.766	1.925	0.711	2.018
37	1.217	1.323	1.165	1.382	1.112	1.446	1.058	1.514	1.004	1.586	0.950	1.662	0.895	1.742	0.841	1.825	0.787	1.911	0.733	2.001
38	1.227	1.330	1.176	1.388	1.124	1.449	1.072	1.515	1.019	1.585	0.966	1.658	0.913	1.735	0.860	1.816	0.807	1.899	0.754	1.985
39	1.237	1.337	1.187	1.393	1.137	1.453	1.085	1.517	1.034	1.584	0.982	1.655	0.930	1.729	0.878	1.807	0.826	1.887	0.774	1.970
40	1.246	1.344	1.198	1.398	1.148	1.457	1.098	1.518	1.048	1.584	0.997	1.652	0.946	1.724	0.895	1.799	0.844	1.876	0.749	1.956
45	1.288	1.376	1.245	1.423	1.201	1.474	1.156	1.528	1.111	1.584	1.065	1.643	1.019	1.704	0.974	1.768	0.927	1.834	0.881	1.902
50	1.324	1.403	1.285	1.446	1.245	1.491	1.205	1.538	1.164	1.587	1.123	1.639	1.081	1.692	1.039	1.748	0.997	1.805	0.955	1.864
55	1.356	1.427	1.320	1.466	1.284	1.506	1.247	1.548	1.209	1.592	1.172	1.638	1.134	1.685	1.095	1.734	1.057	1.785	1.018	1.837
60	1.383	1.449	1.350	1.484	1.317	1.520	1.283	1.558	1.249	1.598	1.214	1.639	1.179	1.682	1.144	1.726	1.108	1.771	1.072	1.817
65	1.407	1.468	1.377	1.500	1.346	1.534	1.315	1.568	1.283	1.604	1.251	1.642	1.218	1.680	1.186	1.720	1.153	1.761	1.120	1.802
70	1.429	1.485	1.400	1.515	1.372	1.546	1.343	1.578	1.313	1.611	1.283	1.645	1.253	1.680	1.223	1.716	1.192	1.754	1.162	1.792
75	1.448	1.501	1.422	1.529	1.395	1.557	1.368	1.587	1.340	1.617	1.313	1.649	1.284	1.682	1.256	1.714	1.227	1.748	1.199	1.783
80	1.466	1.515	1.441	1.541	1.416	1.568	1.390	1.595	1.364	1.624	1.338	1.653	1.312	1.683	1.285	1.714	1.259	1.745	1.232	1.777
85	1.482	1.528	1.458	1.553	1.435	1.578	1.411	1.603	1.386	1.630	1.362	1.657	1.337	1.685	1.312	1.714	1.287	1.743	1.262	1.773
90	1.496	1.540	1.474	1.563	1.452	1.587	1.429	1.611	1.406	1.636	1.383	1.661	1.360	1.687	1.336	1.714	1.312	1.741	1.288	1.769
95	1.510	1.552	1.489	1.573	1.468	1.596	1.446	1.618	1.425	1.642	1.403	1.666	1.381	1.690	1.358	1.715	1.336	1.741	1.313	1.767
100	1.522	1.562	1.503	1.583	1.482	1.604	1.462	1.625	1.441	1.647	1.421	1.670	1.400	1.693	1.378	1.717	1.357	1.741	1.335	1.765
150	1.611	1.637	1.598	1.651	1.584	1.665	1.571	1.679	1.557	1.693	1.543	1.708	1.530	1.722	1.515	1.737	1.501	1.752	1.486	1.767
200	1.664	1.684	1.653	1.693	1.643	1.704	1.633	1.715	1.623	1.725	1.613	1.735	1.603	1.746	1.592	1.757	1.582	1.768	1.571	1.779

주 : n =표본(관측치)의 개수. k' =상수항을 제외한 설명변수의 계수.

저 • 자 • 약 • 력

연세대학교 수학과 졸업(이학사)
일본 메이지대학(明治大學) 대학원(경제학수사(修士), 경제학박사)
강원대학교 부설 산업경제연구소 소장 역임
일본 메이지대학 객원교수, 초빙교수 역임
한일경상학회 회장 역임
현재, 강원대학교 경영대학 경제학과 교수

저서 :『RATS를 이용한 시계열분석』, 학문사, 2007.
『경제경영수학(2판)』, 비앤엠북스, 2011.
E-mail : yunbok@kangwon.ac.kr

계량경제학의 기초

2011년 2월 22일 초판 인쇄
2011년 2월 25일 초판 1쇄 발행
2012년 8월 13일 초판 2쇄 발행

저 자 : 이 윤 복
발행인 : 정 광 식

발행처 : **비앤엠북스**
서울시 금천구 가산동 319번지 호서대벤처타워 B1-103
등 록 2004.12.29. / 제313-2004-00298호
전 화 2627-5710, 팩스 2627-5720
이메일 bmbooks@paran.com 홈페이지 : WWW.대학교재.kr

정가 22,000원 ISBN 978-89-91879-90-4